Collection Archipel / APLAQA
Dirigée par Cécilia W. Francis et Robert Viau

TRANSMISSIONS ET TRANSGRESSIONS

dans les littératures de l'Amérique francophone

Tous droits réservés pour tout pays. © 2017, Les Éditions Perce-Neige.
Dépôt légal / Quatrième trimestre 2017, BNQ et BNC.

Conception graphique de la couverture : Kinos
Conception graphique : André Martin - In Situ inc

CATALOGAGE AVANT PUBLICATION DE BIBLIOTHÈQUE ET ARCHIVES CANADA

TRANSMISSIONS ET TRANSGRESSIONS DANS LES LITTÉRATURES DE L'AMÉRIQUE FRANCOPHONE / SOUS LA DIRECTION DE CÉCILIA W. FRANCIS ET ROBERT VIAU.

(COLLECTION ARCHIPEL / APLAQA)
PUBLIÉ EN FORMATS IMPRIMÉ(S) ET ÉLECTRONIQUE(S).
ISBN 978-2-89691-213-1 (COUVERTURE SOUPLE).--ISBN 978-2-89691-214-8 (PDF)

1. Littérature canadienne-française--Histoire et critique. 2. Tradition dans la littérature. 3. Transgression dans la littérature. I. Francis, Cécilia W., directeur de publication II. Viau, Robert, directeur de publication III. Collection: Collection Archipel

PS8101.T728T73 2017   **C840.9'3552**   **C2017-906161-5**
                                                          C2017-906162-3

DISTRIBUTION AU CANADA
DIMEDIA
539, BOULEVARD LEBEAU
SAINT-LAURENT (QUÉBEC) H4N 1S2
TÉL. : **514 336-3941**

AILLEURS AU CANADA ET EN EUROPE
Les Éditions Perce-Neige   editionsperceneige.ca
22-140, rue Botsford   perceneige@nb.aibn.com
Moncton (N.-B.)   Tél.: 506 383-4446
Canada E1C 4X4   Cell.: 506 380-0740

La production des Éditions Perce-Neige est rendue possible grâce
à la contribution financière du Conseil des Arts du Canada
et de la Direction des arts et des entreprises culturelles
du Nouveau-Brunswick.

Nous reconnaissons l'appui du Fonds du livre du Canada dans le cadre
de son programme de Soutien au développement des entreprises.

TRANSMISSIONS ET TRANSGRESSIONS

dans les littératures de l'Amérique francophone

Sous la direction de Cécilia W. Francis et Robert Viau

Archipel / APLAQA

LES LITTÉRATURES DE L'AMÉRIQUE FRANCOPHONE AU PRISME DES TRANSMISSIONS ET DES TRANSGRESSIONS

CÉCILIA W. FRANCIS
ROBERT VIAU

Transmissions et transgressions constituent les sphères de réflexion d'une riche interface ayant une pertinence indéniable dans l'étude des littératures issues de l'Amérique francophone. Qu'elles soient québécoise, acadienne, franco-canadienne ou franco-américaine, ces littératures, dans leurs trajectoires respectives, portent des traces de croyances, de traditions et de normes éthiques et esthétiques, auxquelles elles adhèrent dans une dynamique de continuité. Elles sont en même temps empreintes de tension, car elles résistent, souvent avec passion et véhémence, aux discours nostalgiques ou passéistes en vertu d'impératifs de singularisation, de diverses manifestations d'innovation et de subversion. Ayant en commun le préfixe *trans-* qui « invite à la traversée, mais aussi au franchissement » et qui interpelle « l'idée de limite, d'une limite qui peut être dépassée[1] », les motifs de transmission et de transgression sont donc à bien des égards corrélatifs, saisissables à même une dialectique où se tissent des relations et des modes d'être, d'agir et de faire, réunissant les intérêts, les besoins et les sensibilités d'une variété d'individus, de collectivités et de communautés, confrontés

---

1. Catherine Orsini-Saillet, « Avant-propos », « Transmission/Transgression. Culture hispanique contemporaine », *Hispanística XX*, n° 27, 2010, p. 3.

à l'ancien et au nouveau du fait même de cohabiter en Amérique du Nord.

Si on s'en rapporte aux enseignements de Paul Ricœur, de Dominique Viart, de Pierre Nora, d'Arlette Farge, de Régine Robin et de Fernand Dumont, entre autres philosophes, théoriciens et écrivains qui se sont penchés sur les concepts de mémoire, d'héritage, de legs et de testament, le concept de transmission renvoie à l'idée de concéder à autrui, aux descendants ou à la postérité, habituellement en fonction de la *doxa*, des savoirs, des valeurs, des pratiques rituelles, des formes de langage, des histoires ou des biens.

> L'acte de « transmettre » (en latin *tradere*) est au centre de la durée identitaire pour tout groupe humain ; son contenu peut être identifié aux divers éléments de chaque culture, croyances, attitudes, normes, mœurs, coutumes, institutions, connaissances, savoir-faire [...]. Revêtues d'une importance éthique et sociale [...], les « traditions » d'un groupe humain lui permettent de se reconnaître au cours des modifications du temps, de l'histoire[2].

Pourtant, la fixité et la permanence présupposées par la transmission ne sont pas des données absolues, car on constate simultanément que « la nécessité d'un cumul et d'une continuité apportés par une transmission » ne saurait être inséparable d'une relation « dialectique avec le besoin de rupture et de critique[3] ». Dit autrement, le champ herméneutique de la transmission « est loin d'aller de soi depuis la modernité et traîne presque inévitablement dans son sillage inquiétudes et interrogations[4] ». Il comporte en ce sens un dynamisme inhérent qui invite à contempler la coprésence de son pôle contraire du côté de la transgression.

De cette manière, la problématique de notre ouvrage place le lecteur dans un contexte de figures et de sujets dont les glissements et les métamorphoses progressent en intensification.

---

2. Philippe Barthelet, « Tradition », Alain Rey et Danièle Morvan (dir.) *Dictionnaire culturel en langue française. Le Robert*, tome IV, Paris, Le grand livre du mois, 2005, p. 1498.
3. *Ibid.*
4. Karine Cellard et Martine-Emmanuelle Lapointe (dir.), *Transmission et héritages de la littérature québécoise*, Montréal, Presses de l'Université de Montréal, 2011, p. 8.

À la lumière des écrits de chercheurs et créateurs tels Marcel Mauss, Roger Caillois, Pierre Bourdieu, Paul-Émile Borduas et Hubert Aquin, pour ne nommer que ceux-là, la transgression, au sens éthique, moral ou critique, se situerait à l'autre extrémité du continuum. Elle s'inscrit à l'encontre de la tradition, adopte les contours de la rupture et de la dénonciation, des gestes iconoclastes de refus et de révolte, voire des formes et des modalités d'expérimentation et d'invention qui réorientent l'ordonnance des mentalités, des savoirs et des conduites sociales. Selon Michel Foucault, la littérature produite depuis le 17e siècle demeure un véhicule puissant pour l'examen des enjeux de la transgression, étant donné qu'elle permet de débusquer « ce qui est le plus difficile à apercevoir, le plus caché, le plus malaisé à dire et à montrer, finalement le plus interdit et le plus scandaleux[5] ». Affranchie du romanesque, la fiction dans son acception moderne s'acharne à se rapprocher d'une vérité humaine et pour cela, elle

> cherch[e] [...] à franchir les limites, à lever brutalement ou insidieusement les secrets, à déplacer les règles et les codes, à faire dire l'inavouable, elle tendra donc à se mettre hors la loi ou du moins à prendre sur elle la charge du scandale, de la transgression ou de la révolte. Plus que toute autre forme de langage, elle demeure le discours de l'« infamie » : à elle de dire le plus indicible – le pire, le plus secret, le plus intolérable, l'éhonté[6].

Dans l'optique adoptée par Foucault, de telles représentations de la transgression sont révélatrices du dispositif épistémique du pouvoir littéraire qui traverse en Occident les discours et les stratégies du vrai.

La transmission et la transgression forment donc un creuset protéiforme de problématiques sur lequel s'appuie l'armature des productions littéraires et artistiques du monde contemporain. Ce double thème interpelle tout particulièrement les littératures issues de l'Amérique francophone en raison de différents facteurs qui ont présidé à leur évolution et à leur dynamisme actuel. À

---

5. Michel Foucault, « La vie des hommes infâmes », *Dits et écrits III*, Paris, Gallimard, 1994, p. 252.
6. *Ibid.*, p. 252-253. La référence à Foucault s'inspire de Sherry Simon, « Figures of Transgression: Foucault and the Subject of Literature », *Discours social/ Social Discourse*, vol. 2, n° 1-2, 1990, p. 175-185.

cet égard, on pourrait citer les conditions adverses imposées par les contextes coloniaux, l'assujettissement, l'isolement, les déportations et la domination socioéconomique qui caractérisent la francophonie nord-américaine à ses débuts. Plus près de nous, rappelons les nombreuses transformations produites par la Révolution tranquille, le Réveil acadien, le passage de l'illettrisme à l'éducation, la laïcisation des institutions, l'éclatement des structures familiales et sociales, l'affranchissement de stéréotypes identitaires, l'émancipation de l'art et de la parole, sans évoquer des phénomènes plus globaux tels l'urbanisation, la démocratisation des institutions, l'immigration et la mondialisation.

Divisé en quatre parties, le présent ouvrage collectif intitulé *Transmissions et transgressions dans les littératures de l'Amérique francophone* propose une panoplie d'études critiques permettant d'explorer la richesse et la complexité des problématiques touchant aux enjeux de la continuité et de la rupture dans le domaine des études littéraires. Les collaborateurs de ce recueil d'études ont adopté une variété d'approches dans leur examen du sujet, que ce soit en privilégiant un pôle de la dyade de transmission et de transgression, ou en la saisissant en tant que mouvance plurielle et interdépendante. Le lecteur découvrira de la sorte un ensemble d'investigations menées autour d'une extension large de notions recouvrant notamment la constance et la brisure de traditions ou de pratiques culturelles conventionnelles, la question d'héritages et de filiations souvent problématiques, la quête d'une mémoire personnelle ou en partage, lacunaire ou (ré)inventée, le phénomène du legs culturel, institutionnel ou linguistique, l'interrogation de stéréotypes génériques, les récits de révolte ou de contestation, la subversion de formes poétiques classiques, la poussée vers l'innovation ou la création de procédés esthétiques inédits.

***

Dans la première partie de l'ouvrage, « Transmissions et transgressions littéraires : configurations, poétiques et institutions », il est question des représentations de transmissions et de transgressions abordées sous l'angle d'un examen de configurations ou de motifs littéraires, de formes poétiques novatrices ou des transformations au plan institutionnel de la littérature ou de la culture.

Le présent recueil étant publié en Acadie, nous commençons par cette littérature. Dans sa contribution, Chantal Richard entreprend un examen du débat ayant trait à l'adoption d'une fête nationale acadienne en 1881, lors de la première convention nationale acadienne, pour montrer que le tout premier acte officiel et public de l'élite acadienne de la Renaissance a été de transgresser les attentes des organisateurs de la convention dans le but de revendiquer une identité distincte de celle du Québec et d'assurer ainsi la transmission des valeurs propres à l'Acadie. Richard propose une analyse détaillée du débat afin de dégager les arguments en faveur de l'une ou l'autre fête nationale et d'explorer leurs aspects transmissifs et transgressifs. Elle montre que le jugement communément partagé par le milieu littéraire et intellectuel acadien des années 1970 à l'endroit d'un legs nationaliste perçu comme une soumission aux valeurs dominantes mérite d'être révisé à la lumière d'un nouveau regard porté sur le contexte précis de la première convention nationale acadienne.

Cécilia W. Francis aborde le *magnum opus* de France Daigle intitulé *Pour sûr* afin d'éclairer comment ce roman d'allure expérimentale se construit sur une dialectique articulée en fonction de la transgression et de la transmission, posées comme deux grands mouvements diégétiques. La structure fragmentaire et autoréflexive de *Pour sûr*, infléchie par une esthétique postmoderne, assure le façonnement d'un canevas fictionnel ouvert, fluide et libre, où se profilent les relations intergénérationnelles d'une communauté imaginaire, une sorte d'*Arcadia* prospective. Cet univers romanesque éclaté rend possible le frottement d'une variété d'idiomes et de registres langagiers permettant non seulement d'ausculter le statut du chiac associé au sud-est du Nouveau-Brunswick, mais aussi de contempler la survie du français acadien dans sa coexistence avec l'anglais, grâce à l'élaboration d'un nouveau modèle de la paternité, où la figure du père soignant s'investit fortement dans la transmission de la langue, socle d'une identité à la fois personnelle et collective[7].

---

7. Cette étude de *Pour sûr* tient compte des documents audiovisuels, *L'éloge du chiac*, *L'éloge du chiac, Part 2* et *Les héritiers club*, qui comme le roman de Daigle explorent un discours éthique en vue de la sauvegarde d'un héritage linguistique fragilisé.

Marie-Hélène Grivel s'intéresse pour sa part aux questions institutionnelles sous-tendant l'évolution de normes éditoriales et culturelles saisies sous un angle historique. Elle examine le rôle joué par l'éditeur Édouard Garand, amateur du livre, patriote et visionnaire, qui en 1922, a l'idée de créer la collection «Roman canadien». Si l'homme d'affaires se saisit des codes de la littérature «américanisée», c'est avant tout pour faire lire à ses concitoyens des histoires bien canadiennes. Ainsi propose-t-il des textes conformes aux valeurs sociales de l'époque, mêlant les intrigues à l'Histoire, donnant à lire ce que les élites approuvent (le nationalisme) sous une forme controversée (l'américanisme). Cette stratégie innovante, entre patriotisme et modernité, permet à la littérature populaire d'acquérir sa légitimité. Naviguant entre deux eaux, entre transmission et transgression, Garand se saisit des instruments et des codes de la modernité à des fins sociales et économiques.

Valeria Liljesthron de son côté adopte une approche sociologique de la littérature, considérant cette dernière comme une institution et un champ de luttes où «exister, c'est différer». Dans cette optique, elle analyse les deux premières œuvres de Dany Laferrière en tant que prises de position dans le champ littéraire québécois des années 1980. Elle s'intéresse au traitement de la question raciale par les textes afin de déterminer en quoi leur rapport aux discours doxiques est original et constitue un facteur de distinction pour l'écrivain. Liljesthron montre que si les romans laferriens sont transgresseurs dans leur contexte, ils sont toutefois façonnés par une institution et, plus largement, par une société qui impose des contraintes.

Analysant les ouvrages de Vickie Gendreau, *Testament* et *Drama Queens* où s'enchevêtrent les formes romanesque, poétique et théâtrale, Mathieu Simard montre comment l'auteure paraît transgresser les «frontières» entre les genres. Il observe ainsi à quel point l'écriture transgénérique demeure paradoxale: celle-ci rompt avec une conception homogénéisante de la généricité tout en reproduisant les lignes de partage classiques entre les genres, de manière à ce que le lecteur puisse reconnaître les conventions transgressées. En se basant sur cette dialectique de la transmission-transgression des genres, Simard insiste particulièrement sur les dimensions romanesque et poétique de l'œuvre et démontre que les genres résultent de représentations que les écrivains et les lecteurs se font du système générique.

Dans la deuxième partie de l'ouvrage, « Transgressions et réécritures des archétypes sexuels », il est question d'aborder des problématiques touchant aux stéréotypes et aux attentes sociales et psychiques en relation avec l'identité sexuelle ou le genre. Remettant en cause les normes et les définitions traditionnelles dans ce domaine, les articles examinent des œuvres où les créateurs déstabilisent les modèles rigides de la féminité et de la masculinité[8].

S'intéressant au phénomène du roman de la route dans le cadre des écritures féminines, David Laporte s'attarde à cet égard sur *Le sentier de la louve* de Michelle Guérin qui représente l'une de ses manifestations premières. Une attention particulière est portée aux espaces de la déroute du personnage de Claire qui s'articulent en fonction de l'adoption/subversion des principaux archétypes féminins (mère, vierge, putain). Quittant la maison familiale pour le couvent, puis pour Chicago, Claire découvre peu à peu un mode de vie nouveau qui entraîne une mise à distance de l'univers familier et favorise un questionnement à la fois sur les interdits et les prescriptions qui pèsent sur la condition féminine, mais aussi sur les formes de la domination masculine, les rapports de forces asymétriques et le pouvoir patriarcal qui pèsent sur elle.

Se penchant sur le triptyque autobiographique de Michel Tremblay, où la critique a eu tendance à privilégier le thème de la naissance d'un auteur, Loic Bourdeau choisit d'y analyser la problématique des tendances sexuelles. Les romans intitulés *Les vues animées*, *Un ange cornu avec des ailes de tôle* et *Douze coups de théâtre* sont en effet révélateurs de réflexions nuancées, transposables aux problématiques contemporaines. Bourdeau propose d'examiner la manière dont le personnage autofictif subit l'influence de la culture familiale (qu'il essaie de fuir) et comment la transgression géographique lui permet de découvrir et d'exprimer sa « déviance ». Bourdeau souligne comment le fait d'évoluer dans le monde de la culture, où le personnage principal se sent libre de vivre sa sexualité, permet de subvertir les modes d'oppression plus

---

8. Voir Lydie Bodiou, Marlaine Cacouault-Bitaud et Ludovic Gaussot (dir.), *Le genre entre transmission et transgression*, Rennes, Presses Universitaires de Rennes, 2013, 234 p.

larges et d'adresser des problématiques plus spécifiques comme les origines sociales, la honte et le désir.

Proposant d'étudier les remises en question et les transformations de la masculinité telles qu'elles sont présentées dans *Jour de chance* de Nicolas Charrette, Julia E. Morris-Von Luczenbacher part du postulat que si au Québec le mouvement féministe a libéré les femmes de la tradition et des paradigmes qui les empêchaient de devenir sujets, il a également catalysé une révision des savoirs quant à l'identité sexuée dans le domaine de la masculinité. Dans cette foulée, on a déconstruit les modèles conventionnels de la masculinité comme étant le résultat d'une construction sociale (non naturelle), ce qui a permis de la positionner dans une optique complémentaire à celle de la féminité (et non en opposition à celle-ci). Morris examine les nouvelles représentations identitaires masculines davantage autodéterminées et moins normatives ainsi que le retentissement de l'altérité féminine sur l'évolution de l'identité masculine dans les rapports paternel, amoureux et amical.

Les études qui figurent dans la troisième partie de l'ouvrage, « Ruptures de la transmission intergénérationnelle. Entre oubli et mémoire ressuscitée », se consacrent à la problématique inépuisable de la transmission intergénérationnelle et s'attardent notamment sur les ambivalences, les silences et les possibles reconfigurations qui infusent une telle dynamique.

Pour sa part, Thuy Aurélie Nguyen propose une analyse de *La ballade d'Ali Baba* de Catherine Mavrikakis, soulignant que ce roman se rattache aux récits de filiation dans lesquels les héritiers ne sont libres ni de recevoir l'héritage de leurs ascendants ni de rompre définitivement avec lui. Pourtant, si la narratrice cherche effectivement à sortir de ce tiraillement qui la fait osciller entre transgression et transmission, elle semble parvenir à reconnaître l'héritage du père, non pour s'y attacher indéfectiblement, mais pour mieux s'en distancer et pour devenir sujet de sa vie. Nguyen montre que *La Ballade d'Ali Baba*, au moyen du parti pris de la fiction et de l'ouverture sur l'imaginaire, propose de nouvelles avenues qui sortent la filiation de la crise de la transmission.

Examinant la problématique des origines et des reconfigurations identitaires dans *Nikolski* de Nicolas Dickner, Julien Desrochers démontre qu'en dépit du fait que les protagonistes s'y trouvent assoiffés de liberté et mus par un profond désir de s'affranchir de leur passé familial, ils ne sont pas moins habités par une mémoire diasporale qui leur rappelle constamment leurs origines complexes. En reprenant le lexique de Paul Ricœur, il souligne que l'*ipséité* de ces personnages, c'est-à-dire la part de leur identité qui est associée à la mouvance et à la projection vers l'avenir, participe de manière inextricable d'une tension dialectique avec l'*idem*, qui renvoie, pour sa part, à la permanence, aux origines, à la transmission de la grande histoire familiale. Cette mise en tension menant à la création d'une identité narrative ne peut s'effectuer, chez les personnages, que par l'entremise d'un récit autoréférentiel, d'une mise en intrigue de leur propre existence qui pourra leur permettre d'assumer leur propre conduite face à eux-mêmes et à autrui.

Dans sa contribution, Julien Defraeye analyse le problème de la norme historiographique sous l'angle de la transmission et de la transgression à la lumière du roman intitulé *Dans la mémoire de Québec: les fossoyeurs*. L'auteur André Lamontagne y explore le passé de Québec marqué par un feu cyclique qui remodèle le paysage de la ville tout au long du 19e siècle. Se dévoile ainsi une sorte d'écosystème de Québec, de façon panoramique, par ces incendies récurrents. Parallèlement, l'entreprise du narrateur l'amène à retracer certains éléments de l'histoire oppressive et refoulée de la communauté chinoise au Canada. Defraeye s'intéresse à débattre une question centrale, à savoir, si en tentant de mettre au jour un passé enfoui, voire nié, est-ce que le narrateur et son antagoniste pyromane transgressent les normes fixées par l'historiographie ou, au contraire, font-ils figures de passeurs culturels et/ou historiques en se contentant de confirmer et de transmettre un récit normatif?

Dans sa démarche, Leah Graves s'intéresse au roman de Marie-Célie Agnant, *Le livre d'Emma*, où l'auteure soulève la transmission problématique de la mémoire dans le contexte précis de l'esclavagisme. Chez Marie-Célie Agnant, cette transmission d'une mémoire douloureuse et indicible reste un exercice périlleux, car sa mise au jour doit se faire oralement d'une femme à l'autre. Graves se penche sur les aléas de cette transmission lorsque la génération descendante ne peut plus l'assurer, lorsque les souvenirs s'avèrent insupportables. S'appuyant sur les discours théoriques de Halbwachs, de Nora et de Caruth, Graves soutient que la transmission de la mémoire s'avère une expérience à la fois redoutable et féconde, destructrice et vitale pour les descendantes d'esclaves qui tentent de perpétuer le passé souvent traumatique de leurs aïeules.

Pamela Sing propose d'aborder la question de la transmission en la confrontant à la transgression dans le cadre d'une analyse d'inspiration socio-sémiotique axée sur le discours alimentaire chez deux écrivains de la migrance : Nancy Huston et Ying Chen. Cette contribution s'inscrit dans la problématique de la transmission intergénérationnelle puisque les personnages des romans respectifs, *Cantique des plaines* et *Querelle d'un squelette avec son double*, sont en grande partie animés par une mémoire sensorielle et gustative qui, malgré les déplacements et l'écoulement temporel, représente ce qui les rattache ou les éloigne de la culture d'origine et des pratiques culinaires familiales. Empruntant à l'anthropologie le postulat que les traditions servent à dire la différence du sujet et à la sociocritique la définition d'un texte littéraire comme ouvrage qui déstabilise le préconstruit, Sing cherche à interroger les discours sous-tendant la représentation des aliments et des mets dans ces deux romans.

Dans la partie finale de l'ouvrage, « La transgression comme enjeu de la dissidence et de la violence », la problématique de la transgression s'envisage en fonction de ses connotations de dissidence et de violence, atteignant en l'occurrence à sa signification la plus radicale, celle de la subversion sociale et de la révolte individuelle et/ou collective.

Partant de l'arrière-plan social et politique du roman d'Hubert Aquin, *Trou de mémoire*, Dominic Marion interroge ce texte comme un champ de figuration où se joue une certaine attraction de l'engagement politique caractéristique de la littérature des années 1960 pour la transgression. L'analyse proposée se concentre sur la volonté révolutionnaire de Pierre X. Magnant, telle qu'elle le pousse d'abord au meurtre de son amante canadienne Joan Ruskin, puis ensuite au viol de la sœur de la défunte, Rachel Ruskin. Enceinte de son violeur, cette femme tient à donner à l'enfant le nom de son père. Déterminée par une perspective psychanalytique, cette coupe opérée dans l'épaisseur symbolique de la fiction aquinienne permet de penser la consistance d'un processus de transmission qui s'élabore à travers la représentation de la transgression.

Dans son étude, Isabelle Dakin met en lumière les différents facteurs à l'origine de la transgression de la limite, tels qu'ils se donnent à lire dans *Le chien* et *Un vent se lève qui éparpille* de l'écrivain franco-ontarien Jean Marc Dalpé. Dans ces œuvres, nous retrouvons une figure paternelle inapte à assumer son rôle de tiers, ce qui aura pour effet de favoriser les rapports incestueux et, par le fait même, la transgression de l'interdit du meurtre. Bien qu'elle se tisse principalement autour de la transgression de la limite (l'interdit de l'inceste et du meurtre), ces drames prennent également leur source dans une rupture de la transmission. La place occupée par la mère au sein de la triade familiale, ainsi que le rôle du père, garant de la différenciation, comptent parmi les éléments clés de la transgression mise en lumière.

Robert Viau s'intéresse à décortiquer les transgressions désignées acadiennes dans *L'ennemi que je connais*, l'unique roman de Martin Pître, et dans l'adaptation cinématographique du roman, *Full Blast,* réalisée par Rodrigue Jean. D'après Viau, *L'ennemi que je connais* apparaît comme l'une des œuvres les plus transgressives et les plus noires de la littérature acadienne. Pître y transgresse plusieurs lieux communs, à savoir le mythe du village acadien bucolique, l'image de la famille traditionnelle, une société acadienne unie, dont la devise est «l'union fait la force», les formes d'amour traditionnelles, avant d'aboutir dans la transgression ultime par le meurtre et le suicide. Dans ce roman, les personnages transgressent lois et interdits, bravent ce qui leur semble des idées non fondées en raison et se moquent de ce que les bien-pensants respectent et de ce qui ressemble si peu à ce qu'on doit respecter. À cela s'ajoute le désespoir lucide de personnages qui ont décidé que tout n'est qu'apparence et duperie, et qu'ils n'ont plus rien à espérer.

Examinant le roman à succès *Il pleuvait des oiseaux*, Sandra Bindel se penche sur la problématique de la liberté individuelle dont traite Jocelyne Saucier. Dans ce roman, le retrait du monde qu'effectuent les trois vieillards dans le nord de l'Ontario représente un choix de rupture sociale pour mieux expérimenter la liberté. Toutefois, les personnages féminins, qui viennent perturber ce microcosme transgressif à prédominance masculine, par ce qu'ils transmettent, tiennent un rôle fondamental dans le dépassement de la rupture, de la destruction, de la mort. Dans ce contexte, l'Art (pictural, photographique) témoigne de la rupture et se fait vecteur de transmission. Il s'agit de la même fonction que recouvre le roman, s'inscrivant par ses formes stylistiques et narratives, à la fois dans la continuité et la rupture avec le roman de l'Amérique francophone.

Enfin, nous tenons à réitérer que la transmission et la transgression constituent des problématiques indissociables, car il va de soi qu'on ne saurait transgresser que valeurs, normes ou pratiques transmises. À l'encontre donc de plusieurs travaux de recherche ayant privilégié un axe isolé de la dyade[9], l'originalité du présent ouvrage revient à son objectif qui consiste à confronter les deux faces d'un diptyque saisies dans un processus d'interdépendance. Les articles réunis dans ce recueil offrent un large éventail de sous-thèmes liés à la transmission et à la transgression, plusieurs méthodes innovantes pour les aborder et une gamme d'outils analytiques souples et adaptables permettant d'initier de nouvelles recherches ou d'entreprendre des prolongements. Ils démontrent surtout que le retentissement des littératures québécoise, acadienne ou franco-canadienne de l'Amérique est largement redevable aux représentations et aux discours de la transmission et de la rupture, et que cette tension entre continuité et subversion, tradition et révolte, demeure présente en tant que mouvance littéraire plurielle et féconde qui ne cesse d'interpeller créateurs, lecteurs et critiques[10].

---

9. Voir notamment, Karine Cellard et Martine-Emmanuelle Lapointe (dir.), *op. cit.*; Rüdiger Ahrens, María Herrera-Sobek, Karin Ikas et Francisco A. Lomelí (dir.), *Violence and Transgression in World Minority Literatures*, Heidelberg, Universitätsverlag Winter, 2005, 425 p.; Hafid Gafaïti et Armelle Couzières-Igenthron (dir.), *Femmes et écriture de la transgression*, Paris, L'Harmattan, 2005, 288 p.; M. Keith Booker, *Techniques of Subversion in Modern Literature. Transgression, Abjection and the Carnavalesque*, Gainesville, University of Florida Press, 1991, 294 p.
10. Enfin, nous tenons à remercier les membres du comité de lecture du présent ouvrage ainsi que Monsieur Serge Patrice Thibodeau qui a accueilli la collection Archipel/APLAQA aux Éditions Perce-Neige.

TRANSMISSIONS ET TRANSGRESSIONS LITTÉRAIRES : INSTITUTIONS, CONFIGURATIONS ET POÉTIQUES

L'ACADIE : NÉE SOUS LE SIGNE DE LA TRANSGRESSION ?

CHANTAL RICHARD
Université du Nouveau-Brunswick

Rien de plus naturel pour chaque génération que de vouloir marquer une rupture par rapport à ses prédécesseurs. Toutefois, en littérature, comme dans la culture populaire, il y a des moments où les tendances transgressives se manifestent avec plus de force. Les années 1970 marquent, de ce point de vue, un moment significatif de révolte en Acadie, autant dans la société aux prises avec une majorité peu tolérante[1] que parmi les intellectuels du Parti acadien[2] et les artistes de tous les domaines[3]. Notamment, les poètes Raymond LeBlanc, Gérald Leblanc et Guy Arsenault font partie d'un mouvement littéraire prônant le rejet violent des valeurs associées aux générations précédentes dont, entre autres, la soumission à la religion et à « l'élite cléricale et patenteuse[4] ».

---

1. Le film *L'Acadie, L'Acadie ? ! ?* (ONF) de Michel Brault et Pierre Perrault, 1971, situe bien la situation linguistique conflictuelle entre les étudiants acadiens de l'Université de Moncton et la majorité anglophone de cette région. Voir en ligne : https://www.onf.ca/film/acadie_acadie (page consultée le 13 octobre 2015).
2. Voir, entre autres, Roger Ouellette, *Le Parti acadien, de la fondation à la disparition, 1972-1982*, Moncton, Chaire d'études acadiennes, Université de Moncton, 1992, 119 p.
3. Voir à ce sujet le film *Kacho Komplo* (ONF) de Paul Bossé, 2002, en ligne : https://www.onf.ca/film/kacho_komplo (page consultée le 13 octobre 2015).
4. Jean-Guy Rens et Raymond LeBlanc. *Acadie/Expérience. Choix de textes acadiens : complaintes, poèmes et chansons*, Montréal, Parti pris, 1977, p. 13.

Cependant, la rupture n'était peut-être pas aussi nette que ces écrivains le pensaient. Et s'il existait en Acadie une tradition de la transgression qui aurait été transmise en tant que valeur culturelle de génération en génération ?

La transgression consiste à rejeter ou remettre en question les mœurs d'une société à un moment précis de son histoire. Or, les mœurs en Acadie à la fin du 19ᵉ siècle étaient fort différentes des mœurs de l'Acadie des années 1970. Les spécialistes de la littérature de la Renaissance acadienne[5] ont effectivement souligné que certains textes publiés en Acadie un siècle avant les années 1970 étaient également revendicateurs[6]. On peut penser aux pièces de James Branch, telle que *Vive nos écoles catholiques ! ou la Résistance de Caraquet*[7] qui avait pour sujet les manifestations contre la loi scolaire de 1871[8] au Nouveau-Brunswick. Herménégilde Chiasson reconnaît également l'aspect contestataire de la littérature de cette période lorsqu'il affirme que l'« on a regardé la poésie acadienne des débuts comme une poésie nationaliste, on n'a pas su y reconnaître la réclamation d'une parole et un désir de changer le cours de notre histoire[9] ».

En fait, si on remonte jusqu'au premier acte collectif officiel et public du peuple acadien, on se rend compte que cet acte se caractérisait par la nécessité de transgresser certaines mœurs

---

5. Les historiens considèrent habituellement que la Renaissance acadienne débute avec la fondation du Collège Saint-Joseph en 1864 et la création du premier journal de langue française, le *Moniteur acadien*, en 1867. Voir Sylvain Godin et Maurice Basque, *Histoire des Acadiens et des Acadiennes du Nouveau-Brunswick*, Tracadie-Sheila, La Grande Marée, 2007, 160 p.
6. Voir Denis Bourque, « Le nationalisme acadien et l'émergence de la littérature acadienne (1875-1957) », *Journal of New Brunswick Studies/Revue d'études sur le Nouveau-Brunswick*, vol. 6, n° 2, 2015, p. 48-67, en ligne : https://journals.lib.unb.ca/index.php/JNBS/article/view/24245/28030 (page consultée le 13 octobre 2015).
7. James Branch, *Vive nos écoles catholiques ! ou la Résistance de Caraquet*, Moncton, L'Évangéline Ltée, 1929, 42 p. Pour en savoir plus sur ce texte, voir Bourque, *op. cit.*, p. 56.
8. Cette loi retirait le financement aux écoles catholiques et forçait les enseignants à obtenir un brevet d'enseignement en anglais, tout en imposant une taxe scolaire aux Acadiens. Les manifestations contre cette loi avaient mené, en 1875, à la mort de Louis Mailloux et de John Gifford.
9. Herménégilde Chiasson, [s. t.], *Congrès mondial acadien : l'Acadie en 2004*, Moncton, Éditions d'Acadie, 1996, p. 246.

sociales afin d'assurer la transmission de l'identité acadienne. Il s'agit du choix de la fête nationale acadienne lors de la toute première convention nationale acadienne à Memramcook en juillet 1881. L'Acadie telle qu'on la connaît actuellement par son drapeau et ses célébrations du « Quinzou[10] » est née lors des premières conventions nationales acadiennes lorsqu'on a choisi d'adopter l'Assomption plutôt que la Saint-Jean-Baptiste, fête nationale des Québécois. Ainsi, le 15 août, qui se fête aujourd'hui en grande pompe partout en Acadie, a entraîné l'adoption d'un drapeau acadien trois ans plus tard – le tricolore décoré de l'étoile de Marie – et d'un hymne national acadien, l'*Ave Maris Stella*. Si les délégués qui ont voté le 21 juillet 1881 à Memramcook avaient adopté plutôt la Saint-Jean-Baptiste selon la volonté du président de la convention et du père Lefebvre, supérieur du collège Saint-Joseph, les Acadiens et Acadiennes se fonderaient-ils aujourd'hui dans la foule québécoise pour fêter le 24 juin et auraient-ils adopté le fleurdelisé comme drapeau ? Auraient-ils conservé une identité distincte ou se considéreraient-ils aujourd'hui comme des Québécois de souche acadienne ?

    Cet article a pour but de se pencher sur les discours présentés par les orateurs à la convention de Memramcook[11] afin d'en dégager les stratégies argumentatives servant à influencer les délégués présents et de souligner la nature transgressive du choix d'une fête nationale distincte. Ce qui suit tient plutôt des études culturelles et sociales que littéraires. Il s'agit d'une analyse transdisciplinaire visant à jeter un nouvel éclairage sur un moment fondateur de l'histoire de l'Acadie afin de faire ressortir ses aspects transgressifs ainsi que transmissifs. Une attention toute particulière sera portée aux stratégies de persuasion auxquelles les orateurs – tous formés dans l'art de la rhétorique – ont recours afin d'exposer,

---

10. Ce néologisme formé de l'union des mots quinze et août a été popularisé dans les médias sociaux depuis quelques années. Voir, par exemple, en ligne : https://twitter.com/hashtag/quinzou ; https://www.facebook.com/CSDieppe/posts/853689551375456 (pages consultées le 13 octobre 2015).

11. Les discours intégraux peuvent être consultés dans *Les conventions nationales acadiennes. Tome I : 1881-1890*, édition critique établie par Denis Bourque et Chantal Richard, avec la collaboration d'Amélie Giroux, Moncton, Institut d'études acadiennes, coll. « Bibliothèque acadienne », 2013, 389 p. Désormais, les références à cet ouvrage seront indiquées par le sigle *CNA*, suivi du folio, et placées entre parenthèses dans le texte.

de façon fort habile et diplomatique, leur position sur la question. Finalement, je propose que les arguments énoncés s'avèrent révélateurs de la conscience collective identitaire acadienne et des liens entre l'Acadie et le Québec à cette époque.

CONTEXTE

Tout porte à croire que les organisateurs de la première convention nationale acadienne à Memramcook avaient pleinement l'intention de faire adopter la Saint-Jean-Baptiste comme fête nationale des Acadiens. Pierre-Amand Landry, qui avait été désigné au Congrès de Québec en 1880 comme président de la première convention nationale acadienne de 1881, se prononce en faveur de la Saint-Jean-Baptiste et sera appuyé par nul autre que le père supérieur du collège Saint-Joseph de Memramcook, le père Camille Lefebvre. Comme la première convention nationale se déroule sur les lieux du collège de Memramcook, le père Lefebvre aura un rôle important à jouer en tant qu'orateur et hôte de cet événement fondateur. Toutefois, les deux hommes hautement respectés par l'élite acadienne émergente ne se doutaient probablement pas de la surprise que leur préparait Pascal Poirier, ancien étudiant du collège et responsable de la commission sur l'adoption d'une fête nationale. C'est, en tout cas, ce que laisse supposer l'amendement de Landry à la proposition mise de l'avant par Poirier en faveur de l'adoption de l'Assomption. Cet amendement, que « la Saint-Jean-Baptiste (24 juin) soit choisie et adoptée pour fête nationale des Acadiens », qui aurait eu pour effet de mettre l'adoption de la Saint-Jean devant le peuple acadien comme fait accompli, est défait par un vote de 12 contre 4.[12]. Poirier enchaîne immédiatement par un vote portant sur l'adoption de la proposition principale de la commission : que l'Assomption soit proposée à l'assemblée comme fête nationale des Acadiens et la répartition est la même, 4 votes contre et 12 votes pour (les mêmes qui avaient voté contre l'amendement). Pourtant, la commission ne comptait que 9 membres. D'où viennent les 7

---

12. Ferdinand J. Robidoux, *Conventions nationales des Acadiens. Recueil des travaux et délibérations des six premières conventions, vol. I, Memramcook, Miscouche, Pointe de l'Église, 1881, 1884, 1890*, Shédiac, Imprimerie du Moniteur acadien, 1907, p. 44.

autres votes? Parmi les voix s'élevant contre l'amendement en faveur de la Saint-Jean-Baptiste et pour l'Assomption se trouvent les noms de plusieurs prêtres à qui on a octroyé un droit de vote sur la question selon la proposition de François-Xavier Cormier (en faveur de l'Assomption) que «tous les prêtres présents à la convention soient adjoints à la première commission[13]». Faut-il y voir une manœuvre astucieuse de la part du camp de l'Assomption? Si on ne considère que les votes des membres de la commission, le résultat aurait été beaucoup plus serré à 4 voix en faveur de la Saint-Jean-Baptiste et 5 en faveur de l'Assomption. L'hypothèse d'une collusion précédant la proposition de la commission sur la fête nationale est aussi appuyée par les propos émis par le père Philéas-Frédéric Bourgeois lors de son deuxième discours sur la question :

> [J]'aurais voulu que cette décision n'eût pas été, comme je le constate, l'effet d'une influence qui semble avoir été exercée au préalable, en certains rangs et en certains quartiers. Il est clair que nous, qui voulons la Saint-Jean-Baptiste, nous nous agitons sur un terrain inégal, grâce à des influences que nous ne pouvons analyser présentement, parceque [*sic*] nous étions loin de les soupçonner, à plus forte raison de les attendre. (*CNA*, 167-168)

Toutefois, les défenseurs de la Saint-Jean-Baptiste ne baissent pas les bras pour autant car vu que deux options ont été proposées, le processus veut que l'on délibère selon la tradition de l'art oratoire bien développée au collège Saint-Joseph et que l'on passe à un vote démocratique à main levée de toute l'assistance.

LE DÉBAT

À la suite de la proposition de Pascal Poirier que la commission sur la fête nationale adopte l'Assomption (et l'amendement défait de Pierre-Amand Landry que la commission adopte plutôt la Saint-Jean-Baptiste), un total de treize discours sont prononcés par douze orateurs sur l'adoption d'une fête nationale. Le premier discours du débat, prononcé par Stanislas-Joseph

---

13. *Ibid.*, p. 43.

Doucet, est en faveur de l'Assomption. Celui-ci est suivi par un discours de Philéas-Frédéric Bourgeois proposant plutôt la Saint-Jean-Baptiste, suivi de Pascal Poirier et Marcel-François Richard qui soutiennent l'importance pour les Acadiens de maintenir une identité distincte des Québécois en adoptant l'Assomption. Les deux discours suivants, de la part de Pierre-Amand Landry et du père Lefebvre s'y opposent, suggérant que la Saint-Jean-Baptiste permettrait aux Acadiens de renforcer leurs liens avec les Canadiens français et ainsi, d'être plus forts. Le discours du père supérieur du collège Saint-Joseph est particulièrement intéressant pour ses stratégies argumentatives qui se font parfois sur un ton de reproche. Trois discours en faveur de l'Assomption se succèdent par la suite, se faisant de plus en plus brefs, mais le père Philéas-Frédéric Bourgeois, qui s'était déjà prononcé, semble sentir l'assistance dévier et reprend la parole longuement en accusant les partisans de l'Assomption d'avoir manigancé une entente secrète. Son intervention n'est pas efficace et les trois derniers discours sont favorables à l'adoption de l'Assomption. Au total, neuf discours auront été favorables à l'Assomption, alors que seulement quatre discours défendent la Saint-Jean-Baptiste. Le vote final se fait à main levée et le choix de la fête de l'Assomption l'emporte sur celle de la Saint-Jean-Baptiste.

Mettant de côté les facteurs externes au débat tels que la possibilité d'une entente entre Pascal Poirier, Marcel-François Richard et François-Xavier Cormier, entre autres, le vote démocratique a sans doute été influencé par le contenu des discours. Ainsi, une analyse des arguments présentés par les deux camps permet d'évaluer l'effet de ceux-ci auprès des délégués acadiens présents. À cet égard, je m'inspirerai de la grille théorique interdisciplinaire proposée par Patrick Charaudeau[14]. Car si les discours en faveur de l'Assomption sont plus nombreux, les partisans de la Saint-Jean-Baptiste, représentés principalement par Pierre-Amand Landry, le père Philéas-Frédéric Bourgeois et le père Lefebvre, représentent une autorité importante auprès des Acadiens. C'est pourquoi Pascal Poirier et compagnie devaient présenter des arguments convaincants afin d'assurer le succès de leur entreprise.

---

14. Patrick Charaudeau, « L'argumentation dans une problématique de l'influence », *Argumentation et analyse du discours*, n° 1, 2008, p. 2, en ligne : http://www.patrick-charaudeau.com/L-argumentation-dans-une.html (page consultée le 9 août 2017).

Finalement, j'établirai des liens entre les arguments principaux et les principes de transmission et de transgression ainsi que l'identité acadienne.

ARGUMENTS EN FAVEUR DE L'ASSOMPTION OU CONTRE LA SAINT-JEAN-BAPTISTE

Selon Charaudeau[15], la rhétorique argumentative, qui remonte à Aristote et à laquelle les orateurs de la première convention nationale acadienne avaient été formés lors de leur éducation au collège Saint-Joseph se construit à partir de quatre processus langagiers : 1 - la gestion du contact avec l'autre (qu'il nomme régulation) en établissant une position de supériorité/infériorité ; 2 - la crédibilité ou l'identification (*ethos*) ; 3 - les stratégies de dramatisation dans le but d'émouvoir l'autre (*pathos*) ; et 4 - l'organisation du discours (rationalisation ou *logos*). Le logiciel SPHINX[16] a permis de découper les treize discours en unités de phrases qui ont, par la suite, été codées selon la grille proposée par Charaudeau et selon les opinions des orateurs (pour/contre l'Assomption ou la Saint-Jean-Baptiste). Ainsi, une analyse qualitative et quantitative des arguments en faveur de l'Assomption révèle qu'ils se rangent très majoritairement du côté du *pathos* ou de l'évocation des émotions, caractérisant 86% de toutes les phrases prononcées en faveur de l'Assomption. Pascal Poirier en fournit un excellent exemple dans son discours qui commence par un examen apparemment logique des avantages et inconvénients des deux fêtes avant de révéler son parti pris. Son discours devient de plus en plus émotif pour terminer en crescendo par un rappel de l'histoire distinctive de l'Acadie dans des termes affectifs, voire hyperboliques :

> Nous avons une histoire à nous ; nous avons un passé malheureux qui nous est propre ; notre condition est humble ; notre avenir n'est pas celui d'un peuple puissant par le nombre et les ressources : ayons pour nous seuls un jour national, où nous nous réunirons

---

15. *Ibid.*
16. Le logiciel Sphinx a été développé par Jean Moscarola et Yves Baulac, en ligne : www.lesphinx-developpement.fr (page consultée le 13 octobre 2015).

pour parler de nos pères; où nous rappellerons les gloires et les malheurs du passé; où nous pleurerons ensemble sur ce grand holocauste de 1755; un jour où nous oserons regarder l'avenir en face parce que [...] nous serons ensemble, unis, nous tenant par la main; mais encore une fois, que ce jour, cette fête, si vous préférez, soit propre, soit particulier au peuple acadien. (*CNA*, 146)

Outre le grand nombre d'adjectifs faisant appel aux émotions, on remarquera aussi l'identification qui se manifeste dans cet extrait par l'usage abondant du pronom personnel «nous», ce qui sous-entend un *eux* qui, dans ce cas, semble désigner le «peuple puissant par le nombre et les ressources» qu'est le Québec et/ou les anglophones. L'orateur a recours à une dramatisation du passé et de l'avenir dans une vision collective à laquelle lui-même participe. Toutefois, il ne suffit pas, dans une logique de persuasion, d'énoncer sa position; il faut encore réfuter la position de l'autre camp. C'est pourquoi les arguments contre la Saint-Jean-Baptiste prolifèrent et relèvent également du domaine des émotions en associant le choix de cette fête à l'assimilation, voire l'annihilation du peuple acadien, comme dans cet extrait de François-Xavier Cormier: «Malgré tout cela je dois m'opposer à l'adoption de la Saint-Jean-Baptiste pour fête nationale, car j'y vois une question de vie ou de mort pour les Acadiens comme peuple» (*CNA*, 162). Le député Urbain Johnson renchérit: «Où sera le nom acadien dans vingt ans d'ici si nous adoptons la Saint-Jean-Baptiste?» (*CNA*, 171) et le père Marcel-François Richard passe carrément à la culpabilisation à la fin d'un long discours dans lequel le culte de Marie est fortement promu: «Votre vote est appelé à jouer un rôle important dans l'avenir de notre pays et j'ai confiance qu'aucun de vous ne souillera cette page si importante de notre histoire par un vote de trahison contre la cause acadienne» (*CNA*, 153). La position du camp favorable à l'Assomption est claire: si les Acadiens aiment l'Acadie et désirent assurer sa survie, ils doivent opter pour l'Assomption car le choix de la Saint-Jean-Baptiste ne pourrait avoir d'autre résultat que la perte de l'Acadie et par extension, la trahison des ancêtres qui ont tant souffert pour la préservation de la patrie. Puisque le discours autour du passé tourmenté des Acadiens a acquis un statut de récit fondateur sacré[17], il est inconcevable pour les Acadiens de la fin du 19e siècle de s'en détourner. Dans cette optique, la peur, l'amertume, la nostalgie, le patriotisme et la loyauté sont évoqués tour à tour dans ces discours à forte portée affective.

Afin de renforcer cette stratégie affective, les orateurs, en tant que bons rhétoriciens, soignent également l'organisation de leurs discours. Charaudeau[18] expose des modes de raisonnement argumentatif qui se répartissent en quatre grandes catégories : la déduction (établissement des liens de causalité entre une assertion et sa conséquence); l'analogie (rapprochement de deux faits); l'opposition (mise en évidence d'arguments qui s'excluent, par exemple, si on est Acadien, on ne peut pas être aussi Québécois); et le calcul (opération mathématique qui consiste à établir des principes d'égalité). Ces modes de raisonnement ont également été codés par le logiciel SPHINX, ce qui a permis d'affirmer que les modes de raisonnement en faveur de l'Assomption se rangent principalement du côté de l'analogie comme dans cet extrait de Marcel-François Richard : « À l'exemple des Anglais, des Irlandais, des Écossais, des Allemands, nous devons tâcher de nous choisir une fête qui nous rappelle notre origine » (*CNA*, 152). Le discours sous-jacent à cet argument est que les Acadiens n'ont pas à s'excuser de vouloir une fête nationale distincte, car tous les peuples ont la leur. Richard ira jusqu'à évoquer la Confédération comme garante des bonnes relations entre les peuples et de l'égalité des citoyens. De nombreux arguments ont aussi recours à un processus de déduction, comme ceux employés par le père Fidèle Belliveau : « Si, au contraire, nous Acadiens-Français, formons un peuple à part, si nous avons nos usages, nos coutumes, si nous avons grandi dans notre sphère comme les Canadiens ont grandi dans la leur, je ne vois pas pourquoi on nous objecterait aujourd'hui le privilège d'une fête nationale » (*CNA*, 164). Exprimée dans ces termes, la logique d'une fête nationale distincte pour un peuple distinct se veut d'une rigueur incontestable.

---

17. Voir Chantal Richard, « Le récit de la Déportation comme mythe de création dans l'idéologie des conventions nationales acadiennes (1881-1937) », *Acadiensis*, vol. 36, n° 1, automne 2006, p. 69-81.
18. Charaudeau, *op. cit.*, p. 9-10.

L'opposition, comme on pourrait s'y attendre, est surtout présente lorsqu'on s'exprime «contre» une position ou l'autre. Toutefois, les arguments manifestant l'opposition ne sont que l'envers de la médaille de la déduction ou l'analogie comme l'exprime le père Stanislas-Joseph Doucet: «Il nous faudrait déjà avoir le même caractère national pour chômer la même fête nationale» (*CNA*, 137-138). En d'autres mots, si les Acadiens ont un caractère national différent des Québécois, ils ne peuvent pas adopter la même fête nationale que ces derniers.

Au fur et à mesure que les discours se succèdent, les orateurs présentent des arguments de plus en plus accusateurs. Marcel-François Richard ira jusqu'à affirmer que la Saint-Jean-Baptiste est une fête païenne, ce qui tend à suggérer que les bons catholiques que sont les Acadiens feraient mieux d'adopter la valeur sûre que représente l'Assomption: «Il paraît que l'origine de cette fête [la Saint-Jean-Baptiste] est due à un usage païen que les évêques français ne pouvant faire disparaître lui ont donné un nom chrétien pour le christianiser» (*CNA*, 151). En fait, les arguments inspirés de valeurs religieuses liées au passé sont abondants et – on peut le supposer – efficaces, particulièrement dans le discours du père Marcel-François Richard: «Nos pères, confesseurs de la foi et martyrs de la cause du Christ, qui dorment dans nos cimetières, seraient-ils déshonorés par des descendants dénaturés?» (*CNA*, 149).

ARGUMENTS EN FAVEUR DE LA SAINT-JEAN-BAPTISTE ET CONTRE L'ASSOMPTION

L'efficacité des arguments en faveur de l'Assomption et contre la Saint-Jean-Baptiste est aujourd'hui indéniable, mais afin de se faire un portrait complet de l'identité acadienne, il faut aussi se pencher sur les caractéristiques des principaux arguments en faveur de la Saint-Jean-Baptiste et contre l'Assomption. Notamment, il peut être pertinent de s'interroger sur la possibilité que certains éléments de ces arguments auraient déplu aux délégués de la convention, ou encore qu'il y avait peut-être des failles dans l'argumentation même. En somme, les processus langagiers auxquels ont recours les partisans de la Saint-Jean-Baptiste sont principalement de l'ordre de l'*ethos* (identification et crédibilité) et du *logos* (raison). Par contre, ils ont moins souvent recours aux émotions fortes que les partisans favorables à l'Assomption. Du côté de l'*ethos*, le père Lefebvre tente de s'identifier aux Acadiens et de se donner une certaine crédibilité en soulignant son dévouement et ses sacrifices : « Je ne suis pas d'origine acadienne, mais j'ai épousé la cause des Acadiens, je suis acadien par le cœur et les sentiments ; dix-sept ans de sacrifices et de dévouement me donnent le droit d'affirmer la chose sans crainte d'être contredit » (*CNA*, 158). Il poursuit avec un argument bien logique (*logos*) qui tient du mode de raisonnement de la déduction : « En outre, vous tendez à imiter les Canadiens, comme le prouve le fait de la présente convention, qui n'est qu'une pâle copie de celle tenue à Québec l'an dernier ; pourquoi alors n'auriez-vous pas le même saint pour votre fête nationale » (*CNA*, 159). Le père supérieur du collège Saint-Joseph semble contredire les arguments précédents qui proposaient que les Acadiens ont un caractère national distinct, ce qui avait peu de chances de plaire à l'auditoire. Et peut-être va-t-il trop loin lorsqu'il a recours à des menaces qui évoquent les plus grands fléaux si les Acadiens s'obstinent à renier la Saint-Jean-Baptiste : « l'ivrognerie et le luxe ne sont pas moins enracinés ici que chez les Canadiens, conséquemment les vertus de saint Jean-Baptiste ne sont pas de trop ici » (*CNA*, 159). Son erreur est peut-être d'avoir sous-estimé l'orgueil des Acadiens.

Le père Philéas-Frédéric Bourgeois a aussi recours à des arguments logiques (*logos*) sur le mode de la déduction. Il réfute la théorie de l'assimilation des Acadiens par le Québec, mais rappelle la menace très réelle d'une assimilation par les anglophones :

> Le danger d'une fusion avec les Canadiens, à deux cents lieues d'ici, dans une province où les coutumes sont différentes, qui a son gouvernement responsable, son code civil différent, sera-t-il plus à craindre que ne serait à craindre l'absorption par une population anglaise plus nombreuse, qui nous gouverne, dont nous dépendons presque entièrement pour le commerce, qui nous entoure, qui nous fait la loi comme elle l'entend –surtout, si le patronage canadien nous était soudainement soustrait, si nous étions laissés à nos propres forces. (*CNA*, 141)

Il est permis de lire dans cette dernière phrase la suggestion que l'adoption de l'Assomption nuirait aux relations entre les Canadiens français et les Acadiens puisque Bourgeois précisera plus loin que ces derniers ne sont pas prêts à l'autonomie :

> Pour nous mieux aider dans une marche ascensionnelle dont nous semblons méconnaître les aspérités, il nous faut compter sur d'autres moyens que ceux dont nous croyons jouir, sur d'autres forces que sur nos ressources intrinsèques, sur d'autres forces que sur celles d'une minorité acadienne qui ne fut jamais respectée et qu'on a toujours lésée impunément. (*CNA*, 142)

La thèse d'une Acadie trop faible pour se tenir debout seule est aussi présente dans le discours de Pierre-Amand Landry qui précise que : « Le nombre de nos hommes instruits est encore fort limité et celui de nos orateurs l'est encore plus » (*CNA*, 156). Les défenseurs de la Saint-Jean-Baptiste – peut-être par simple désespoir et amertume lorsqu'ils se rendent compte qu'ils sont minoritaires – se replient sur un présupposé complexe d'infériorité des Acadiens afin d'argumenter en faveur d'une fête nationale commune avec le Québec.

Cependant, peu d'arguments sont énoncés explicitement contre l'Assomption. Il s'agit effectivement d'une position délicate que les orateurs peuvent difficilement attaquer sans s'en prendre au culte de Marie. Comme le dit Joseph-Octave Arsenault :

> L'Assomption de la Sainte Vierge serait très convenable, mais il me semble qu'elle arrive à l'une des époques les plus défavorables de l'année et je crains que pour cette raison elle ne pourrait être célébrée avec cet élan, avec cet éclat, avec cette unanimité que tout le monde s'accorde à désirer. À peu près tous les Acadiens appartiennent à la classe agricole, et pour la classe agricole le mois d'août n'a guère de loisirs. (*CNA*, 160)

Le député Stanislas-François Poirier, qui prononce le dernier discours sur la question, rétorque avec ironie : « On objecte contre l'Assomption pour fête nationale, qu'il fait trop chaud à l'époque où elle tombe. Ne pourrait-on pas choisir un jour d'hiver, afin de donner à ceux qui n'aiment pas la chaleur l'occasion de manifester leur ardent patriotisme à la faveur du froid ! » (*CNA*,

172). En fin de compte, les arguments basés sur la raison seule (*logos*) n'ont pas suffi à convaincre les délégués à voter pour une fête qui leur accorderait potentiellement un plus grand poids politique en s'alliant aux Québécois. Le recours aux tactiques de la peur en rappelant l'infériorité du peuple acadien ne semble pas non plus avoir eu l'effet voulu.

Devant une défaite de plus en plus évidente, le deuxième discours du père Bourgeois est amer et accusateur : « L'avenir nous dira si cette première commission n'a pas été surprise par des ententes qui manquent de loyauté et dont le but bien déterminé était d'abolir la fête du 24 juin, dût la convention n'avoir pas d'autre résultat » (*CNA*, 168). Effectivement, la convention de Memramcook aura eu pour résultat principal de donner une fête nationale distincte au peuple acadien.

TRANSGRESSER POUR ASSURER LA TRANSMISSION

Tout porte à croire que la Saint-Jean-Baptiste, déjà fêtée au collège Saint-Joseph sous l'autorité bienveillante du père Lefebvre, avait été pressentie comme choix naturel d'une fête nationale des Acadiens. Le président de la convention de Memramcook, Pierre-Amand Landry, avait sans doute sous-estimé l'audace de Pascal Poirier lorsqu'il lui a confié le dossier important de la commission sur le choix de la fête nationale. Toutefois, Poirier n'a pas agi seul, car les arguments en faveur de l'Assomption avaient été bien préparés et l'ajout des voix de tous les prêtres présents à la convention a eu un impact considérable sur le vote initial qui avait porté sur la proposition du comité et son amendement. Il est donc difficile de croire que cet acte de transgression de l'autorité de la convention, sous forme du président, et de l'autorité du collège Saint-Joseph, était entièrement naïf.

De toute évidence, « l'élite cléricale et patenteuse » ne formait pas un bloc uni, et certains membres de cette élite pouvaient jouer un rôle transgressif au sein des discours fortement idéologiques de la Renaissance acadienne, surtout si l'on tient compte des mœurs de l'époque qui prônaient la soumission inconditionnelle à ses supérieurs, surtout religieux. Certes, les arguments affectifs (*pathos*) semblent avoir été les plus efficaces auprès de cette assemblée sous l'effet des émotions fortes de la convention nationale de Memramcook. Cependant, l'argument en faveur de la préservation du caractère distinctif des Acadiens est aussi d'une force incontournable. Sous un raisonnement d'apparence logique (la déduction), les orateurs font plutôt appel aux émotions et à un sentiment de patriotisme et de loyauté envers les ancêtres afin de convaincre les délégués que le choix de l'Assomption était le seul choix qui assurerait la survie de l'Acadie. La transgression de la bonne entente entre les Canadiens français et les Acadiens, de l'autorité du père Lefebvre, supérieur du collège Saint-Joseph et de Pierre-Amand Landry, président de la convention de Memramcook, était nécessaire aux yeux de Pascal Poirier, de Marcel-François Richard et de leurs alliés afin d'assurer la transmission d'une identité culturelle encore en existence aujourd'hui.

TRANSGRESSION ET TRANSMISSION DANS *POUR SÛR* DE FRANCE DAIGLE. ENTRE ÉCLATEMENT FORMEL ET HÉRITAGE LINGUISTIQUE

Cécilia W. Francis
Université Saint-Thomas

Dans un entretien publié à la suite de son attribution, en 2012, du Prix du Gouverneur général en littérature pour son roman *Pour sûr* (2011), France Daigle a reconnu sa dette envers Italo Calvino, dont les propos l'avaient incitée à se lancer dans un projet « massi[f][1] », en se donnant des « objectifs démesurés[2] ». Le romancier et théoricien italien postulait à l'aube du 21ᵉ siècle que si la littérature voulait conserver sa pertinence, il fallait à l'instar de James Joyce et de Georges Perec, « pousser l'audace ou la créativité du roman » (*SV*, 249) afin de le sortir de ses cadres habituels. France Daigle a répondu de façon magistrale à ce défi, car *Pour sûr* représente l'aboutissement de son art romanesque, la conquête d'un nouvel espace créateur : « C'est comme si, avec tous mes autres livres, j'avais travaillé, exploré, mais là, finalement, j'avais tous les trucs qu'il me fallait pour faire *le* [sic] livre » (*SV*, 249). Les lecteurs de Daigle savent très bien que la romancière pratique depuis toujours

---

1. Andrea Cabajsky, « "Le sentiment vif de créer" : entretien avec France Daigle », *Studies in Canadian Literature/Études en littérature canadienne*, vol. 39, n° 2, 2014, p. 249. Désormais, les références à cette entrevue seront indiquées par le sigle *SV*, suivi du folio, et placées entre parenthèses dans le texte.
2. Italo Calvino, *Leçons américaines. Six propositions pour le prochain millénaire*, Paris, Seuil, [1989] 2003, p. 95.

un art poétique innovateur situé « entre ludisme et formalisme[3] », où les considérations d'agencement compositionnel surplombent le contenu diégétique du texte, mais dans *Pour sûr* la transgression des normes traditionnelles du roman s'accentue davantage. D'une part, en adoptant un processus d'écriture à contraintes mathématiques plus ambitieux qu'auparavant, Daigle brise la linéarité narrative et opère un émiettement du contenu en ce qui a trait à la structure textuelle, créant ce que Calvino dénomme un « hyper-roman[4] ». Ce faisant elle compose, d'autre part, un livre à plusieurs registres et codes langagiers, où prédominent le chiac et le français acadien qui ancrent ainsi le roman dans le cadre géopolitique du sud-est du Nouveau-Brunswick.

Le non-conformisme qui imprègne les deux volets de la production littéraire chez Daigle, à savoir la facture narrative du récit et les codes linguistiques mis en jeu, constitue aux yeux de Raoul Boudreau l'une des caractéristiques de l'écriture acadienne contemporaine. Ce phénomène marquant de transgression découle du fait que le romancier acadien, conscient de sa marginalité face aux hégémonies culturelles et linguistiques avec lesquelles il transige, qu'elles soient française ou anglaise, choisit d'afficher son étrangeté au moyen d'une singularité au plan esthétique : « la déconstruction textuelle [se trouve] calquée sur la déconstruction de la langue issue du choc des idiomes[5] ». Or dans *Pour sûr*, la démarche de Daigle s'avère encore plus complexe, car la question de la langue et les défis posés par la transmission d'un héritage identitaire composent une facette essentielle de l'intrigue. C'est en effet à partir de la variété d'idiomes représentés et les tensions générées par leurs interférences (surtout entre le chiac et le français standard) que l'on voit s'élaborer une dialectique subtile entre les dimensions de forme et de contenu, dont la mouvance réoriente la transgression dans le sens de la transmission. Dit autrement, dans

---

3. Danielle Dumontet, « La fragmentation dans *Pour sûr* de France Daigle. Une écriture entre contraintes et ouvertures », Cécilia W. Francis et Robert Viau (dir.), *Littérature acadienne du 21ᵉ siècle*, Moncton, Éditions Perce-Neige, coll. « Archipel-Aplaqa », 2016, p. 119.
4. Calvino, *op. cit.*, p. 101.
5. Raoul Boudreau, « Choc des idiomes et déconstruction textuelle chez quelques auteurs acadiens », Robert Dion, Hans-Jürgen Lüsebrink et János Riesz (dir.), *Écrire en langue étrangère : interférences de langues et de cultures dans le monde francophone*, Québec, Nota bene, 2002, p. 287.

Pour sûr, la langue et sa destinée chez les personnages acadiens tous rattachés à la ville de Moncton témoignent de leur « enracinement dans la collectivité[6] ». Ce thème émerge en même temps comme un sujet de controverse passionnant, en vertu des incertitudes qui planent sur la postérité du français, étant donné sa cohabitation concurrentielle avec le chiac et l'anglais. Approfondissant ces problématiques, le roman iconoclaste de Daigle se veut une sorte de baromètre imaginaire permettant de pronostiquer la construction d'une communauté acadienne capable de surmonter les diverses épreuves rencontrées dans la transmission d'un héritage linguistique et culturel vulnérable.

L'objectif de notre démarche consiste à cerner les réseaux de coalescence entre forme et fond, à expliciter comment la structure éclatée et autoréflexive de *Pour sûr* étaye un récit axé sur la transmission, et ce par le biais de la mise en place d'un nouveau modèle de la paternité, où la figure du père soignant s'investit fortement dans la transmission de la langue. Partant d'un cadre conceptuel basé sur la postmodernité en littérature, il sera d'abord question de délimiter les paramètres de la transgression à l'égard des dispositifs formel et linguistique du roman. Suivant la dynamique de la double orientation qui travaille l'énonciation, nous allons examiner en second lieu de quelle manière la dissolution formelle du texte induit la thématique du legs linguistique en tant qu'enjeu clé de l'intrigue engageant la famille Thibodeau. Afin de soutenir notre hypothèse, à savoir que le traitement accordé à la langue dans *Pour sûr* participe d'un discours éthique en vue de la sauvegarde d'un héritage identitaire précaire, nous tiendrons compte des documents audiovisuels recoupant le roman, à savoir *L'éloge du chiac*, *L'éloge du chiac, Part 2* et *Les héritiers du club*[7]. Daigle semble valider le bien-fondé de tels rapports intermédiatiques lorsqu'elle déclare que *Pour sûr*, par sa syntaxe chronologique elliptique, fractionnée « en mille morceaux[8] », rappelant le montage du « langage cinématographique » (*HF*, 21),

---

6. *Ibid.*, p. 292.
7. On trouvera les indications bibliographiques de ces documents audiovisuels ci-dessous.
8. Monika Boehringer, « Le hasard fait bien les choses : entretien avec France Daigle », *Voix et images*, vol. 29, n° 3 (87), printemps 2004, p. 21. Désormais, les références à cette entrevue seront indiquées par le sigle *HF*, suivi du folio, et placées entre parenthèses dans le texte.

serait à même d'enrichir les débats générés autour de la langue, présentés notamment dans des productions filmiques traitant de thèmes similaires.

TRANSGRESSIONS FORMELLES ET LINGUISTIQUES DANS LE SILLAGE DE LA POSTMODERNITÉ

Selon Jean-François Lyotard, le postmodernisme constitue un courant épistémologique découlant de «l'incrédulité à l'égard des métarécits[9]» issus de l'héritage culturel et scientifique des Lumières. Aux discours unitaires et monolithiques à caractère logocentrique et impérialiste, le philosophe oppose la légitimité des savoirs hétérogènes et des jeux du langage en raison de leur capacité de perturber les hégémonies idéologiques. Subvertissant «toute notion d'autorité, de contrôle, de domination et de vérité et d'idée de vision totalisante[10]», de tels éléments de renversement doxologique, d'après Janet Paterson, pourvoient créateurs et artistes d'une «force libératrice[11]» exceptionnelle. Une esthétique postmoderne romanesque se définirait ainsi par la reconnaissance de l'hétérogénéité et de l'inachevé, par la valorisation de formes narratives ouvertes, fragmentées et auto-représentatives permettant d'encoder des modes et des voix parallèles, associés à la marge et aux enclaves de la périphérie.

Pour sûr reflète les critères du roman postmoderne de plus d'une façon. Basé sur un jeu de contraintes à partir du chiffre douze multiplié trois fois par lui-même (soit 12 x 12 x 12), le texte est conçu en fonction de 1728 fragments disparates et numérotés s'inscrivant dans 144 séries thématiques sous-titrées, chaque série étant composée de 12 capsules discursives[12]. Si un

---

9. Jean-François Lyotard, *La condition postmoderne*, Paris, Minuit, 1979, p. 7.
10. Janet Paterson, *Moments postmodernes dans le roman québécois*, Ottawa, Presses de l'Université d'Ottawa, 1998, p. 18.
11. *Ibid.*, p. 23.
12. Paraissant dans les marges du roman, les 144 séries numérotées sont répertoriées dans l'Index. Voir France Daigle, *Pour sûr*, Montréal, Éditions du Boréal, 2011, p. 731-747. Désormais, les références à cet ouvrage seront indiquées par le sigle *PS*, suivi du folio, et placées entre parenthèses dans le texte. Par exemple, les sous-titres chiffrés suivants font partie des 144 séries thématiques : «18. Une place pour le monde», «28. Une vie de couple», «43. Amour»,

tel éclatement de la linéarité du récit permet de «déconstrui[re] le réel pour mieux le cerner dans l'imaginaire[13]», il a surtout pour fonction, de l'avis de Gérard Genette, de solliciter chez le lecteur une participation active dans le décodage du texte[14]. Celui-ci découvre ainsi des effets de sens imprévus ou insoupçonnés dans l'enchevêtrement des parcelles discursives offertes de manière éclectique, se réunissant à chaque fois de manière interactive et singulière, grâce aux virtualités de la lecture. «Le lecteur avance dans la même sorte de surprise, ou de plaisir que finalement moi j'avais à l'écrire. Je voulais que le lecteur aussi partage [...] le sentiment vif de créer, d'être dans quelque chose que l'on n'attend pas nécessairement[15]» (*SV*, 250). La collaboration du lecteur dans le façonnement *in situ* de ce genre d'œuvre «ouverte» évoquant l'entreprise à la fois théorique et fictive d'Umberto Eco[16], est présupposée par une dimension autoréflexive très élaborée, fondée sur maints scénarios où les personnages s'impliquent dans des activités d'ordre esthétique, utilitaire ou social, à savoir la peinture, la broderie, le jardinage, la typographie, la réalisation de sondages et de listes, le sport et les jeux de société, pour ne nommer que celles-là. Ces procédés autoreprésentatifs ont pour résultat non seulement d'interroger «les rapports du texte à la réalité[17]», mais surtout de mettre en cause toute autorité auctoriale, toute imposition d'ordre universalisant dans l'échafaudage de la signification. Chez Daigle, cet effet de bricolage ou de contingence narrative[18] issu d'une pluralité centrifuge du discours romanesque accompagnée par sa réfraction s'avère hautement valorisé, puisque c'est de cette

---

«60. Superstitions», «76. Avatars», «96. Personnages», «110. Un jour de congé», «129. Fantasmes», «136. Inavouable».
13. Dumontet, *op. cit.*, p. 115.
14. Gérard Genette, «Une théorie de l'œuvre ouverte», *Magazine littéraire*, vol. 262, 1989, p. 46.
15. Par ailleurs, le narrateur déclare que «[s]i difficulté il y a, elle se situe peut-être dans une absence de repères, obligeant chaque lecteur à éprouver la méthode pour accéder à la création, prouvant par le fait même qu'il s'agit bien d'une création et non d'une méthode éprouvée» (*PS*, 78).
16. Le théoricien précise qu'il s'agit d' «œuvres qui, bien que matériellement achevées restent ouvertes à une continuelle germination de relations internes, qu'il appartient à chacun de découvrir et de choisir au cours même de sa perception». Umberto Eco, *L'œuvre ouverte*, Paris, Seuil, 1965, p. 35.
17. Paterson, *op. cit.*, p. 84.
18. Voir Guy Scarpetta, *L'impureté*, Paris, Grasset, 1985, 394 p.

manière organique, non-orthodoxe, qu'il lui est possible d'aborder la question délicate du statut des langues en Acadie.

Dans ce roman fortement empreint de soupçon à l'égard du récit réaliste, balzacien, la prééminence des dimensions autoréflexive et métanarrative a pour résultat d'orienter l'attention du lecteur vers les « mises en scène de la langue[19] ». Observée chez d'autres auteurs francophones se penchant sur les phénomènes de diglossie ou de langue mixte, une telle stratégie discursive est propice à multiplier les perspectives sur le réel, processus s'élaborant dans *Pour sûr* par sa construction sous forme de micro-récits ayant pour objet de rassembler une pluralité d'idiomes et de genres. Relevant d'un discours théâtral transposé, les monologues et les dialogues de personnages anonymes qui pullulent, prononcés soit en chiac ou en français acadien, sont constamment juxtaposés aux bribes et aux fragments articulés en français standard. Ces échantillons d'un code langagier épuré s'immiscent dans le roman en vertu d'une dimension intertextuelle importante faisant intervenir extraits essayistes (découlant de Freud, de Lacan, de Michelet, de Comte-Sponville, entre autres philosophes et théoriciens), dictionnaires (*Le Robert*, *Larousse*, *L'Art de conjuguer* de Bescherelle, *L'Officiel du jeu Scrabble*, *Le glossaire acadien*[20]), livres de fiction et de non-fiction accompagnés de centaines de noms d'auteur (en vertu de nombreux renvois à *La bibliothèque idéale*[21]), poésie (Rimbaud, Miron, haïkus, cinquains, tankas) et formes brèves (proverbes, exergues, titres). Le tressage obtenu d'une hétérogénéité de genres, de discours, de registres et de références culturelles, où s'entrecroisent un français au style soutenu et un parler diglossique relevant d'une langue vernaculaire, engendre un effet baroque aboutissant à une pollinisation linguistique inouïe[22]. Tout en rappelant les origines poitevines et saintongeaises du français acadien remontant au 17e siècle, l'insertion du code linguistique hexagonal dans le tissu textuel où

---

19. Lise Gauvin, *La fabrique de la langue. De François Rabelais à Réjean Ducharme*, Paris, Seuil, 2004, p. 8.
20. Pascal Poirier, *Le glossaire acadien*, édition critique établie par Pierre M. Gérin, Moncton, Éditions d'Acadie, Centre d'études acadiennes, 1993, 500 p.
21. Pierre Boncenne (dir.), *La bibliothèque idéale*, Paris, Albin Michel, 1991, 661 p.
22. Joëlle Papillon, « Regards croisés France-Acadie dans l'œuvre de France Daigle. Norme, variations et expérimentations », Francis et Viau, *op. cit.*, p. 90.

prédomine un parler local contaminé par l'anglicisation, renforce l'idée que le chiac en tant que langue « stigmatisée et interdite[23] » possède bel et bien une culture d'appartenance, grâce à laquelle une refrancisation sous forme d'enrichissement idiomatique serait toujours envisageable. Daigle insiste sur l'importance de cette dimension autoréflexive et métatextuelle de *Pour sûr*, soulignant qu'il s'agit du déploiement « d'une matière autre que le vécu des personnages » (*HF*, 15). Cette matière purement discursive lui est en effet source de liberté offrant « beaucoup de terrain à digression, beaucoup de coupes, de découpes et de recoupements », de sorte que « le véritable propos du roman se situe surtout dans ces espaces que n'occupent pas les personnages » (*HF*, 15).

C'est donc dans les interstices du texte que se formule une question cruciale, à savoir comment composer avec une « fragilité » définissant une situation linguistique à bien des égards « illégitime[24] », en raison du métissage du français et de l'anglais que représente le chiac[25], et une volonté de consolider une identité acadienne riche et polyvalente[26]. L'exploration menée autour du thème de la langue dans *Pour sûr* sous-tend à cet égard deux grandes dynamiques romanesques. D'un côté, il s'agit d'illustrer certains exemples de chiac afin de susciter une réflexion sur sa puissance en tant que sociolecte psychoculturel, à la base de ce que Ludwig Wittgenstein dénomme « une forme de vie[27] », qui relève d'un ensemble d'activités communes soutenues par le fait de parler une langue. De l'autre, il est question de se pencher sur les efforts déployés par le couple Thibodeau, mais surtout par Terry le père, dans le bannissement des intrusions de cet idiome babélesque de ses réflexes quotidiens afin de léguer à sa progéniture une langue universellement reconnue.

---

23. Raoul Boudreau, « L'actualité de la littérature acadienne », *Tangence*, « Le postmoderne acadien », n° 58, automne, 1998, p. 16.
24. Les deux renvois sont de Boudreau, « Choc des idiomes et déconstruction textuelle chez quelques auteurs acadiens », *op. cit.*, p. 289-290.
25. Raoul Boudreau décrit le chiac ainsi : « un véritable métissage ou *code-mixing* caractérisé par l'intégration et la transformation, dans une matrice française, de formes lexicales, syntaxiques, morphologiques et phoniques de l'anglais pour former un système linguistique autonome ». *Ibid.*, p. 290.
26. Raoul Boudreau et Jean Morency, « Liminaire », *Tangence, op. cit.*, p. 5.
27. Ludwig Wittgenstein, *Investigations philosophiques*, trad. Pierre Klossowski, Paris, Gallimard, [1945] 1990, p. 309.

Par sa volonté d'encoder diverses transgressions morphologique et phonétique du français standard[28], au moment où s'énoncent la majorité des dialogues et des monologues dans *Pour sûr*, Daigle entame une vaste enquête du parler local du sud-est néo-brunswickois. Désireuse de reconnaître que le chiac constitue bel et bien un emblème culturel[29] parmi d'autres de l'identité acadienne, elle s'efforce de démystifier son génie propre, voire de décomplexer ses locuteurs. L'auteure précise :

> [C]'est ça le choc. On a des gens intelligents [...] comme partout sur la terre, qui se promènent et qui ballottent entre deux langues et qui ne s'en font pas avec cela. Mais ils montrent que ça fonctionne. Et [ayant ces langues] tout le temps dans l'esprit que, finalement, ils sont dans un trou par rapport à la langue, parce qu'ils n'ont pas une langue, ils en ont plusieurs. (*SV*, 253)

Daigle lève donc le tabou qu'elle s'était auparavant imposé, déjoue sa propre censure (*SV*, 251), et s'attarde à creuser le chiac en tant que phénomène psychosocial : « finalement, je me suis rendu compte [...] que le chiac, ce n'est pas juste une langue, c'est une mentalité. Mais la langue et la mentalité vont ensemble. Je ne pouvais pas séparer les deux » (*SV*, 252). À bien des égards, cette reconnaissance des dimensions préconsciente et irréfléchie inhérentes à la langue parlée rappelle les distinctions apportées par Gustavo Pérez Firmat qui, dans son étude traitant d'écrivains hispaniques bilingues, a proposé de nuancer les notions de « langue », d'« idiome » et de « langage[30] » pour analyser la situation d'individus vivant à cheval sur deux langues et deux cultures. Aux yeux de Firmat, une langue (*lengua*) est de l'ordre corporel et affectif, puisqu'elle se vit dans l'oralité et découle des liens familiaux ; un idiome (*idioma*) est un phénomène culturel et relève

---

28. Poursuivant une expérimentation en ce qui a trait aux accents et aux signes graphiques, Daigle s'aventure sur un terrain nouveau dans son projet de transposer à l'écrit l'oralité du chiac, pour lequel il n'existe pas de standardisation scripturale. Ce volet fascinant de *Pour sûr* mériterait une investigation en soi qui dépasse les objectifs de la présente étude.
29. Marie-Ève Perrot, « Le trajet linguistique des emprunts dans le chiac de Moncton : quelques observations », *Minorités linguistiques et société/Linguistic Minorities and Society*, n° 4, 2014, p. 213.
30. Gustavo Pérez Firmat, *Tongue Ties: Logo-Eroticism in Anglo-Hispanic Literature*, New York, Palgrave Macmillan, 2003, p. 18.

d'un espace géopolitique associé à un territoire ou à une région, à l'instar des langues aborigènes ; un langage (*lenguaje*) s'assimile à une structure abstraite reliée au plan cognitif de l'expérience, étant donné qu'il est détaché de liens viscéraux renvoyant aux personnes ou aux lieux[31]. Si dans *Pour sûr* ces trois composantes interagissent sans cesse (notamment chez les membres de la famille Thibodeau), le narrateur convoque surtout les éléments de *lengua* et d'*idioma* pour dévoiler la force métalangagière de l'expression orale chez des personnages anonymes :

> – Moi, c'est ceuses-là qui asseyont de parler chiac pour se moquer de nous autres. Y croyont que c'est aisé de parler comme ça bût quante qu'y asseyont, y oueillont que c'est pas si aisé que ça. [...]
> – C'est dequoi qu'y faut que tu grandisses avec, pas dequoi que tu peux apprendre dans les livres ou pĩckér ũp juste de même.
> – Faut que tu connaisses ton anglais pour pouère le bēnder au français[32]. (*PS*, 209-210)

Or, malgré l'efficience affective du chiac en tant que vecteur puissant d'ancrage identitaire, d'humour ou d'ironie permettant de rallier les membres d'une communauté, le défi affronté par ses locuteurs découle de sa plasticité infrangible, de ses caprices d'ordre morphologique et grammatical. Daigle s'interroge en effet sur les limites admissibles de contamination et de déformation linguistiques résultant du contact des langues en offrant dans *Pour sûr* un exposé parodique de telles propriétés du chiac. Le narrateur évoque des variations lexicales du nom : « *tirette* », « *tiroué* » à la place de « *tiroir* » (*PS*, 420) ; « [d]ire *ertchuler* pour *reculer* par exemple, *aidjuille* pour *aiguille*, *caneçon* pour *caleçon* » (*PS*, 644) ou dire « *fichonner* ou *fichounner* au lieu de *chiffonner* » (*PS*, 370). On cite des conjugaisons verbales aléatoires : par exemple, pour le verbe /être/, outre « *je sons, j'étions, y étiont* et *alle étiont*,

---

31. *Ibid.*
32. Voir à ce sujet des explications supplémentaires de la part de France Daigle : « Alors, comment manœuvrer dans ce bassin linguistique [de la région de Moncton] ? Le français devrait être un peu complet et fonctionnel et beau. Mais ça ne veut pas dire qu'il faut éliminer tous les mots anglais de notre culture quand même américaine et canadienne et anglophone. Alors, c'est un petit peu illusoire de penser qu'on peut vivre ici sans être touché par... oui, cette langue anglaise » (*SV*, 253).

il en existe de plus étonnantes encore comme *que je seille* […] *que tu seilles* […] [m]ais peut-être que cela devrait s'écrire *que je sèye*» (*PS*, 184), et la conjugaison du verbe /voir/ à l'imparfait de l'indicatif offre les versions suivantes: «je *ouèyais* […] je *wèyais* […] je *woueillais* […] je *vouèyais*» (*PS*, 217). Il est aussi question d'examiner de nombreuses fluctuations de l'article démonstratif, /ce, cet, cette/, à savoir «tout un bataillon de *sticit, sticitte, sti-là, stelle-là, stelle-cit, stelle-citte, stelle-icitte* et *stiya-là* – dont la plupart tirent leur origine du bas latin – aboutissant aux fameux *ceuses-là*» (*PS*, 171). L'emploi de la conjonction /quand/ est l'occasion d'un échange loufoque qui illustre d'autres dérapages: «– Quand c'est qu'a t'a dit ça? / – Ajeuve, quante que je passais en avant de chuseux. / – Pis, quantaisse qu'y faut que tu donnes ta réponse? / – Mèque la lôde arrive. Par ce temps-là on saura si on'n aura besoin de plusse ou pas[33]» (*PS*, 80-81). Enfin, la création du néologisme s'opère de la manière suivante: «– Commenesqu'on dit ça en français, *drĩftwood*? […] / – Je ne sais pas. Bois de mer? Bois flottant? / – J'ai déjà entendu *bois flotté*. / […] – Bois flotté. J'aime ça. Parce que c'est pas comme si qu'y flottait encore, comme *bois flottant*. Bois flotté, moi, je vote pour ça[34]» (*PS*, 377-378).

La mise au jour d'un tel cafouillis linguistique permet de comprendre combien le sujet de la langue dans *Pour sûr* suscite des prises de position véhémentes et enflammées. Des voix s'élèvent, d'un côté, pour souligner que la malléabilité du chiac n'est pas si éloignée de l'évolution subie par le français standard au cours des siècles derniers, dont l'une des incarnations récentes s'exemplifie par la réforme de l'orthographe (*PS*, 703), ou des changements que la langue roumaine a opérés, à titre d'exemple, en retranchant un certain nombre de lettres de l'alphabet latin traditionnel et en y ajoutant d'autres (*PS*, 545), rappelant ainsi que «la langue, comme la vie, n'est […] qu'un long processus d'hybridation ininterrompu» (*PS*, 504). De l'autre côté, des interlocuteurs expriment une perspective contraire, voulant qu'on «décid[e] une fois pour toutes

---

33. Le terme «ajeuve» est un adverbe formé sur le verbe achever, prononcé agever qui veut dire «tout à l'heure»; le terme «mèque» renvoie au sens de «quand, lorsque ou après que»; il s'agit d'une contraction de «mais que» ramassé en un seul vocable. Voir Poirier, *op. cit.*, p. 24 et 300.
34. Tous les mots indiqués en italique parmi les exemples cités sont de France Daigle. Tous les mots en italique contenus dans les citations ultérieures de la présente étude, tirées de *Pour sûr*, sont de France Daigle.

de ça qu'est notre langue, quoisse qui passe pis quoisse qui passe pas» (*PS*, 208). Si bien qu'on pousse l'audace en suggérant comme remède ludique de créer une institution similaire à celle de l'*Office québécois de la langue française*, à savoir « la GIRAFE (Grande instance rastafarienne-acadienne pour un français éventuel) » (*PS*, 93), dont le rôle consisterait à assister « les individus et les groupes en ce qui concerne la correction et l'enrichissement de la langue française[35] », dans le contexte précis de l'Acadie. Or, on a beau vouloir aspirer à l'implantation de ce genre d'organe de systématisation linguistique, le projet relèverait non moins d'un travail « d'envergure herculéenne » (*PS*, 442), voire d'une « [h]érésie » (*PS*, 602), vu que « créer une langue acadienne moderne à partir de ses composantes actuelles ne sera pas de tout repos » (*PS*, 442).

NÉGOCIER UN NOUVEL ESPACE IDENTITAIRE ENTRE AFFECTIVITÉ ET CODE LANGAGIER LÉGITIMÉ

Comment est-ce que les dilemmes entourant l'émergence d'une langue acadienne capable à la fois d'exprimer la dimension viscérale du parler local et de se rapprocher d'un français standardisé permettant une ouverture sur le monde se traduisent-ils au plan de l'intrigue ? Daigle élabore dans *Pour sûr* un univers (e)utopique[36] « dont la portée est projective davantage que mimétique[37] » permettant de rêver une telle gageure possible. C'est dire que le roman s'inscrit dans la continuité des péripéties qui définissent la vie communautaire d'un microcosme monctonien

---

35. Voir le site de l'*Office québécois de la langue française*, « Mission et rôle », en ligne : http://www.oqlf.gouv.qc.ca/office/mission.html (page consultée le 28 novembre 2015).
36. Forgé par Thomas More en 1516, le vocable renvoie à une utopie sociale, reflétée par le préfixe « eu » dérivé du mot « euphorie », où des images du royaume de Dieu sur terre s'apparentent aux utopies de l'abondance et de la paix, découlant de récits légendaires (pays de Cocagne et géographies fantaisistes de paradis terrestres). Voir H. Desroche, J. Gabel, A. Picon, « Utopie », *Encyclopædia Universalis*, en ligne : http://www.universalis-edu.com/encyclopedie/utopie/ (page consultée le 3 décembre 2015).
37. Catherine Leclerc, « Ville hybride ou ville divisée : à propos du chiac et d'une ambivalence productive », *Francophonies d'Amérique*, n° 22, 2006, p. 156.

organisé en fonction d'un complexe de lofts, décrit dans *Petites difficultés d'existence*, où prédominent les relations de Terry Thibodeau et de Carmen Després avec leur fils, Étienne (âgé de quatre ans), auquel se joint dans l'intervalle, une fille, Marianne (ayant environ deux ans). Poursuivant dans le sillage du roman précédent, Daigle entreprend dans *Pour sûr* un vaste développement isotopique consacré à la problématique de la transmission linguistique par rapport à la génération prospective. Ayant conclu que « c'est pas beau un enfant qui parle chiac[38] », Carmen a déjoué les résistances de Terry, l'a convaincu de soigner sa langue parlée pour assurer à leur progéniture l'apprentissage d'un français approprié.

Le jeune couple la trentaine entamée, imbu de justice sociale et favorisant l'accueil d'autrui, porte-parole de l'Acadie de demain, réitère par son engagement au regard de la question de la postérité, un souci collectif pérenne : « Protéger l'héritage, sauver l'héritage, préoccupation essentielle des Acadiens. Depuis toujours défendre son village, son bétail, ses terres, son église, et ultimement sa langue. Depuis toujours, et probablement pour toujours » (*PS*, 714). Dans un tel contexte familial et communautaire, la langue, à la fois structure d'un sujet individuel (*ipse*) et instrument de communication collective (*idem*), reflète selon Simon Harel des connotations d'un chez soi symbolique qui en tant que matrice enveloppante liée à un attachement identitaire, « noue le sujet au lieu habité[39] » et par extension à « la cellule familiale[40] » peu importe ses déplacements. La langue parlée tant au niveau du signifié que du signifiant représente de cette manière selon Harel une sorte d'*oikos*, terme provenant du grec ancien qui désigne un lieu imaginaire habité[41], analogue au *chôra* (selon Platon, Derrida et Kristeva),

---

38. France Daigle, *Petites difficultés d'existence*, Montréal, Éditions du Boréal, 2002, p. 154. Voir Cécilia W. Francis, « France Daigle. À propos des jeux de l'art et du hasard », *Canadian Literature/Littérature canadienne*, n° 189, 2006, p. 183-192.
39. Simon Harel, *Les passages obligés de l'écriture migrante*, Montréal, XYZ, 2005, p. 129.
40. *Ibid.*, p. 114.
41. *Ibid.*, p. 114-115. Harel précise à cet égard que si l'*oikos* a affaire avec la matérialité de l'habitation, il décrit aussi l'acte d'habiter et partant, l'hospitalité. Il est associé à la création d'un patrimoine qui peut faire l'objet d'une transmission.

soit un réceptacle génétique où le sujet se trouve en symbiose avec un espace protecteur et nourricier intériorisé, et qui lui fournit une permanence identitaire[42]. Le sujet est ainsi co-énoncé par cet *oikos* dont dérive un sentiment d'appartenance au regard d'un espace domestique qui l'accueille. Terry et Carmen présupposent ainsi que la langue est consubstantielle à la cellule familiale qui se doit de veiller à sa conservation et à son enrichissement, sinon on court le risque de s'exposer à la déroute, voire à l'assimilation. Il s'agit d'une réflexion mutuelle exprimée au moment où le couple contemple l'achat d'un nouveau véhicule :

> – Papa ! Tu drĭves ben vite ! On va finir dans la ditch !
> – Étienne, parle mieux que ça !
> […] Terry avoua à Carmen :
> – Même moi, ça commence à me taper sus les nerfs.
> Carmen se réjouissait que Terry prenne conscience de l'ampleur du problème.
> – C'est ça que tout le monde dit : une fois qu'y sortont de la maison, y prenont les mots des autres.
> – Je sais, ben je croyais pas qu'y ramassiont ça vite de même... […]
> – C'est là que tu ouas comment aisé que c'est d'apprendre une autre langue quante t'es jeune. On dirait que ça rentre directement dans zeux […]
> Carmen pensait encore au parler des enfants.
> – Ça veut dire que le bon français aussi devrait être aisé à apprendre.
> – C'est vrai, ça. Pourquoisse que ça serait plus dur que le reste ?
> (*PS*, 180-181)

Constatant qu'une langue normée serait aussi facile à apprendre qu'un parler argotique, le jeune couple fait des efforts louables pour éduquer ses enfants en leur transmettant un français standard.

---

42. *Ibid.*, p. 129.

Copropriétaire avec Ludmilla Bellavance de la Librairie Didot[43], Terry lit énormément, nourrit la pensée que connaître à fond les ouvrages mis en étalage dans son commerce augmenterait son succès auprès de sa clientèle. De plus, il s'adonne à l'écriture à l'aide de ses carnets[44], où il inscrit des trouvailles à résonance musicale telles : «*pénombre, tartine, grappe, bocage, vergogne, balluchon, tignasse, lambrequin*» (*PS*, 701), susceptibles de lui servir dans la création de ses propres poèmes qu'il partage avec un personnage énigmatique dénommé l'Infirme (*PS*, 548-549). Malgré ses ambitions, Terry est loin de maîtriser les subtilités de la langue française, ce qui démontre les rigueurs de l'entreprise visée ; il s'efforce néanmoins d'en extirper les anglicismes, sans toutefois pouvoir bannir les nombreux calques et fautes de prononciation qui perdurent, observables dans ses discussions avec ses clients.

– Vous avez une bonne sélection de livres de poche.

– On asseye.

Terry regarda la dame franchement […].

– Je sais pas à cause ben moi, j'aime vraiment les livres de poche. J'éspaire tout le temps qu'un livre sorte dans cte format-là avant de le lire. Y a beaucoup de bons livres. Je suis jamais sitant praissé que je peux attendre.

La cliente ne s'attendait pas à un commis aussi avenant, pensa qu'il avait quelque chose d'un vrai libraire.

– Non, je crois ben que je manquerai jamais de livres. (*PS*, 55)

Carmen de son côté est codétentrice avec sa collègue Josse de l'établissement du complexe des lofts nommé Le Babar[45], où on peut prendre une consommation et faire des rencontres. Dans le

---

43. Ce nom relève d'une ascendance prestigieuse, car il appartient à « Firmin Didot (1764-1836) – celui qui, de la longue lignée des Didot, renouvela la gravure et la fonderie des caractères typographiques » (*PS*, 85).
44. Évoquant les genres «*conte* ou *correspondance* […] *confession, chant, carnet* et *chronique*», un narrateur anonyme précise que «[d]ans la langue française, le rôle du *c* en tant qu'agent de transmission n'est certainement pas à négliger.» (*PS*, 159)
45. Par l'adoption de ce nom renvoyant au héros de contes pour enfants de Jean de Brunhoff (1899-1937), l'établissement affiche sa visée de soutenir des activités d'ordre linguistique et culturel.

but d'encourager ses employés et sa clientèle à « parl[er] aisément un français un peu plus relevé » (*PS*, 76), elle y installe des mots croisés, des mots fléchés et des jeux de *Scrabble*, auxquels elle finit par s'amuser elle-même, et leur fournit une étagère remplie de dictionnaires et d'autres usuels de la langue française, afin qu'ils prennent goût à ce genre de loisirs leur permettant d'enrichir la langue[46].

Dans leur croisade contre le chiac, Terry et Carmen sont soutenus par des Européens établis à Moncton parlant un français châtié, Étienne Zablonski, un peintre de renom, et Ludmilla sa conjointe, tous deux parrain et marraine civils du petit Étienne, et par Elizabeth, la marraine de Marianne. Si *Pour sûr* se veut en grande partie la louange d'une paternité investie dans l'inculcation de la langue française à sa progéniture, Carmen se révèle un adjuvant précieux en raison de son encouragement, ici savourant la diction de Terry qui emploie à bon escient des vocables tels « *sursauté* » et « *critères* » (*PS*, 577, 582)[47], là félicitant Étienne d'avoir maîtrisé les formes masculine et féminine de l'attribut « heureux » (*PS*, 456), ou d'avoir choisi « un beau mot », dans le cas de l'« animalerie » (*PS*, 495). On dénote une dynamique filiale d'osmose et d'enrichissement linguistique réciproque, car dans ce dernier cas, Carmen suggère à son fils de montrer son nouveau mot à Terry qui « voudra l'écrire dans son calepin » (*PS*, 495).

Il est intéressant de comparer ce portrait tous azimuts d'un modèle de vie communautaire fantasmé aux réalités dépeintes dans deux productions audiovisuelles traitant du thème de la langue en Acadie. L'un des narrateurs de *Pour sûr* cautionne d'ailleurs une telle ouverture sur des intertextes cinématographiques disant que « les nombreux personnages anonymes de ce roman sont avant tout des êtres verbomoteurs dont la langue et les propos servent à en

---

46. « La position de Carmen au sujet de la langue n'a rien de reposant, et ce, pour elle-même en premier lieu. Elle a beau vouloir que les enfants apprennent un français correct, elle ne peut s'empêcher de sourire parfois devant certaines tournures chiac. Mais ce n'est pas toujours le cas, hélas. Elle a souvent l'impression que le chiac résulte d'une certaine paresse, ou d'un manque de curiosité, de fierté, de logique, d'autant plus que le mot français est connu de tous et facile à intégrer au parler courant » (*PS*, 76).
47. Camarade en affaires et ami de Terry, Zed réagit de manière semblable, soulignant qu'il a retenu la première fois que Terry avait employé le mot « envoûtant » en parlant du complexe des lofts (*PS*, 472).

colorer la toile de fond. Ils sont le pendant romanesque des figurants d'un film» (*PS*, 332-333).

ENTRE *POUR SÛR* ET LES ÉLOGES CINÉMATOGRAPHIQUES DU CHIAC

Dans le documentaire intitulé *Éloge du chiac* réalisé par Michel Brault en 1969[48], qui anticipe sur la publication en 1995 par Gérald Leblanc d'un recueil de poèmes au même titre[49], il s'agit de s'enquérir des impressions d'adolescents qui fréquentent l'école Beauséjour[50] à Moncton au sujet du statut du français. Le ton humoristique qui caractérise *Pour sûr* cède le pas à une approche plus critique et aiguë dont ressort un tableau social somme toute pessimiste : les élèves parmi lesquels on identifie le visage d'une jeune France Daigle évoquent plusieurs disparités d'ordre social créant un gouffre entre la langue du foyer et celle enseignée à l'école, les pressions exercées de la part des pairs afin qu'ils s'expriment en chiac et la désapprobation ressentie au moment d'employer le mot juste en français dans des situations familiales ou sociales. Ils déplorent également la discrimination dont sont victimes les Acadiens vivant à Moncton.

Sous-texte tacite de *Pour sûr*, ce bilan sombre se comprend dans la mesure où les témoignages retenus s'offrent en amont d'une époque qui verra la mise en vigueur des droits linguistiques des francophones au Nouveau-Brunswick, à partir de 1969, et la publication de *La Sagouine* (1971) par Antonine Maillet. Au moyen de ses soliloques, ce personnage éponyme a révélé au grand jour l'exploitation et l'indigence matérielle dont souffraient la majorité des Acadiens, repliés dans des régions rurales de la province, éléments expliquant en partie la persistance d'un idiome hétéroclite composé du français acadien et du chiac et le retard dans leur accession à l'alphabétisation.

---

48. Michel Brault, *Éloge du chiac*, Montréal, l'Office national du film, 1969, 27 min 15 s.
49. Voir Gérald Leblanc, *Éloge du chiac*, Moncton, Éditions Perce-Neige, 2015 [1995], 120 p.
50. Il s'agit de l'unique école française à Moncton à l'époque, ce qui était bien en deçà des besoins d'une population acadienne urbaine en pleine expansion.

Quarante ans plus tard, Marie Cadieux réalise une suite documentaire intitulée *Éloge du chiac, Part 2*[51], où figurent une dizaine d'intervenants ayant participé au tournage du film de 1969, y compris France Daigle et leur enseignante à l'époque, Rose-Anna Leblanc. S'y ajoute Dano Leblanc, créateur de la bande dessinée et de la série animée, *Acadieman*[52]. Hormis l'un des membres du groupe, les anciens participants devenus adultes avouent que d'avoir été exposés au chiac dans leur jeunesse ne les avait pas empêchés d'adopter un français davantage standardisé, soit comme langue de vie personnelle, soit comme langue de travail. Tout au long de leurs parcours respectifs, ils ont été conscients des intrusions de l'anglais sur le plan de la langue et ont fait des efforts pour cultiver un français communicable au-delà des frontières de la région de Moncton. L'un des participants voulant épargner à ses enfants les traumatismes ayant marqué l'histoire des Acadiens, dont a souffert sa famille, ne leur a transmis ni la langue française, ni son héritage culturel acadien[53]. En plus de ces témoignages, Marie Cadieux a recueilli les paroles d'une nouvelle génération d'adolescents fréquentant l'École Odyssée, un établissement francophone situé à Moncton. Dans l'ensemble, ces jeunes révèlent que si le chiac a représenté à leurs yeux une manière de résister à l'assimilation anglaise, ce parler créolisé leur a aussi été un écran par rapport à l'apprentissage d'une langue française normée, enseignée à l'école, et à l'instar de Terry et Carmen de *Pour sûr* sont conscients des efforts nécessaires à accomplir dans leur rattrapage. Tous ont revendiqué leur identité acadienne en dépit d'un niveau de langue appauvri.

Le film se termine par des discussions engagées entre France Daigle et Dano Leblanc se déroulant à Paris et à Orléans, où les deux se déplacent pour s'entretenir avec des chercheurs se penchant sur la question du français au Nouveau-Brunswick. Dano Leblanc est de l'avis que le chiac exprime une forme de rébellion et qu'il ne serait pas nécessaire de maîtriser un français standard

---

51. Marie Cadieux, *Éloge du chiac. Part 2*, Montréal, Bellefeuille Production et l'Office national du film du Canada, 2009, 77 min 37 s.
52. Voir Dano Leblanc, en ligne: www.*Acadieman*.com (page consultée le 2 décembre 2015).
53. La réalisatrice insère dans son documentaire une entrevue se déroulant en anglais avec la fille de l'individu en question qui exprime du regret de ne pas avoir connu une dimension essentielle du patrimoine de son père.

comme critère préalable pour accéder aux projets stimulants de création. À ses yeux, le chiac s'est révélé un outil puissant d'expérimentation esthétique, illustré par l'adhésion enthousiaste du public à son personnage éponyme Acadieman, « le first superhero acadien[54] ». Pour sa part, France Daigle estime que tout projet de création découle d'un choix d'artiste et que son impulsion vers le chiac a été dictée par son désir d'expérimenter avec les dialogues, cette dimension pragmatique de la langue étant indissociable d'un ancrage géoculturel ciblé autour de Moncton[55]. À plusieurs égards, sa position se rapproche de celle de Marie-Ève Perrot, linguiste avec qui elle discute dans le documentaire, à savoir que le chiac reste une langue vernaculaire de démarcation identitaire qui peut coexister avec le français standard, pourvu que la francisation de la région de Moncton se maintienne. Selon Perrot, en autant que le chiac saurait résister aux phénomènes de cloisonnement et de folklorisation, il est en mesure de représenter une manière unique d'explorer une identité francophone plurielle[56].

D'UNE PATERNITÉ IDÉALISÉE À LA TRANSMISSION D'UN HÉRITAGE LINGUISTIQUE ET CULTUREL

Dans *Éloge du chiac, Part 2*, tout en étant consciente comme les autres intervenants réunis de l'amplification du phénomène du chiac dans le sud-est du Nouveau-Brunswick, France Daigle fait preuve d'une certaine circonspection lorsqu'elle déclare que « les individus ne se responsabilisent pas assez par rapport à la langue » et qu'« il faudrait apprendre qu'il y a des choix là-dedans qu'on doit faire[57] ». Un tel point de vue semble être à la base de son prototype

---

54. Voir www.*Acadieman*.com, *op. cit.*. Leblanc évoque ainsi le concept d'« *oraliture* [*sic*] », proposé par Bill Ashcroft, selon qui l'utilisation de formes dialectales au sein de langues dominantes représente un désir de distinction culturelle et d'affirmation identitaire. Voir Bill Ashcroft, *Caliban's Voice*, London et New York, Routledge, 2009, p. 10-13.
55. Dans son entrevue avec Andrea Cabajsky, France Daigle revient longuement sur la genèse de ce choix artistique (*SV*, 251-253).
56. Perrot, *op. cit.*, p. 213.
57. Cadieux, *op. cit.* France Daigle précise ailleurs : « Je pense que si on possède un peu de souplesse linguistique, on pourrait tolérer un peu le chiac en le prenant pour ce qu'il est tout en maîtrisant sa langue française. Je pense que cela c'est

romanesque du «*père soignant* [sic]⁵⁸» (*PS*, 24, 154), car dans *Pour sûr* Terry, en tant que père de deux jeunes enfants d'âge préscolaire, s'engage dans une véritable mission pour leur transmettre une langue française de qualité et des assises d'une identité acadienne. De cette manière, d'après Catherine Leclerc, la démarche de Daigle s'inscrit dans un courant de pensée permettant de postuler que le chiac peut constituer une voix/voie permettant l'accès à un français plus standardisé⁵⁹. À cet égard, Terry est conforté dans sa démarche par les conseils d'une psychologue rencontrée au Babar qui lui explique que «la relation affective entre le père et l'enfant peut être aussi forte qu'entre la mère et l'enfant» (*PS*, 213). Selon la psychologue nommée Myriam, le rôle du père serait vital dans l'acquisition de la langue: «le père est important pour le développement du langage et de l'intelligence» du fait qu'il «va utiliser des mots plus techniques» (*PS*, 213); il va «plus souvent obliger l'enfant à reformuler ses phrases ou à répéter ce qu'y veut. Ça […] force l'enfant à développer son langage, parce que la plupart du temps, la mère comprend son enfant à mi-mot pis ça […] oblige pas le jeune à s'expliquer» (*PS*, 213). Myriam poursuit:

> – Même dans les jeux. C'est pas que la mère fait pas bien ça, ben le père va plusse encourager l'enfant, y donner des défis, le taquiner, le laisser trouver des solutions lui-même à la place de résoudre le problème pour lui. Comme ça, l'enfant devient plus inventif, plus débrouillard. (*PS*, 213)

La fragmentation elliptique de l'intrigue dans *Pour sûr* convient parfaitement à étayer un tel discours métanarratif sur les bienfaits de la paternité eu égard à la transmission linguistique. L'incidence élevée de vignettes consacrées aux interactions entre Terry et ses enfants produit une dynamique itérative, une accumulation dense d'expériences, qui rend bien l'intensité avec laquelle il assume son rôle de tuteur. Ce paternel nouvel âge

---

l'idéal!» Voir l'entrevue réalisée par Anne Brown et Doris Leblanc, «France Daigle: chantre de la modernité», *Studies in Canadian Literature/Études en littérature canadienne*, vol. 28, n° 1, printemps 2003, p. 159.
58. Voir Denyse Côté, «Transformations contemporaines de la paternité: la fin du patriarcat?», *Reflets: revue d'intervention sociale et communautaire*, vol. 15, n° 1, 2009, p. 72.
59. Leclerc, *op. cit.*, p. 155.

applique instinctivement les principes énoncés par Myriam d'une variété de façons. Ayant lui-même appris par cœur sans «effort pour les mémoriser» (*PS*, 16), un certain nombre de chansons de Léo Ferré (interprétant Louis Aragon) et de Jacques Brel, il se découvre un savoir-chanter et se produit spontanément devant Étienne et Marianne lors des absences de Carmen. Terry affectionne surtout *Je chante pour passer le temps*, dont les premiers vers évoquent «des choses plaisantes comme dessiner, un cœur content et lancer des cailloux sur un étang[60]» (*PS*, 20), paroles surtout compréhensibles aux oreilles de ses enfants. À un autre moment, il s'amuse, renchérit le jeu, car aux questions posées par Étienne éberlué, il répond par des couplets tirés de *Blues* d'Aragon, prenant, par exemple, «le ton d'un père bienveillant instruisant sa progéniture à *Jeune homme qu'est-ce que tu crains/ Tu vieilleras vaille que vaille...* et [lui] chant[e] sur ce ton jusqu'à la fin» (*PS*, 25). Interpréter lui-même grâce à sa propre voix appuyée par une gestuelle d'artiste des chansons françaises, tirées d'un répertoire classique, constitue une manière hors du commun d'inculquer chez ses enfants du vocabulaire et des formules idiomatiques authentiques. Si Étienne questionne Terry sur la signification de l'expression «*vaille-que-vaille*» découlant de la chanson de Ferré, qu'il explique en termes de «*veut, veut pas*» (*PS*, 29), le père demande en revanche à ses enfants de ne pas dévoiler ces prestations à leur mère, et leur enseigne le sens du mot «secret» (*PS*, 26).

Outre ces chansons qu'Étienne finit par s'approprier à l'aide des astuces de son père (*PS*, 42), il faudrait signaler les nombreuses histoires drôles d'animaux que Terry invente et raconte aux enfants à l'heure du coucher, celles notamment de Souricette, de Marmotte, de Baska la jument, du faisan Coucou, d'un oiseau appelé un roitelet «qui veut dire *petit roi*» (*PS*, 463), «du chevreuil Zoo de la côte magnétique» (*PS*, 281) et de l'agneau Pascal[61]. S'y ajoute la lecture à haute voix des *Lettres de mon moulin* d'Alphonse Daudet que Terry adapte pour en faciliter la compréhension (*PS*, 81), des récits relatés de la vie des saints (saint Christophe, sainte

---

60. «*Je chante pour passer le temps/ Petit qu'il me reste de vivre/ Comme on dessine sur le givre/ Comme on se fait le cœur content/ [À lancer cailloux sur l'étang]*» (*PS*, 19-20).
61. Cette histoire invite beaucoup de questions de la part d'Étienne, notamment, «– Quoisse ça veut dire, *innocent*? / – Ça veut dire qu'y était comme gentil, pas méchant pour deux cennes» (*PS*, 61).

Bernadette, saint Thomas et saint Louis) et des comptines chantées à Marianne[62]. En dépit du fait que Terry raconte ces histoires et anecdotes dans une langue souvent écorchée, où le français standard se conjugue à un parler hybride, elles font partie intégrante de son œuvre de transmission. Elles ont pour effet de sensibiliser les enfants à la richesse de formes narratives brèves (émaillées de péripéties souvent rocambolesques et d'une morale), d'enrichir leur vocabulaire de mots inusités et surtout de piquer leur curiosité. De telles expériences consolident chez Étienne sa confiance et suscitent une soif d'apprendre qu'il transpose à la vraie vie, ce qu'on observe dans l'échange suivant avec son père :

> – Papa, faullait-y que toutte seille inventé? […]
>
> – D'après ça que je peux voir, je dirais que oui. Toutte à part des champs pis des arbres pis des animaux pis l'eau pis ça.
>
> – La nature, tu veux dire?
>
> – Oui, la nature, c'était ça le mot que je cherchais.
>
> Terry regarda Étienne de nouveau.
>
> – C'est exactement ça. La nature. Tu connais les bons mots.
>
> Étienne sourit, à la fois fier et gêné. Pour rien au monde Terry n'aurait voulu être privé de ce sourire. (*PS*, 565-566)

On le voit, les questions posées entraînent un apport de précisions de la part de Terry, ce qui en retour offre à Étienne l'occasion d'employer des mots nouveaux qu'il acquiert de jour en jour. Par ailleurs, Terry propose des moyens ingénieux pour expliquer à Étienne la différence entre le vouvoiement et le tutoiement (*PS*, 255), corrige sur-le-champ la grammaire fautive de son fils, «[q]uante on dit *que*, faut ajouter dequoi à la fin» (*PS*, 723), lui apprend que le mot savant «topinambour» veut dire «patate douce» (*PS*, 356) en lui montrant le légume dans une épicerie et reprend son fils sur l'emploi du genre, «[o]n dit *une veine, une grosse veine*, pas *un gros veine*» (*PS*, 524). D'autres personnages masculins épaulent les efforts de Terry, notamment Zablonski qui, optant pour une approche pédagogique basée sur des questions simples sollicitant des réponses courtes, apprend à

---

62. Voir entre autres, «*Marianne s'en va-t-au moulin*» et «*Il pleut, il pleut, Bergère, rentre tes blancs moutons…*» (*PS*, 136-137, 138).

Étienne un large éventail de chromatismes à partir d'un nuancier ancien contenant 500 couleurs (*PS*, 53), et cherche à stimuler sa créativité en lui demandant d'associer des couleurs aux lettres, ce qui l'amène à lui expliquer l'alphabet et la distinction entre voyelles et consonnes[63] (*PS*, 105). Père adoptif de Chico, de deux ans plus âgé qu'Étienne, Zed suit dans les traces de Terry, enseigne aux garçons le sens de certains termes techniques, notamment « *boussole* » et pointe dans « chaque direction en les nommant » : « nord, sud, est, ouest[64] » (*PS*, 681).

Terry est secondé par Carmen et les deux adoptent une variété de méthodes pour développer chez leurs enfants le réflexe de parler en français, surtout à la suite de l'épisode du tournage du film, « *Children par zeux-mêmes* » (*PS*, 333), où au contact d'enfants s'exprimant en chiac, la langue d'Étienne et de Marianne s'est dégradée. L'un des jeux en question consiste à glisser des mots anglais dans une phrase afin d'aiguillonner Étienne, de l'entraîner à y substituer une expression française, comme dans la discussion suivante, où Terry lui explique sa dégustation de pommes de terre brûlées :

> Après une petite élan tu les sors du feu, pis quante y sont pus trop chaudes tu les manges, juste de même avec tes mains, pas de beurre ni rien. Pis bȳ thē tīme que t'as fini de la manger, t'as les mains pis la face ben nouères.
>
> – Papa ! T'as encore dit un mot anglais ! […]
>
> – Oups…
>
> Carmen et Terry échangèrent un coup d'œil de complicité.
>
> – Commensque tu dis ça en français encore ?
>
> Étienne y pensa, puis :
>
> – Faut dire *quante*. Quante que t'as fini de manger…
>
> – C'est vrai. J'aurais dû savoir ça. (*PS*, 333)

---

63. Zablonski lui explique le sens de certains mots abstraits, à savoir : « *avare* » et « *lugubre* » (*PS*, 84-85).
64. Zed offre à Chico un dictionnaire *Visuel* qu'il partage avec Étienne, ce qui permet de découvrir l'équivalent français pour des phénomènes habituellement décrits en anglais : un camion benne (*dump truck*) ; une grue (*crane*) ; une bétonnière (*cement truck*) (*PS*, 719).

Terry poursuit en disant qu'à la fin de la soirée, ils vont «faire cuire toutte le sac de mãrshma... oups!» (*PS*, 334) et Étienne de reprendre son père: «– Guimauves, Papa! Des mãrshmallows, c'est des guimauves!» (*PS*, 334) Le petit déclare pour finir, «– [ça] fait rien, Papa. Je t'aiderai à Caraquet si y comprenont pas tes mots anglais» (*PS*, 334)[65]. Dans ces échanges entre père et fils, on remarque le processus souligné par Leclerc, à savoir que le chiac peut conduire à l'adoption d'un français plus soigné. Daigle semble endosser ce phénomène d'intercommunication, car elle suggère ailleurs qu'Étienne sait intégrer à son tour des éléments de chiac dans sa langue afin de rassurer son père qui s'exprime souvent dans ce genre de registre bigarré – «Même le petit Étienne savait utiliser le *quesse* dans les situations délicates» (*PS*, 367) – signalant ainsi que le jeune apprend à ajuster sa diction en fonction de ses interlocuteurs.

Conscient que les réprimandes et les punitions sont inefficaces en ce qui concerne le renforcement d'un comportement linguistique souhaité, Terry propose de guider ses enfants sur le chemin du bon parler de manière contournée et ludique. Lorsque dans une autre occurrence, Étienne rechigne à entendre une comptine qu'on chante à Marianne, demandant à son père d'offrir plutôt, «*Lundi matin, le roi, sa femme et son petit prince...*» (*PS*, 338), Terry demande à Étienne de l'entonner tout seul, encourageant ainsi son fils à prendre l'initiative, à éprouver constamment ses connaissances. Et au moment où Étienne annonce à ses parents qu'il veut apprendre à lire, Terry n'hésite pas à imiter l'allure d'un libraire aguerri et à lancer son fils en l'air lui criant «j'ai hâte que tu lises. Parce que je veux te vendre des livres [...]» (*PS*, 195) et il énumère une longue liste d'ouvrages que le petit pourrait s'acheter, «des livres avec des dessins, pis des livres avec des photos, pis des livres avec juste des phrases [...]» (*PS*, 195). En somme, Terry réfléchit à son rôle de père et partage ainsi ses pensées avec Carmen:

> [J]e crois qu'une vraiment bonne chose que j'ai fait par rapport aux enfants, c'était de y eux chanter Aragon. [...] [P]our les enfants,

---

65. La vaste majorité d'habitants vivant à Caraquet possèdent le français comme langue maternelle. Contrairement à la situation du sud-est du Nouveau-Brunswick, on y parle un français rapproché du français standard. Voir http://www.caraquet.ca/ (page consultée le 30 décembre 2015).

je veux dire que c'est probablement dequoi qui s'a rendu jusqu'à dans leur DNA, que ça les aura marqués pour vrai. Je suis pas mal sûr de ça. […] C'est ça que j'aimerais, que ç'arrive plus souvent. » (*PS*, 38)

En acquiesçant que : « ça que tu fais asteure, c'est vraiment plus tard que ça va compter » (*PS*, 24), Carmen souligne que Terry encadre chez ses enfants une pratique communicative rapprochée du concept affectif de *lengua*, proposé par Firmat, et réitère ainsi l'idée, redevable à Lacan, que c'est par la langue que se structure l'inconscient (*PS*, 135).

Grâce à la lecture, Terry parfait ses connaissances au sujet de la psychologie de l'enfance, parvient à reconnaître l'importance d'éléments relevant de l'insignifiance qui, d'après Richard Coe, ordonnent le quotidien chez les jeunes enfants[66], et de ceux liés aux questions plus abstraites touchant aux réalités existentielles. Les interactions de Terry avec ses enfants, mais surtout avec Étienne, puisqu'il est sur le point de commencer sa scolarisation, s'orientent autour de ces deux axes d'acquis expérientiels et constituent des moments précieux de transmission et de consolidation identitaires. D'une part, Terry ne dédaigne aucune occasion d'apprentissage et indique à Étienne comment éviter d'avaler de la pâte dentifrice au moment de se brosser les dents (*PS*, 151), sucer le jus d'une crevette en l'extirpant de sa carapace (*PS*, 288) et monter une tente en enfonçant des piquets au sol avec un marteau (*PS*, 340). À mesure qu'Étienne grandit, Terry lui explique des aspects plus complexes de la vie d'ordre pragmatique, à savoir, pourquoi on change l'heure à l'automne et au printemps (*PS*, 22-23), pourquoi il est permis d'effectuer un virage à droite lors d'un feu rouge (*PS*, 397), les raisons pour lesquelles anciennement on devait séparer les pages des livres avec un petit couteau (*PS*, 272) et le système de filtrage de l'eau du robinet (*PS*, 409-410).

Étienne acquiert progressivement de la maturité, si bien que Terry n'hésite pas à aborder des problématiques délicates ; il lui explique à titre d'exemple, la mort (*PS*, 523) et les motifs se profilant derrière un parricide, qui fait partie de l'intrigue de *Pour sûr*, la sexualité et le concept d'homosexualité (*PS*, 712-

---

66. Richard N. Coe, *When the Grass was Taller : Autobiography and the Experience of Childhood*, New Haven, Yale University Press, 1984, 320 p.

713). Concernant les notions historiques ayant trait à une culture d'appartenance, et contrairement à son enfance au cours de laquelle ses parents ne lui ont jamais parlé de la déportation des Acadiens, ni des membres de sa parenté qui en auraient été victimes (*PS*, 637), Terry aborde l'épisode du Grand Dérangement. Cet échange représente l'occasion pour le jeune garçon de s'imaginer que les soldats britanniques agirent comme des « polices farouches[67] » (*PS*, 665), ce qui amène Terry à féliciter son fils de son choix de vocabulaire en étant d'accord avec lui : « C'est bien, c'est un bon mot. Oui, c'était des polices farouches » (*PS*, 665). De plus, avec Carmen, il amène ses enfants à Caraquet pour leur montrer une région où une population majoritaire vit en français et pour participer aux célébrations du 15 août, notamment au Tintamarre (*PS*, 701). À un moment ultérieur, la famille poursuit dans son pèlerinage des sites acadiens de l'Atlantique en prenant des vacances dans la région de Grand-Pré (*PS*, 703). Enfin, suivant cette trajectoire liant un père d'origine acadienne à ses enfants, les phénomènes identitaires recouvrant la langue et le patrimoine à léguer s'expriment souvent sans ambages, permettant au lecteur de ne jamais perdre de vue l'intentionnalité de *Pour sûr*. Une discussion animée entre Étienne et Terry et où intervient Chico sert d'exemple de clôture à notre analyse qui démontre que la transmission commence à s'opérer :

– Papa ! Tu dis trop de mots anglais !

Terry resta surpris.

– C'est vrai, mon garçon. Des fois ça sort comme ça, pis on dirait que je peux pas l'arrêter.

Chico ne comprenait pas ce qu'il y avait de mal à dire des mots d'anglais.

– Nous autres, on dit des mots anglais.

Terry essaya d'expliquer :

---

67. Étienne explique qu'il a appris cette épithète de sa grand-mère Hébert qui « a dit que son chat est farouche » *(PS*, 665). Ludmilla apprend également à Étienne un vocabulaire précis, comme dans l'exemple suivant : « Peut-être qu'une assiette, au début, c'était une grande coquille trouvée au bord de la mer, ou une grande feuille rigide, ou une calebasse » (*PS*, 553).

– Nous autres aussi, on en dit. C'est juste qu'on essaye de dire le plusse de mots français qu'on peut.

– À cause?

Terry chercha une réponse simple.

– Ben, juste parce qu'on est français.

– Awh. (*PS*, 416)

Cette réponse candide offerte par Terry à la question qui touche à la responsabilisation vis-à-vis de la langue parlée fait écho à l'évocation explicitée précédemment de l'attachement de l'individu au lieu habité, que Harel conçoit en termes d'assise identitaire symbolique[68]. Elle est en adéquation parfaite avec les propos de Daigle qui précise que le sujet de *Pour sûr* « tourne autour de la maison » (*HF*, 20) dans la mesure où les éléments métonymiques tels « l'habitation, l'habitable, l'habité, l'habitat [renvoyant à] la vie » (*HF*, 20), sont reflétés par les dilemmes linguistiques et identitaires explorés, face auxquels la famille Thibodeau propose des solutions stimulantes. La notion de « lieu habité » s'érige ainsi en métaphore filée du roman, puisqu'elle est indissociable d'un patrimoine à léguer, idée qui est également au centre d'une production filmique, *Les héritiers du club*[69], réalisée par Renée Blanchard, par laquelle nous proposons de conclure notre discussion de la transmission.

HÉRITIERS D'AUJOURD'HUI ET DE DEMAIN

En guise à la fois de synthèse et d'ouverture, signalons que la transgression de la forme romanesque traditionnelle qu'opère France Daigle dans *Pour sûr* à partir du morcellement de la trame narrative assure le façonnement d'un canevas fictionnel ouvert, fluide et libre, où se projettent les relations intergénérationnelles d'une communauté imaginaire, d'une sorte d'*Arcadia* postmoderne

---

68. Harel, *op. cit*, p. 129.
69. Renée Blanchar, *Les héritiers du club*, Caraquet, l'Office national du film, 2014, 89 m 26 s.

et prospective[70]. Un tel univers éclaté a rendu possible la coexistence d'une variété d'idiomes et de registres langagiers permettant non seulement d'ausculter le statut du chiac, mais aussi de considérer la survie du français acadien dans sa coexistence avec l'anglais dans le sud-est du Nouveau-Brunswick.

La transmission s'assure par l'entremise de Terry dont la paternité se définit essentiellement dans les termes d'un *oikos* linguistique à léguer à sa progéniture, renvoyant à la cellule familiale, indissociable d'un socle identitaire communément partagé. Une telle image de la langue en tant que lieu habité invite à ouvrir l'analyse aux enjeux du documentaire précité, *Les héritiers du club*, où France Daigle, auteure en chair et en os, détient un rôle de premier plan. Dans ce film, la construction d'une œuvre littéraire cède le pas à un autre genre d'édification, tout aussi emblématique, dans la mesure où il est question de suivre les étapes de la réfection d'un ancien club des jeunes, situé à Sainte-Anne-du-Bocage à Caraquet, dont France Daigle est devenue propriétaire. Ayant pour but d'ouvrir cet ancien lieu culturel au public pour la tenue des fêtes communautaires ou des manifestations artistiques, rappelant ainsi sa fonction originaire à l'époque, ce projet rallie trois autres artistes qui, comme Daigle, s'efforcent de renouer avec l'héritage paternel. Renée Blanchar, la réalisatrice du film, réhabilite la mémoire d'un père spirituel, celui du premier architecte acadien, Nazaire Dugas (1864-1942), à qui on doit la conceptualisation architecturale unique de l'édifice du club et celle de bien des résidences à Caraquet. Pour René Cormier et Allain Roy, hommes associés au théâtre contemporain en Acadie, il s'agit de se remémorer l'œuvre de leurs défunts pères par le biais des saynètes burlesques qu'ils avaient présentées au club durant les années 1950. Le père de France Daigle, éminent journaliste et défenseur de la langue française en Acadie[71], s'inscrit symboliquement au cœur de son projet de restauration en vertu d'une toile de Fernand Léger,

---

70. Dérivé du nom propre grec *Arcadia*, ce lieu renvoie à l'ancien nom de la Grèce située dans la périphérie du Péloponnèse, où une société idéale vécut dans le bonheur et l'insouciance. Évoquant les douze travaux d'Hercule, France Daigle y fait référence dans son roman *Pas pire*, Moncton, Éditions d'Acadie, 1998, 169 p.
71. Voir France Daigle, *1953. Chronique d'une naissance annoncée*, Moncton, Éditions d'Acadie, 1995, 167 p. Dans cette autobiographique fictive, une dimension intertextuelle importante permet de retracer l'actualité mondiale de

léguée à sa fille, ayant été exposée dans son bureau au cours de sa vie active, et qui se trouve dès lors accrochée sur l'un des murs de l'édifice en pleine transformation. Il est intéressant de souligner à cet égard que la caméra revient sur cette toile durant le processus de rénovation, comme si le père de Daigle s'intégrait figurativement au projet de sa fille. Daigle explique d'ailleurs que cette peinture intitulée « Les constructeurs, état définitif », (1950), se greffe à son aventure actuelle. Désireuse de recréer un espace communautaire consacré aux rassemblements culturels, la romancière vise non seulement à faire prospérer l'œuvre paternelle liée à la conservation et à l'épanouissement de la langue française au bénéfice de générations d'Acadiens, mais aussi à rappeler que son propre travail de rénovation et de (re)construction, tangible autant qu'abstrait, se poursuit dans le sens de la transmission d'une mémoire et d'un idiome reçus en partage[72].

Les propos de Daigle dans *Les héritiers du club* anticipent sur le dénouement de *Pour sûr*. À la fin du roman, une prolepse transporte le lecteur une vingtaine d'années à l'avenir, à une époque où Terry est devenu paralysé et muet. Zed, son ami fidèle demeurant à ses côtés, lui annonce la naissance d'une pouliche que la plus jeune fille de son fils adoptif, Chico, voudrait appeler Nadine, mais que d'autres lui préfèrent le nom Dina (*PS*, 729). Il appert que les vieilles querelles opposant les locuteurs du chiac à ceux défendant un parler acadien ouvert sur le monde n'ont pas cessé et Daigle donne à entendre que celles-ci pourraient même constituer le matériau d'une « *Éloge du chiac, Part 3* ». Malgré son invalidité, Terry peut vieillir en toute sérénité ayant la confiance que ses efforts de revitalisation linguistique n'ont pas été infructueux ; il a en effet réussi avec brio dans son œuvre de transmission. Cet état de choses se vérifie à un niveau microtextuel car mimant le cadre discursif de l'incipit, l'épilogue du roman consiste en des propos d'un jeune enfant qui pose une question à son père, à savoir : « Ein, Papa ? C'est quel saint qui jetait des boules de papier dans

---

l'année 1953, telle qu'elle est relatée dans le journal *L'Évangeline*, où le père de France Daigle, Euclide Daigle, travaillait comme journaliste.

72. Adoptant un ton humoristique par rapport à la toile qui dépeint un chantier de construction peuplé d'ouvriers, Daigle révèle que son père, reflétant la mentalité de son époque, croyait que les femmes n'avaient pas les compétences pour devenir architecte, ce qu'elle reçoit plutôt comme un défi, illustré par l'envergure de son propre projet de reconstruction.

le feu ? » (*PS*, 729). Il s'agit vraisemblablement de la même phrase interrogative qu'Étienne avait énoncée au préalable (*PS*, 557)[73], mais dont la forme grammaticale dans sa reprise se trouve dès lors allégée de son inflexion phonétique en chiac. Que cette phrase finale soit l'écho de la voix d'Étienne ou de celle de son enfant à lui qui incarnerait l'avenir, *Pour sûr* se termine sur ces paroles laissées sans réponse, prononcées dans un français standard et assimilées à une configuration de renouveau au moyen de la naissance d'une pouliche. C'est en somme de cette façon allégorique que le roman réitère son véritable pari, grâce auquel France Daigle invite à contempler la transmission linguistique, un immense défi à la fois singulier et collectif résolument digne d'être affronté.

---

73. « – Papa, commensqu'y s'appelle, le saint qui jetait des boules de papier dans le feu ? » (*PS*, 557).

LES ÉDITIONS ÉDOUARD GARAND OU QUAND LE PATRIOTISME REVÊT LES CODES DE LA MODERNITÉ (1923-1933)

Marie-Hélène Grivel
membre associée du Centre d'histoire culturelle des sociétés contemporaines
Université de Versailles-Saint-Quentin-en-Yvelines

LE « MAGAZINE » AMÉRICAIN AUX COULEURS CRIARDES ET AUX VILAINES IMAGES GROTESQUES[1] »

Au sortir du premier conflit mondial, le Canada lutte contre son américanisation. Si cela est visible dans le domaine de la politique, cela l'est tout autant dans le champ littéraire. Les supports américains représentent, aux yeux des autorités, des récits corrupteurs, voire dénationalisants, considérés comme *a*-culturels. Ce transfert culturel fait réagir Archibald MacMechan de la Société royale du Canada : « Nous ne pouvons même pas inventer notre propre vulgarité[2] ». Il est rejoint sur ce point par les élites canadiennes-françaises qui blâment « le magazine américain qui, sous prétexte d'art ou de réalisme, multiplie les histoires d'alcôve et les illustrations scandaleuses[3] ». D'autant plus que les « douaniers de

---

1. Marraine Odile, « Que lirons-nous Marraine ? », *L'Oiseau bleu*, mars 1921, p. 10.
2. « The American comic supplement curses the country from the Atlantic to the Pacific. They should all be burnt by the common hangman ». Archibald MacMechan (c. 1930) cité par John Bell, *Canuck Comics: A Guide to Comic Books Published in Canada*, Montréal, Matrix Books, 1986, p. 19 (je traduis).
3. Adélard Dugré, « Ses ennemis moraux », *L'Action française*, juillet 1926, p. 69. Désormais, les références à cet ouvrage seront indiquées par le sigle *AD*, suivi du folio, et placées entre parenthèses dans le texte.

la littérature[4] » ont imposé une norme qui se caractérise par la mise en place d'un carcan dans les Lettres – modèle français, inspiration dans le terroir et l'histoire de la Province. Il leur faut lutter contre toute forme d'assujettissement de la culture, l'objectif étant de demeurer « sans teinture d'anglicisation ou d'américanisation[5] ». Toutefois, devant un bassin de lecteurs grandissant, alphabétisé, scolarisé et urbanisé, les élites ne peuvent que constater l'intérêt pour ce type d'œuvre. Et malgré la présence des clercs, et leur critique de contrainte faisant respecter la norme, un éditeur, Édouard Garand, décide de contrer l'invasion en faisant émerger une paralittérature nationale. Nous verrons qu'il propose des sujets et une présentation de l'ordre de l'anomique, faisant pénétrer la ville et les images accrocheuses dans un support jusqu'alors considéré comme le meilleur véhicule de la *doxa*. Nationaliste dans l'âme, il œuvre malgré tout pour que le peuple qui « s'américanise avec docilité », retrouve le chemin national. En cela, et à la suite de Thomas Seguin, nous allons démontrer « l'utilité sociale de la transgression […] en tant qu'elle porte en elle, à terme, une certaine forme de progrès culturel[6] ».

NAISSANCE D'UNE PARALITTÉRATURE NATIONALE

La notion de paralittérature est relativement récente[7]. Dans l'entre-deux-guerres, il n'existe pour ainsi dire que le terme de « littérature » se déclinant entre « bons » et « mauvais » livres. Cela

---

4. Victor Barbeau, « Au fil de l'heure. Le Terroir », *La Presse*, 3 juin 1919, p. 2.
5. Fadette, « Les mères », *L'Action française*, juillet 1920, p. 302.
6. Thomas Seguin, « Transgression et société », *Les cahiers de psychologie politique*, n° 20, janvier 2012, en ligne : http://lodel.irevues.inist.fr/cahierspsychologiepolitique/index.php?id=1985 (page consultée le 21 août 2015). Désormais, les références à cet ouvrage seront indiquées par le sigle *TS*, suivi du folio, et placées entre parenthèses dans le texte.
7. Nous pensons, à la suite de plusieurs chercheurs, que ce concept a le mérite, de par son préfixe « para », de mettre en lumière la complexité des relations entre la « norme » littéraire et les genres développés dans le champ. Daniel Couégnas, *Introduction à la paralittérature*, Paris, Seuil, coll. « Poétique », 1992 ; Alain-Michel Boyer, *La paralittérature*, Paris, PUF, coll. « Que sais-je ? », 1992 ; Paul Bleton, « Un modèle pour la littérature sérielle », *Études littéraires*, vol. 30, n° 1, 1997, p. 45-55, en ligne : http://id.erudit.org/iderudit/501187ar (page consultée le 31 mars 2015).

sous-entend tout de même l'existence d'une élite qui acquiert son prestige social en valorisant ses choix de lectures, le peuple restant caché derrière l'idée de «lecteur universel» à édifier[8]. Ce public, en mal de sensations, est friand des textes qui «échappent [alors] aux prescriptions locales, clérico-conservatrices[9].» Il s'agit des productions américaines et des petits romans sentimentaux français. Considérées comme dénationalisantes, ces publications, dont le succès est croissant, installent les «deux thématiques interdites, le sexuel et l'intellectuel[10]». Et fait social nouveau, cette production est sanctionnée par le marché et non par la critique[11]. Ces histoires extranationales trouvent leur pendant canadien-français en 1922 avec l'arrivée du «Roman canadien» des Éditions Édouard Garand.

La recette de l'éditeur est simple: concurrencer les importations. Pour plaire au plus grand nombre, il s'inspire du modèle américain, transgressant ainsi la norme culturelle. Ce positionnement relève de l'anomie, dans un contexte où les Lettres effectuent un «retour à la terre» – terroirisme – et dans lequel l'action sociale de l'Église est toute tournée vers la préservation de l'élément français en Amérique (histoire, langue et foi). Toutefois, Édouard Garand a rapidement compris que ce type de productions hybrides, entre livre et presse, résultait, aux États-Unis, d'une recherche d'homogénéité sociale. C'est-à-dire d'une volonté d'activer chez les lecteurs le phénomène de reconnaissance d'une société commune et une prise de conscience de l'unité des États.

---

8. Robert Escarpit (dir.), *Le littéraire et le social. Éléments pour une sociologie de la littérature*, Paris, Flammarion, coll. «Science de l'homme», 1970, p. 27. Désormais, les références à cet ouvrage seront indiquées par le sigle *LS*, suivi du folio, et placées entre parenthèses dans le texte.
9. Jacques Allard, «La novation dans la narrativité romanesque au Québec (1900-1960)», Yvan Lamonde et Esther Trépanier (dir.), *L'avènement de la modernité culturelle au Québec*, Québec, Éditions de l'IQRC, 2007, p. 64. Désormais, les références à cet ouvrage seront indiquées par le sigle *AMCQ*, suivi du folio, et placées entre parenthèses dans le texte.
10. Paul Bleton, «Industrie, masse et culture médiatique: la paralittérature américaine (1860-1940)», Jean-Yves Mollier, Jean-François Sirinelli et François Vallotton (dir.), *Culture de masse et culture médiatique en Europe et dans les Amériques. 1860-1940*, Paris, PUF, coll. «Le nœud gordien», 2009, p. 37-50.
11. Réjean Savard et Cynthia Delisle, «Discours sur la lecture et les bibliothèques enfantines au Québec, 1930-1960», *Cahiers de la recherche en éducation*, vol. 3, n° 3, 1996, p. 424.

Il s'agit dès lors de créer des figures héroïques stéréotypées qui, si l'on peut l'exprimer ainsi, sortent de l'imprimé sous forme de produits dérivés[12]. C'est sur cette base, quasi coercitive de quête d'identité, que la littérature en fascicules de la maison Garand s'impose sur le marché. Il propose des romans que le public ne trouve pas dans les revues traditionnelles, c'est-à-dire une littérature populaire relevant du champ de la littérature «commerciale» et possédant des personnages «types» canadien-français[13]. Pour capter son lectorat, il vend son magazine vingt-cinq sous, soit le tiers du prix d'une nouveauté romanesque en 1925. Et pour le captiver, il offre une place importante à l'image, déclarant qu'un «roman sans illustration, c'est une maison sans fenêtre[14]». Alors que les autorités craignent que les supports américains fassent naître une multitude «d'apprentis du crime, d'aspirantes à l'enlèvement» (*AD,* 73), ceux de Garand proposent des

> récits poignants, saisissants, où l'homme apparaît parfois dans toute sa noblesse, parfois dans toute son infamie, où passent les femmes dévouées jusqu'au martyre et les criminelles exaltées jusqu'à la folie, où se multiplient les émotions les surprises et les coups de théâtre[15].

---

12. Notons l'exemple du *Telegram* de Toronto, qui publie la première bande dessinée canadienne, *Men of the Mounted*, écrite par Ted McCall et dessinée par Harry Hall (1933). Le récit illustré d'aventures est un succès, au point que l'entreprise Willard's Chocolates propose un ensemble de cartes à jouer à l'effigie des personnages, et que naît la première maison d'édition consacrée au genre, la Anglo-American.
13. C'est à travers *Le Bavard* – successeur des Éditions Garand –, que les héros modernes typiquement canadiens-français voient le jour. Le premier «détective national des Canadiens-français», Albert Brien, d'Alexandre Huot, apparaît dans la livraison du 1ᵉʳ mars 1941, et inaugure la parution du *Corps sans âme*, enquête menée par le détective le plus célèbre du Québec.
14. Silvie Bernier, «L'illustration du "Roman canadien"», *L'édition du livre populaire*, Sherbrooke, Ex Libris, coll. «Études sur l'édition», 1988, p. 105. Désormais, les références à cet ouvrage seront indiquées par le sigle *ÉLP* suivi du folio, et placées entre parenthèses dans le texte.
15. «Ce qui fait le succès du "Roman canadien"», *Vie canadienne*, octobre 1928, p. 76. Désormais, les références à cet ouvrage seront indiquées par le sigle *VC* suivi du folio, et placées entre parenthèses dans le texte.

Bien que décrites comme « fort présentable[s][16] », les compositions de couverture sont « les plus originales et les plus saisissantes, évoquant d'une façon magistrale les scènes les plus violentes, les plus tragiques, les plus sentimentales, et les drames les plus sombres et les plus terribles » (*VC,* 76). L'éditeur n'hésite donc pas à donner un aspect américanisé à sa production, avec une couverture accrocheuse et un papier de très basse qualité. Il la diffuse hors du circuit lettré, sur le chemin quotidien du lecteur, là où se trouvent tous les magazines et autres journaux[17]. En cela, l'éditeur fait œuvre de modernité et d'avant-garde, proposant des livres mensuels de qualité à un circuit plutôt laissé à l'abandon par ses confrères. Ce choix se justifie par le fait qu'il vise les « lecteurs auxquels leur formation permet un goût littéraire intuitif, mais non un jugement explicite et raisonné, [...] auxquels enfin leurs ressources interdisent l'achat fréquent de livres » (*SL,* 75). Il a également recours à la vente par abonnement, procédé lui permettant d'atteindre les foyers ouvriers et ruraux[18]. Divisée en deux parties – d'un côté un récit complet, et de l'autre un supplément intitulé « Vie canadienne » –, la publication tient « à la fois du livre et du journal[19] ». Cette hybridation est le fruit de l'industrialisation, reconnaissant l'existence d'une culture de masse jusqu'ici négligée par l'élite[20].

Dès ses débuts, l'éditeur se lance dans une démarche entrepreneuriale loin de celle pratiquée par les éditions traditionnelles. Capitaliste, il a perçu le développement de la consommation de masse. Ainsi s'empare-t-il du phénomène et se saisit-il des techniques industrielles pour pénétrer tous les foyers. Dès 1923, il fournit « la moitié des nouveautés romanesques »

---

16. Damase Potvin, « Revue des lectures », *Le Terroir*, avril 1923, p. 571.
17. Marie-Pier Luneau, « Entre auteur et lecteur : l'éditeur, un maillon essentiel. Panorama de la fonction éditoriale au Québec », *À rayons ouverts. Chroniques de Bibliothèque et Archives nationales du Québec*, n° 81, automne 2009, p. 10.
18. Claude-Marie Gagnon, « Les éditions Édouard Garand et la culture populaire québécoise », *Voix et Images*, vol. 10, n°1, 1984, p. 125. Désormais, les références à cet ouvrage seront indiquées par le sigle *CMG* suivi du folio, et placées entre parenthèses dans le texte.
19. Claude-Marie Gagnon et Denis Saint-Jacques, « Histoire de la littérature populaire au Québec », *Nuit blanche*, n° 15, 1984, p. 45.
20. Marc Angenot, « Qu'est-ce que la paralittérature ? », *Études littéraires*, vol. 7, n° 1, 1974, p. 18. Désormais, les références à cet ouvrage seront indiquées par le sigle *MA* suivi du folio, et placées entre parenthèses dans le texte.

publiées dans la Province[21]. Ses éditions « marquent l'avènement d'une conception commerciale de la production littéraire » (*HÉLQ, 333*). Ainsi répondent-elles aux attentes du public, habitué aux mass-médias, qui recherche – surtout depuis l'avènement de la radio et du cinéma – des supports modernes, avec un langage commun, proches des préoccupations quotidiennes. Un des écrivains maison pose la véritable question : « Pourquoi s'obstiner à vouloir écrire pour une élite quand c'est la masse qui lit ?[22] » Cette réaction socioculturelle, qui fait volte-face à la norme en rejetant la littérature terroiriste écrite par l'élite, ne peut se produire que lorsque la société « découvre l'homme, l'individu à millions d'exemplaires, l'homme dans les attitudes et les gestes quotidiens du travail, de la vie familiale, dans les occupations de loisirs » (*LS*, 235). L'éditeur satisfait une demande sociale existante, comprenant que les lecteurs se tournent plus volontiers vers des ouvrages s'apparentant à ce qui leur est familier, le « journal à sensation, […] le grand éducateur populaire » (*AD*, 71). Alexandre Huot, auteur de romans Garand, justifie la politique éditoriale :

> Le peuple hier, ne lisait pas. Aujourd'hui Garand lui fait lire 10 000 romans par mois. Ce sont des romans d'aventures (l'enfance littéraire), mais peu à peu l'aventure se déroule au second plan pour faire place à la thèse, au tableau de mœurs, à la psychologie légère...[23]

Alors que les intellectuels et les autorités poussent le lecteur vers le roman national et élitiste, le « lecteur universel » se tourne vers une culture accessible à tous, proche de la sphère du divertissement. L'apparition du « Roman canadien » opère le passage entre lecteur-passeur (lettré) et consommateur (masse), marquant l'entrée dans l'ère du consumérisme moderne[24].

---

21. Jacques Michon (dir.), *Histoire de l'édition littéraire au Québec au XXᵉ siècle*, t. 1, *La Naissance de l'éditeur, 1900-1939*, Montréal, Fides, 1999, p. 315. Désormais, les références à cet ouvrage seront indiquées par le sigle *HÉLQ* suivi du folio, et placées entre parenthèses dans le texte.
22. Jules Larivière, « Causons », *Vie canadienne*, n° 5, 1926, p. 64. Désormais, les références à cet ouvrage seront indiquées par le sigle *CVC* suivi du folio, et placées entre parenthèses dans le texte.
23. Alexandre Huot, « Les illustres inconnus », *Vie canadienne*, n° 12, 1926, p. 41.
24. Consumérisme au sens sociologique du terme : relatif à la société de consommation.

La collection, en proposant des intrigues, des personnages, des territoires et des thèmes qui vont à l'encontre des prescriptions élitistes, mais qui séduisent le lecteur, favorise la création d'une « mythologie moderne » apte à favoriser la cohésion sociale, fruit d'une culture urbaine (*MA*, 20). Alors que certains se plaignent de la « fournée terroiriste[25] » qui inonde les librairies, Édouard Garand prend le contre-pied des *desideratas* des « douaniers de la littérature » en offrant du policier, du sentimental et de l'aventure, le tout dans un cadre urbain. Pour lui, la norme imposée détourne les lecteurs des œuvres nationalistes – le roman terroiriste ne sera jamais populaire. Il affirme que

> dans la république des lettres, [il y a] deux grands partis : le parti littéraire et le parti populaire. Le premier, distant, hautain, considère si j'ose dire le second du haut de ses grands hommes. Et le second riposte vigoureusement au premier à coup de succès (*HÉLQ*, 333-334).

Le poids de la masse « lisante » transforme les règles du marché en ce qu'elle substitue « une logique de l'offre à une logique de la demande[26] ». « Le public lit ce qu'il aime et il aime ce qui est bon et beau », énonce Garand, et « je vous défie bien de dire si c'est littéraire ou populaire » (*ÉLP, 49-50)*. Il propose à « ses lecteurs, de leur faire vivre les aventures les plus étranges et les plus passionnantes, de leur apporter les émotions les plus intenses et les plus innattendues [sic] » (*VC,* 76). Si tous les ouvrages sont *a priori* suspects pour les prescripteurs, c'est encore plus le cas du roman policier. Pourtant, l'éditeur n'hésite pas à proposer une version nationale du *Roman des quatre* de Bourget, d'Houville, Duvernois et Benoît, offrant, en 1927, *La digue dorée. Le roman des quatre* d'Alexandre Huot, Ubald Paquin, Jean Féron et Jules Larivière[27]. Il introduit donc les sujets du champ paralittéraire : amour, espionnage, aventure, les petites vies et les faits divers. La ville,

---

25. Pierre Hébert, *Censure et littérature au Québec. Des vieux couvents au plaisir de vivre, 1920-1959*, Montréal, Fides, 2004, p. 63.
26. Jean-Yves Mollier, « Les relais de l'écrivain au XIXe siècle », Michel Prigent, Patrick Berthier et Michel Jarrety (dir.), *Histoire de la France littéraire*, t. 3, *Modernités. XIXe et XXe siècle*, Paris, Quadrige/PUF, coll. « Dicos Poche », 2006, p. 701.
27. Suivront une dizaine d'autres romans policiers.

l'urbanisation, l'automobile, la radio, le cinéma, tous les éléments sociaux de modernité sont présents, d'autant que l'urbanisation ne cesse de se généraliser, comme l'industrialisation et la scolarisation, trois facteurs essentiels à l'introduction de la paralittérature dans un champ culturel[28].

Ces thèmes sont considérés anomiques, et certains accusent les pouvoirs publics de «négliger la prophylaxie morale» (*AD*, 76). Pourtant, ils sont ce que le lecteur recherche, et les auteurs Garand, seize hommes et six femmes, l'ont bien compris, produisant des œuvres mettant en avant la ville et l'industrie pour un public ouvrier. Tous, dans la narration, vont à contresens de la littérature lettrée qui effectue son retour à la terre. Ainsi Jean Féron place ses intrigues principalement à Montréal, avec indication du nom des rues, voire des numéros, ancrant le lecteur dans son espace quotidien. À la place des descriptions sans fin de la campagne, les textes font une grande place au discours et au monologue intérieur, délaissant la contemplation pour l'action. Pour les terroiristes, la société «devait non seulement condamner mais ignorer la ville, l'industriel, l'ouvrier. Son seul point d'appui solide était la classe agricole» (*CMG*, 120). Autant dire que les partis pris de l'éditeur vont à l'encontre du discours prescriptif. Mais pour lui, transgresser cette norme sert à la construction identitaire.

DES ŒUVRES TYPIQUEMENT CANADIENNES

Édouard Garand est plus qu'un éditeur, c'est un patriote. Sa collection paralittéraire correspond à l'analyse cohérente qu'il porte sur la situation de l'économie et des lettres. Pour lui, imiter les supports américains ce n'est pas être antinational. Comme une majorité d'intellectuels de son époque, il est persuadé que toute entreprise bénéficie à tous et donc *in fine* au pays. Toutefois, il faut une production élitiste et un fort taux de scolarisation avant qu'une nation ne produise du divertissement imprimé. Autrement dit, la naissance d'une paralittérature ne peut intervenir que dans une société lettrée ayant constitué une norme, basée sur des valeurs établies. Pour Édouard Garand, ses publications ont

---

28. En 1931, le Québec compte 1 060 649 ruraux et 1 813 606 citadins, dont 818 547 habitent à Montréal et 130 594 résident à Québec.

pour but de garder « les brebis » sur le chemin du nationalisme. Son entreprise commerciale, en « recherche d'audience », se doit d'être consensuelle[29]. Sa politique éditoriale se construit donc sur la reconnaissance d'une société commune et d'une prise de conscience, par le plus grand nombre, de l'unité de la Province. Il transgresse pour faire du national :

> Les publications anglaises du genre de la nôtre s'adressent à des millions de lecteurs tandis que le « Roman canadien » ne peut prétendre atteindre que la population canadienne française trop souvent apathique aux choses de chez nous[30].

Il n'hésite pas à solliciter la fibre patriotique, comme dans cet encart publicitaire : « Les romans canadiens sont écrits par des Canadiens, imprimés par des Canadiens, avec du papier canadien, illustrés par des Canadiens et édités par des Canadiens pour le bénéfice des Canadiens[31] ». Acheter Garand, c'est aider « à bâtir une institution nationale[32] ». En cela, la maison illustre le véritable paradoxe du Canada-français en ce qui concerne le secteur de sa paralittérature. En règle générale, la littérature de masse est opposée à la littérature dite bourgeoise, les deux pôles se livrant une lutte pour la légitimité. Pourtant, Garand applique le même traitement à la littérature de divertissement que celui mis en place pour les productions élitistes, réduisant le fossé entre lettrés et cols blancs (petite bourgeoisie ouvrière). L'introduction d'un comité de lecture, qui œuvre à ce que les textes soient nationalistes, aide à la propagation des valeurs sociales auprès du public. Et effectivement, c'est par le biais du système de propagation que l'ultranationaliste brouille les codes, car il se base pour sa diffusion « sur le modèle

---

29. Jean-François Sirinelli, « La norme et la transgression. Remarques sur la notion de provocation en histoire culturelle », *Vingtième Siècle. Revue d'histoire*, n° 93, 2007, p. 14, en ligne : www.cairn.info/revue-vingtieme-siecle-revue-d-histoire-2007-1-page-7.htm. DOI : 10.3917/ving.093.0007 (page consultée le 4 septembre 2015). Désormais, les références à cet ouvrage seront indiquées par le sigle *NT* suivi du folio, et placées entre parenthèses dans le texte.
30. « Causeries du mois », *Vie canadienne*, n° 5, 1926, p. 63.
31. Gérard Malchelosse, « Les Éditions Garand, leur mission, leurs œuvres », *Vie canadienne*, n° 8, 1926, p. 66.
32. Encart publicitaire « Ce qu'est le "Roman canadien" », dans Jean Ferron, « L'aveugle de Saint-Eustache », Montréal, Éditions Édouard Garand, coll. « Roman canadien », 1924, p. 64.

clérical populaire» (*CMG,* 127). L'éditeur impose la culture du peuple, la lecture de masse, dans la sphère lettrée. Sa force, et à l'inverse de ses concurrents, est de mettre un point d'honneur à ne pas effectuer de réimpressions d'auteurs français, obtenant ainsi le soutien de grandes personnalités tels Athanase David, Jean Bruchési et Camille Roy. Ainsi fonde-t-il son image sur le respect des écrivains, et sur le développement du corpus national. Pour renforcer cette idée de nationalisme, il appose un logo représentant le patriote Chénier entouré d'un « Pour la RACE », qui sonne comme un cri de guerre.

De fait, «l'acte transgressif, peut être l'instrument de conciliation de contraintes contradictoires» (*TS,* 2). Bien que la présentation et les intrigues soient anomiques, les écrivains du «Roman canadien» se bornent à des notions traditionalistes (place de la femme et supériorité masculine). Garand a saisi que «la tradition, qui est conscience de continuité, s'ajuste en imitant les instruments de la modernité, les absorbe dans son projet de continuité, de telle sorte que la modernisation est toujours à recommencer[33]». Quant à la qualité des textes, elle est scrutée par le comité de lecture, dont l'un des membres précise les attentes: «Le style, oui, le style importe avant tout pour conquérir les suffrages des membres du jury en attendant de forcer l'admiration du grand public[34]». Tout l'enjeu de ces années d'entre-deux-guerres est de donner à lire de bonnes et saines lectures, la censure se fait prescriptive pour la défense de la culture nationale. L'éditeur insiste d'ailleurs pour dire que sa collection est une «publication honnête, morale et saine, formant par son ensemble la bibliothèque familiale la plus riche et la plus variée, pouvant être lue par tout le monde et donnant pour un prix modique les chefs-d'œuvre inédits des maîtres du roman canadien» (*VC,* 76).

Alors que dans les autres pays ce type de littérature se cantonne au circuit populaire, et qu'il est remisé au rang de divertissement, le «Roman canadien» trouve sa légitimité en

---

33. Elzéar Lavoie, *La constitution d'une modernité culturelle populaire dans les médias au Québec (1900-1950)*, Lamonde et Trépanier, *op. cit.*, p. 287.
34. Félix Charbonnier, «Quelques remarques sur les derniers manuscrits soumis au Comité de lecture de la maison Édouard Garand», *Vie canadienne*, n° 24, 1926, p. 48.

pénétrant la presse élitiste, les écoles et les bibliothèques[35] (*MA,* 13), bénéficiant en prime de la nouvelle loi Choquette qui soutient les publications nationales. La norme, en évoluant, «recule *de facto* la frontière de la transgression» (*NT,* 11). Chez Garand, le lecteur se reconnaît dans les décors comme dans la morale, transformant le «Roman canadien» en «bon» livre à mettre entre toutes les mains.

L'éditeur abolit ici partiellement les frontières entre «grandes œuvres» et «œuvres mineures», les romans en fascicules, comme les almanachs, remplissant «la fonction de média d'acculturation populaire[36]». En cela, et aussi paradoxal que cela puisse paraître, le fait d'offrir des personnages locaux rétablit l'ordre et la morale, et détourne une partie du lectorat vers la production nationale. Cette littérature participe donc à la construction d'un stéréotype purement canadien-français, soudant le peuple grâce à des héros du cru et des mythes fédérateurs; l'éditeur étant d'avis que, «si l'on présente à notre peuple des lectures du terroir à portée de sa bourse, à saine morale et aptes à capter ses rêves et ses désirs, […] nous n'aurons pas de plus fidèles clients» *(CVC, 76).*

Pour ce faire, il développe un roman populaire adéquat et conforme aux principes des clercs, transformant sa production en composante du ciment social. Il répond ainsi aux critères des comités scolaires, qui deviennent un de ses principaux débouchés, lui permettant d'écouler environ «600 exemplaires par titre» dans les écoles. Si la collection séduit les prescripteurs c'est qu'elle compte de nombreux romans historiques – thème privilégié par l'élite pour l'instruction des enfants. Cette percée dans la sphère de l'enseignement «est la plus efficace légitimation sociale [d'une] activité intellectuelle. Sa diffusion et sa reproduction sont alors déclarées aux yeux de chacun non seulement possibles,

---

35. Notons qu'habituellement ces récits sont «une production taboue, privée de *feed-back* critique, transitoire, fugace, appelée à une usure extrêmement rapide». Marc Angenot, *op. cit.*, p. 13.
36. Hans-Jürgen Lüsebrink, «L'almanach: structure et évolutions d'un type d'imprimé populaire en Europe et dans les Amériques», Jacques Michon et Jean-Yves Mollier (dir.), *Les mutations du livre et de l'édition dans le monde du XVIIIe siècle à l'an 2000*, Québec, Presses de l'Université Laval/L'Harmattan, 2000, p. 432-441.

mais nécessaires et obligatoires[37] ». L'éditeur, sous le couvert de l'idéologie, arrive à abolir partiellement les frontières entre les sphères lettrée et populaire, et à « forcer le blocus social de la littérature » (*SL,* 90). Et il n'en reste pas là, investissant dans d'autres domaines jusqu'alors considérés comme transgressifs.

Garand fait partie de ces entrepreneurs dont la volonté réside dans la conquête économique d'un secteur, et qui ancrent la notion de capitalisme culturel dans la société. Il croit au « nationalisme économique » qui encourage les Canadiens français à s'emparer de la petite et moyenne industrie afin de contrôler l'économie. Sur ce principe, après avoir lancé la collection « Théâtre canadien », il se porte acquéreur du Théâtre Empire, à Québec, s'associant au « propriétaire des salles de cinéma Impérial, Saint-Denis et National, à Montréal », J.A. De Sève (*HÉLQ,* 329). Les nationalistes considèrent le septième art comme « le catéchisme de la déformation populaire[38] ». Des figures cléricales s'élèvent, tel Lionel Groulx, le dénonçant comme outil « dénationalisateur » ou Joseph-Papin Archambault, publiant *Parents chrétiens, sauvez vos enfants du cinéma meurtrier*[39]. Mais l'époque est au rejet de la subordination économique, sociale et culturelle par les autres nations, et pour Garand, être patriote, c'est sauver les entreprises locales de l'invasion étrangère. Il délaisse donc le secteur littéraire pour se consacrer au cinéma, œuvrant pour adapter aux nouvelles habitudes de consommation culturelle l'offre nationale. Il a encore une fois perçu les changements sociaux puisqu'au même moment les autorités promulguent la Loi des vues animées[40]. Puis, en 1936, l'encyclique *Vigilanti Cura* du Pape énonce que le cinéma n'est pas nocif lorsque, comme pour les livres, on sait faire le tri, donnant une forme de légitimité supplémentaire à la culture populaire.

---

37. Alain Viala, *Naissance de l'écrivain. Sociologie de la littérature à l'âge classique*, Paris, Éditions de Minuit, coll. « Le Sens commun », 1985, p. 137.
38. L'Action française, « Contre le cinéma », *L'Action française*, juillet 1924, p. 3.
39. J.-P. Archambault, *Parents chrétiens, sauvez vos enfants du cinéma meurtrier*, Montréal, Œuvre des tracts, n° 1, 1927.
40. Loi S.R. 1925, vol. III, chap. 174.

TRANSGRESSER POUR CRÉER

Jusqu'à l'arrivée de l'éditeur Édouard Garand, aucun auteur de littérature sérielle et légère n'existe dans la province. Grâce à lui, cet autre type d'écriture émerge, distinct des importations étrangères. En transgressant volontairement les codes, il crée une nouvelle norme, n'hésitant pas à produire une paralittéraire sur le modèle américain. En conservant les thèmes nationalistes et en pénétrant le circuit de distribution restreint, il offre sa légitimité à l'écriture populaire. Sa maison représente, dans le champ éditorial, le sommet de la modernité. Pour paraphraser Elzéar Lavoie, Garand a compris l'importance de la tradition et de sa « conscience de continuité » pour garantir des débouchés à ses productions, tout en se servant des « instruments de la modernité », en les « imitant », notamment dans le format et le prix, pour toucher un plus grand nombre de lecteurs (*AMCQ, 287*).

En cela, il est l'inventeur de l'édition industrielle canadienne-française. Son concept du roman en fascicules est repris par Alexandre Huot qui, en s'associant à Eugène L'Archevêque, fonde *Le bavard*. Les deux hommes créent les Éditions Police-Journal dont la collection phare reste *Les aventures étranges de l'agent Ixe-13*. Suivront les Éditions du Bavard et les Éditions modernes, avec sa collection « Petit format », qui utiliseront les mêmes méthodes que celles mises au point pour le « Roman canadien ». Édouard Garand a su transgresser sans aller jusqu'à la provocation. En cela, il a réussi à élever les supports populaires en outils modernes de transmission, créant une nouvelle norme. Ainsi, à la suite de l'éditeur, il « ne s'agit plus de transgresser le genre, de le dépasser, mais au contraire de s'y conformer » (*ÉLP, 127*).

TRANSGRESSION ET NÉGOCIATION DANS L'ÉCRITURE LAFERRIENNE[1]

VALERIA LILJESTHRÖM
Université Laval

Dans le contexte littéraire québécois des années 1980, ouvert aux nouveaux discours de ceux que l'on appellera « écrivains migrants[2] », l'écrivain haïtien Dany Laferrière, immigré au Québec en 1976, s'assure une entrée triomphale dans le champ littéraire avec la publication de deux romans provocateurs : *Comment faire l'amour avec un Nègre sans se fatiguer* et *Éroshima*[3]. Ces textes, dont la visée transgressive se manifeste dès le titre, rompent avec les tabous et bousculent le lecteur occidental par le biais de l'exploitation des thématiques sexuelle et raciale, au moyen d'un discours qui revisite de nombreux stéréotypes.

---

1. Je remercie le Fonds de recherche du Québec – Société et Culture de m'accorder les moyens pour mener à bien mes recherches.
2. Quoique de plus en plus remise en question (voir, par exemple : Régine Robin, « L'écriture migrante. Est-ce que cela a encore un sens à l'heure d'une littérature-monde en français ? », Cécilia Francis et Robert Viau (dir.), *Trajectoires et dérives de la littérature-monde,* Amsterdam/New York, Rodopi, 2013, p. 55-72), la dénomination « écriture migrante » est encore adoptée de façon assez généralisée par la critique. Au fil du temps, les écrivains eux-mêmes, mais surtout les travaux scientifiques, les colloques et les ouvrages consacrés aux écrivains ayant immigré au Canada, ont contribué à figer cette notion et cette catégorie « à part ».
3. Dany Laferrière, *Comment faire l'amour avec un Nègre sans se fatiguer*, Montréal, Éditions Archambault, [1985] 2007, 177 p. ; *Éroshima*, Montréal, Typo, [1997] 1998, 151 p. Désormais, les références à ces romans seront indiquées par les sigles *C* et *É*, suivi de la page, et placées entre parenthèses dans le corps du texte.

À partir d'une approche énonciative et sociologique[4] du texte, nous interrogerons la gestion des discours doxiques dans les romans laferriens des années 1980. Nous nous efforcerons de démontrer que si l'écrivain se distingue de ses pairs par une certaine originalité thématique, la singularité de ses romans relève surtout de la place réservée aux lieux communs et aux stéréotypes, ainsi qu'à la posture d'un narrateur qui lui permet de traiter avec humour et légèreté les problématiques sociales et historiques. Nous montrerons que Dany Laferrière s'écarte de la tradition des écrivains francophones engagés, ainsi que du cliché des écrivains « migrants » nostalgiques de leur lieu d'origine. Mais il ne reste pas moins fidèle aux lois de l'institution et du marché, s'inscrivant de la sorte dans une dynamique de continuité et de ruptures.

« Un écrivain noir qui parle du racisme fait forcément de la provocation[5] », déclare Dany Laferrière dans un entretien avec Francine Bordeleau. Ce qui est vrai si l'on considère, comme Ambroise Kom, que « [c]'est toujours et encore l'Autre qui fait et qui écrit, à sa manière, l'histoire des peuples noirs[6] ». Mais l'originalité des deux premiers romans laferriens, vis-à-vis de la production littéraire québécoise de l'époque, relève également de leur attrait pour les littératures états-unienne et japonaise, pour leur culture et les représentations qui leur sont rattachées[7]. Les romans s'écartent, par ailleurs, des sujets dominants exploités

---

4. Nous aurons recours à la sociologie institutionnelle de Pierre Bourdieu, *Les règles de l'art. Genèse et structure du champ littéraire*, Paris, Seuil, 1992, 567 p.
5. Francine Bordeleau, « Dany Laferrière sans arme et dangereux », *Lettres québécoises*, n° 73, printemps 1994, p. 9.
6. Ambroise Kom, « Être immigrant sans galérer : les recettes de Dany Laferrière », Edris Makward, Mark Lilleleht et Ahmed Saber (dir.), *North-South Linkages and Connections in Continental and Diaspora African Literatures*, Trenton, Africa World, 2005, p. 429.
7. Cécile Hanania a déjà mentionné la nouveauté introduite par l'orientalisme d'*Éroshima* pour le lecteur québécois « moyen » des années 1980. (« De Hiroshima à *Éroshima* : une érotique de la bombe atomique en forme de haïku selon Dany Laferrière », *Voix et images*, vol. 31, n° 1, 2005, p. 75-88). Jacques Pelletier, pour sa part, voit l'originalité des premiers romans de Dany Laferrière dans leur revitalisation du « rêve américain » et dans l'idée de « succès » véhiculée par le narrateur, puis dans leur analyse des rapports entre « Nègres et Blanches » (« Toutes couleurs réunies », *Lettres québécoises*, n° 73, 1994, p. 11).

par les écrivains « migrants » et par les auteurs québécois depuis 1985, soit « le thème de l'exil et les sous-thèmes de la mémoire, la demeure, la langue, le langage et l'écriture[8] ». En effet, l'exploration du social par Dany Laferrière, envisagée à partir de la question raciale et sexuelle en Amérique du Nord, lui permet de se distinguer et de rompre avec l'idée de l'écrivain « migrant » hanté par les problématiques de son pays d'origine et engagé en tant que porte-parole de ses compatriotes[9]. En ce sens, Józef Kwaterko affirme à propos de *Comment faire l'amour avec un Nègre sans se fatiguer* qu'il s'agit d'un « texte charnière » et « probablement [du] premier roman haïtien publié au Québec qui rompt avec la figuration de l'altérité haïtienne (Haïti n'y est d'ailleurs jamais mentionnée)[10] ». C'est encore le cas d'*Éroshima*, où le narrateur anonyme ne donne aucune information sur ses origines.

Pourtant, là où les romans de Dany Laferrière se démarquent probablement le plus, c'est dans leur récupération discursive des stéréotypes raciaux et culturels qui sous-tendent la vision du social mise en scène par l'écrivain. Dans ces textes, la majorité des critiques voit une contestation des représentations stéréotypées des Noirs, considérées comme des formes du discours colonial toujours actuelles[11]. C'est, en effet, la tendance

---

8. Renate Hildebrand et Clément Moisan, *Ces étrangers du dedans. Une histoire de l'écriture migrante au Québec (1937-1997)*, Québec, Nota Bene, 2001, p. 213.
9. Dans son étude sur la réception critique de l'œuvre de Dany Laferrière, Nathalie Courcy met en évidence la représentation que de nombreux lecteurs et elle-même se font de l'écrivain « migrant » : « N'est-ce pas justement, affirme-t-elle, le *rôle* de l'écrivain exilé de faire connaître son pays d'origine sous tous ses angles […] ? » (« La culture haïtienne au Québec : interaction ou confrontation ? Étude de la réception critique de l'œuvre de Dany Laferrière », Monique Moser-Verrey (dir.), *Les cultures du monde au miroir de l'Amérique française*, Saint-Nicolas, Presses de l'Université Laval, 2002, p. 63. Nous soulignons). Les mêmes représentations sont courantes à propos des écrivains francophones et vont de pair avec l'idée de l'écrivain engagé contre laquelle s'oppose ouvertement Dany Laferrière.
10. Józef Kwaterko, « Les fictions identitaires des romanciers haïtiens du Québec », *Revue de littérature comparée*, vol. 2, n° 302, 2002, p. 222.
11. Cette hypothèse est largement partagée. Voir par exemple : Ursula Mathis-Moser, *Dany Laferrière : la dérive américaine*, Montréal, VLB éditeur, 2003, 341 p.; Susan Ireland, « Declining the Stereotype in the Work of Stanley Lloyd Norris, Max Dorsinville, and Dany Laferrière », *Québec Studies*, n° 39,

des écrivains « migrants », à partir des années 1986, soulignée par Renate Hildebrand et Clément Moisan[12]. Mais nous croyons qu'il y a plutôt, chez Dany Laferrière, un jeu ambigu et ambivalent avec la doxa qui donne à ses romans leur caractère à la fois « [s]i exaspérant – et si séduisant[13] ».

Comment faire l'amour avec un Nègre sans se fatiguer dresse un tableau des rapports sociaux interraciaux à Montréal, au début des années 1980[14]. Dans la société du texte, la dynamique des rapports interpersonnels est sous-tendue par l'Histoire coloniale et esclavagiste de l'Occident, soit, par un passé de domination des Blancs sur les Noirs qui autorise, selon la logique du narrateur, une revanche des dominés. Or, dans le roman, cette « vengeance » (*C*, 19) ne semble pouvoir s'accomplir que par le sexe, seul domaine où le Noir, confirmant le stéréotype du « Nègre animal, primitif, barbare, qui ne pense qu'à baiser » (*C*, 48), se montre incontestablement supérieur au Blanc. « Sexuellement, affirme le narrateur, le Blanc est mort. Complètement démoralisé » (*C*, 129). Alors que « BAISER NÈGRE, C'EST BAISER AUTREMENT » (*C*, 19). Aussi, les rapports sociaux – et par corollaire, une bonne partie du roman – sont-ils réduits, presque exclusivement, aux jeux de désir et aux relations sexuelles entre « Vieux », le protagoniste noir, et ses différentes partenaires blanches. Mais loin de constituer un « bouquin porno » (*C*, 45), l'intérêt du roman consiste justement en ce qu'il propose une lecture ambivalente – parce que critique mais stéréotypée – des rapports de force qui structurent la société montréalaise, multiculturelle et multiethnique, de la fin du 20e siècle.

En effet, le roman présente une dimension critique qui se dégage principalement du ton humoristique et provocateur de la

---

printemps-été 2005, p. 55-77 et Ambroise Kom, « Être immigrant sans galérer : les recettes de Dany Laferrière », *op. cit.*

12. Hildebrand et Moisan, *op. cit.*, p. 206.
13. « so infuriating – and so seductive » (je traduis). Jana Evans Braziel, « Trans-American Constructions of Black Masculinity : Dany Laferrière, le Nègre, and the Late Capitalist American Racial machine-désirante », *Callaloo*, vol. 26, n° 3, été 2003, p. 867.
14. Pour une analyse plus approfondie des stéréotypes dans ce roman, voir notre article « *Comment faire l'amour avec un Nègre sans se fatiguer*, roman ironique ? », *Chameaux*, n° 9, hiver 2016, en ligne : http://revuechameaux.org/accueil/

voix narrative, ainsi que d'un discours qui affiche ostensiblement son inconvenance face aux normes sociales, qui se met donc en scène pour attirer l'attention sur lui. L'énoncé se caractérise par un langage vulgaire et violent («baise», *C*, 18; «foutre», *C*, 18; «salaud», *C*, 19; «bander», *C*, 47; «pipe», *C*, 48; «pine», *C*, 77; etc.), de même que par une surabondance de termes à connotation raciste, tels que «Nègre», dont le ressassement, par sa lourdeur et par l'effet d'érosion qu'il entraîne, autorise à lire dans le discours une critique de la doxa.

Cependant, la société du texte donne une image réductrice et stéréotypée des différents groupes sociaux et ethniques qu'elle met en scène. Les caractéristiques et le comportement des personnages confirment et donnent consistance aux lieux communs véhiculés par l'énoncé. En effet, les personnages masculins sont des Noirs, déclassés ou marginaux, manifestant une avidité – exceptionnelle pour les Blanches – face à la nourriture et face au sexe, bons danseurs et puissants physiquement (ce dont témoigne leur bonne performance sexuelle). Les personnages féminins, par contre, sont des Blanches. Qu'elles soient riches (les «Miz» que fréquente Vieux) ou marginales (celles que fréquente son ami Bouba), les femmes se caractérisent par leur naïveté et par l'attirance qu'elles ressentent envers les Noirs. Elles sont toujours objet de désir masculin – «un objet qui appartient au Blanc et que le Nègre peut donc lui "prendre"[15]» – et enjeu symbolique d'un conflit historique. Ce conflit, malgré ce que pourrait suggérer l'humour du narrateur, reste actuel: plutôt qu'une logique de dépassement de l'Histoire, des idées reçues et des rôles socialement assignés, le roman montre un personnage noir qui assume l'image imposée par l'Autre et qui s'appuie sur les injustices du passé pour justifier une logique de la revanche (réduite ici à une question sexuelle) et de la «haine» (*C*, 19). Il se dégage donc du roman une ambivalence qui déconcerte la critique et qui relève plus du jeu avec la bienséance et avec le lecteur, que de la critique des discours doxiques.

Avec *Éroshima*, Dany Laferrière réitère la recette à succès de son premier roman en rompant avec une littérature québécoise

---

15. Lori Saint-Martin, «Une oppression peut en cacher une autre: antiracisme et sexisme dans *Comment faire l'amour avec un Nègre sans se fatiguer* de Dany Laferrière», *Voix et images*, vol. 36, n° 2, 2011, p. 57.

« prude[16] ». Axé sur l'érotisme et la sexualité, touchant toujours à la thématique raciale, *Éroshima* prend la forme d'un recueil de récits assez disparates, reliés entre eux par la voix d'un narrateur (dont la posture ressemble beaucoup à celle de Vieux) et par leur traitement des thèmes principaux de l'œuvre, rassemblés de manière fusionnelle par le titre : le sexe, la mort et le Japon. Comme dans le roman précédent, un humour provocateur caractérise le ton des récits, sous-tendus par les topiques du désir et des rapports sexuels, en lien plus ou moins direct avec la mort. Le Japon, sa culture et ses mœurs se présentent avant tout comme un ornement du texte et comme un prétexte pour le déploiement d'une écriture comblée de lieux communs, chère à l'auteur.

En effet, dans *Éroshima*, la composante nippone est principalement signifiée, dans le domaine de l'intrigue, par la présence de personnages de Japonaises et par des clichés sur leur culture. Ainsi, Dany Laferrière s'amuse à montrer un japonisme de surface en exagérant les effets de réel, afin de signifier la conventionalité des représentations[17]. Il donne aux personnages des prénoms typés –Hoki, Keiko, Tosei ou Reiko –, cite des noms propres reliés à l'Orient – Lao-Tseu, Hiroshima, Kyoto, Tokyo, Katzuo, etc. –, parsème le texte de mots dénotant cette culture – zen, Tao, bouddhisme, yoga, végétarianisme, méditation, geisha, kimono, tofu, fugu, etc. – et insère des scènes stéréotypées : le repas et le thé sont servis méthodiquement par des Japonaises, on mange du riz, du sushi, on boit du saké et on fait du yoga[18].

---

16. Hanania, *op. cit.*, p. 78.
17. Le souci de réalisme est parodié à d'autres occasions par la mention de détails exagérés, dénotant un souci de précision ridicule. Par exemple, il ne suffit pas de dire que Hoki sert le repas sur des tables basses : l'écrivain ajoute que ce sont des « tables basses de quarante-cinq centimètres de hauteur » (*E*, 31).
18. Il faut signaler que la référence au Japon se fait également par le biais de l'intertextualité. Faute d'espace et sans lien direct avec la problématique de notre recherche, le fonctionnement de l'intertexte ne pourra pas être analysé ici. Notons simplement que plusieurs haïkus de célèbres poètes japonais circonscrivent le texte (Sora est cité dans l'épigraphe et huit autres haïkus ponctuent de pauses narratives l'avant-dernière partie du livre) et le traversent, en faisant du Japon un référent par-dessus tout littéraire, donc imaginaire. Les citations de Basho, Issa, Tôfu, Chiyo-Ni, Buson, Shikô et Sora, parmi d'autres, inscrivent la littérature japonaise dans l'univers romanesque de l'auteur, exhibant des filiations esthétiques peu fréquentes chez les écrivains francophones. Le dialogue avec la poésie japonaise contribue de la sorte à

Mais les clichés ne concernent pas seulement le Japon et les Japonaises (les « Jaunes », *É*, 16) dont le narrateur construit une image positive qui reproduit l'attrait occidental pour l'Orient. Ils touchent aussi les Blancs et surtout les Noirs. Dans « Le zoo Kama soutra », Dany Laferrière renoue avec l'Histoire coloniale et avec la doxa forgée par le discours des colonisateurs donnant lieu, entre autres, à la conception du Noir comme « bien meuble[19] ». En effet, le narrateur se plaît à se réifier et à donner une vision stéréotypée du microcosme qu'il recrée. En décrivant sa rencontre avec Hoki, il se compare à un « chiffre » et à une « fonction » et donne une vision réductrice de soi en se désignant par sa seule couleur de peau : « Je suis son treizième amant (un bon chiffre) et son premier Nègre. Le type qui m'a précédé dans la fonction est un Indien » (*É*, 14).

De même que dans *Comment faire l'amour avec un Nègre sans se fatiguer*, l'emploi de termes racistes comme « Nègre » et « Peau-Rouge » (*É*, 14) n'ont pas pour seule fonction de désigner la couleur de peau ou de scandaliser le lecteur. Ils signifient la violence des représentations associées aux communautés jugées inférieures par une vision occidentale raciste et ethnocentrique. Cette violence commence, sur le plan discursif, par la récupération d'un seul trait, la couleur de peau, comme seule caractéristique définitoire d'une personne. Appliqué au Noir, ce réductionnisme est aggravé par l'utilisation du synonyme « Nègre », à valeur péjorative et véhiculant des idées reçues dégradantes. Celles-ci sont reprises, tout comme dans le premier roman, pour construire le personnage du narrateur Noir.

Réduit à un objet sexuel pour ses partenaires japonaises (« Les mains soules et spirituelles de Hoki font de mon corps un

---

établir la singularité de Dany Laferrière dans le champ littéraire, ainsi qu'à dépasser le japonisme de surface affiché par le narrateur dans sa création de microcosmes orientaux. En effet, le haïku est érigé en modèle esthétique pour l'auteur qui, comme le remarque Cécile Hanania, « s'essaie à de semblables compositions » (Hanania, *op. cit.*, p. 85). Le haïku travaille donc à un niveau plus profond le roman, qui « tente de se rapprocher de cet exercice de poésie japonaise par sa composition fragmentaire et par la parataxe généralisée qui le touche » (*Ibid.*, p. 86). À propos de la fonction du haïku et du cliché dans *Éroshima*, voir Hanania, *op. cit.*

19. Rappelons que l'auteur citait, comme épigraphe de *Comment faire l'amour avec un Nègre sans se fatiguer*, l'article du Code Noir qui donne aux Noirs le statut de bien meuble.

bel objet sexuel», *É*, 16), il est aussi animalisé : il est un « oiseau rare » (*É*, 15), « une variété TOUCOULEUR du zoo de Hoki » (*É*, 19). Par sa « sexualité volcanique des brousses » (*É*, 16), le Noir est encore rattaché à la barbarie et à la puissance sexuelle. De même que Vieux, « l'amant nègre de Hoki » (*É*, 18) fait preuve d'une performance sexuelle exceptionnelle, dont il est fier : il a « tenu le coup » au lit pendant soixante-douze heures et reproduit tout le Kama soutra (*É*, 15). Le narrateur nourrit ainsi le cliché du « Nègre » avide de sexe : il profère un discours qui ressasse la topique érotique (de nombreuses scènes du livre sont consacrées à décrire des rapports sexuels ou des jeux de séduction), il exagère son intérêt pour les femmes – « Les hommes pour moi, ça compte pas » (*É*, 14) – et se montre voyeur, « maso » (*É*, 68) et un brin pervers, tel que le suggèrent l'observation insistante de « Lolita » (*É*, 51) et sa disposition à faire l'amour tout en ayant l'impression de « violer une fillette » (*É*, 44).

Ainsi, comme dans son premier roman, Dany Laferrière provoque en adoptant une posture ambivalente envers les clichés. S'il dénonce leur artifice au moyen de l'hyperbole (par la reproduction grotesque de la doxa), de l'humour et même explicitement, à la fin du livre, où le narrateur affirme ne s'intéresser qu'aux clichés et ne rien savoir sur le Japon (*É*, 137 et 143), il n'y a pas de dépassement de ce discours puisque les représentations qu'il véhicule sont confirmées et renforcées par le comportement des personnages, mais surtout par le regard et la posture du narrateur. En effet, celui-ci se perçoit et perçoit les autres en reproduisant une doxa occidentale qu'il réussit à moquer, par le biais d'une posture autodérisoire et provoquante, faute de pouvoir la désarticuler. De la sorte, afin de contrecarrer l'image négative de soi véhiculée par le regard de l'« Occident », le narrateur d'*Éroshima*, comme Vieux, choisit de jouer le jeu de l'Autre. Il compense le rapport de forces entre Noirs et Blancs par la réduction de la problématique au domaine de la sexualité, où le Noir, dans la société du texte, sort toujours gagnant (mais à quel prix ?). Ainsi, déclare-t-il avec fierté : « Tout l'Occident judéo-chrétien assista, IMPUISSANT, à ce qui se passa cette nuit-là au 4538, avenue du Parc » (*É*, 17).

Ce faisant, l'écrivain déconcerte et propose, dans ses deux œuvres, un traitement original et transgresseur des problématiques sociale et raciale. Au lieu d'adopter une posture critique claire qui dénonce la fausseté des idées reçues, il adopte un discours ambigu. Il montre, contre toute attente, un réel volontairement stéréotypé, mais non pas pour autant ironique, composé de catégories réductrices où chacune se définit en fonction des autres, dans un rapport d'opposition simplificateur. L'univers de *Comment faire l'amour avec un Nègre sans se fatiguer* se structure par une série d'oppositions binaires – Blanc/Noir, dominant/dominé, maître/ esclave, puissant/impuissant, citoyen/immigrant, riche/pauvre, propre/sale, etc. – qui donnent consistance à la doxa. De la même façon, *Éroshima*, dans « Le zoo Kama soutra », définit le « NOIR CONTRE [LE] JAUNE » (*É*, 16) en opposant « l'Orient sensuel et raffiné » (*É*, 17) à « l'endurance et [à] la force » (*É*, 17) des Noirs. Ainsi, l'écrivain amplifie les écarts par un jeu de contraires qui exacerbe les typifications et qui souligne l'artifice des catégories, sans invalider pour autant les traits associés à chacune d'entre elles.

En d'autres termes, au lieu de prendre position contre le discours de l'Autre, en statuant sur la véracité ou la fausseté des représentations, l'écrivain construit un univers racialisé, où chaque personnage est stéréotypé en fonction de sa spécificité ethnique et défini par opposition aux autres, en suggérant que les « races » n'existent que par ce jeu de contraires. Si cette manière de représenter le réel est provocante, c'est surtout parce qu'elle défie les attentes des lecteurs et le discours québécois « politiquement correct[20] » : on voudrait repérer une déconstruction de la doxa, alors que le texte ne fait que montrer qu'elle existe, sans la sanctionner. De cette manière, il s'écarte d'une tradition littéraire héritée de la Négritude, caractérisée par la vision de l'écrivain francophone politisé ou engagé. Il se distingue pareillement, dans le champ littéraire québécois, en rompant avec une « langue de bois[21] » qui domine le discours littéraire de l'époque.

Ces traits de l'écriture laferrienne traduisent les stratégies de l'auteur pour affirmer son originalité afin de se faire une place dans le champ littéraire. Cependant, comme le soutient Pierre Bourdieu, même si la logique de fonctionnement du champ est celle de la distinction[22], les prises de position des agents impliquent toujours

---

20. Bordeleau, *op. cit.*, p. 9.
21. *Ibid.*
22. Pierre Bourdieu explique ainsi la logique de la distinction : « Il est vrai que l'initiative du changement revient presque par définition aux nouveaux

une part d'acceptation et de reconnaissance des «règles du jeu» et des «codes» dominants, dans une dynamique de continuité:

> L'héritage accumulé par le travail collectif se présente ainsi à chaque agent comme un espace de possibles, c'est-à-dire comme un ensemble de *contraintes* probables qui sont la condition et la contrepartie d'un ensemble d'usages *possibles*. [...] C'est une seule et même chose que d'entrer dans un champ de production culturelle, en acquittant un droit d'entrée qui consiste essentiellement dans l'acquisition d'un *code spécifique* de conduite et d'expression, et de découvrir l'univers fini des *libertés sous contraintes* et des *potentialités objectives* qu'il propose [...][23].

En effet, dès son premier roman, Dany Laferrière met en évidence sa connaissance des règles et des contraintes institutionnelles et sociales en inventant des entretiens et des opinions critiques sur son livre où il s'anticipe sur les résistances du champ et du lectorat à sa subversion des convenances sociales (violence du texte, représentation controversée des femmes et des autres catégories sociales, langage vulgaire, etc.). De la même façon, *Éroshima* contient des récits de conversations avec des artistes qui peuvent être interprétés comme des commentaires de l'auteur visant à justifier ses prises de position textuelles. Ainsi, dans «Harlem River Drive», on peut lire, par la voix du personnage de Basquiat: «c'est la jungle. Si je ne délimite pas mon terrain, je n'ai aucune chance. [...] Un photographe noir doit débuter avec des mannequins noirs, il n'y a pas à sortir de là» (*É*, 82). Dany Laferrière laisse ainsi entendre que le créateur ne peut pas ignorer les contraintes institutionnelles, régies partiellement par les lois du marché et les attentes des lecteurs. Voilà pourquoi, s'il ne parle pas sur son pays d'origine dans ses premiers romans, il écrit quand même sur les immigrants et sur les minorités, apportant un regard

---

entrants, c'est-à-dire aux plus jeunes, qui sont aussi les plus démunis de capital spécifique, et qui, dans un univers où exister c'est différer, c'est-à-dire occuper une position distincte et distinctive, n'existent que pour autant que, sans avoir besoin de le vouloir, ils parviennent à affirmer leur identité, c'est-à-dire leur différence, à la faire connaître et reconnaître ("se faire un nom"), en imposant des modes de pensée et d'expression nouveaux [...]». (Bourdieu, *op. cit.*, p. 393).

23. *Ibid.*, p. 385.

« neuf » sur la société montréalaise et renouvelant, par ricochet, le discours littéraire québécois. Ce faisant, il assume en quelque sorte le rôle que la critique accorde aux écrivains de l'ailleurs[24]. Il s'exprime en tant que « Autre » et narre les difficultés de la vie à l'étranger dans la veine des écrivains « migrants » qui racontent l'exil[25].

Le processus de création se définit donc par des choix stratégiques par rapport auxquels l'écrivain se montre complaisant mais conscient. Les titres « choc » de ses romans en sont aussi de bons exemples. « *Comment faire l'amour avec un Nègre sans se fatiguer* » provoque par la présence d'un mot raciste et par la reproduction du stéréotype de la puissance sexuelle du Noir. Il aborde le sujet tabou du sexe interracial et, afin de piquer davantage l'attention du lecteur, se vend comme un « mode d'emploi ». « *Éroshima* » fonctionne plutôt sur le mode d'un humour provocateur, par le biais d'un jeu de mots qui combine l'érotisme à Hiroshima, avec toutes les connotations historiques tragiques que le mot implique. Dans les deux cas, la référence au sexe dès le paratexte fonctionne comme une claire stratégie de *marketing* qui témoigne d'une bonne connaissance des attentes des lecteurs.

Par ailleurs, en s'intéressant aux rapports interraciaux, où le Noir n'existe que par rapport au Blanc, les romans laferriens rejoignent les préoccupations de l'époque « postmoderne » telle que définie par André Lamontagne : « Avec le retour du sujet et l'acceptation des pluralités qui caractérisent l'épistémè postmoderne, la figure de l'autre prend une importance croissante dans les discours littéraires ainsi que dans la réflexion en sciences

---

24. De nombreux critiques attribuent cette fonction rafraîchissante à la littérature « migrante ». Par exemple : Natalie Courcy, « La culture haïtienne au Québec : interaction ou confrontation ? » *op. cit.*, et Józef Kwaterko, « Les fictions identitaires des romanciers haïtiens du Québec », *op. cit.*

25. Dans plusieurs romans publiés postérieurement, tels que *Le goût des jeunes filles*, *Pays sans chapeau*, *La chair du maître* et *Le cri des oiseaux fous*, Dany Laferrière va situer l'intrigue, comme nombre de ses compatriotes écrivains, en Haïti, et va toucher aux thèmes récurrents de la dictature et des affres de la société haïtienne postcoloniale. Ses stratégies de positionnement dans le champ littéraire ne seront donc plus les mêmes, tout comme les enjeux de son écriture. L'établissement du champ littéraire et l'analyse de la trajectoire de l'écrivain devraient pouvoir expliquer les causes de ce changement.

humaines[26]. » Cette problématique, qui « informe depuis toujours la littérature québécoise[27] », est également récurrente chez les écrivains migrants, forcés à vivre l'expérience de l'altérité. L'œuvre de Dany Laferrière s'accorde ainsi avec les tendances dominantes du champ et touche aux sujets sensibles de la société d'accueil.

En somme, le succès de Dany Laferrière répond sans doute à la réussite d'un équilibre, par le biais d'une écriture qui se montre transgressive tout en restant attentive aux limites du « dicible[28] ». L'ambivalence de son discours, réussie notamment par une voix narrative qui invite à lire un énoncé à double sens, lui permet de captiver un large public[29]. Les textes témoignent d'un effort de négociation avec les convenances sociales pour s'assurer la bonne réception d'un discours qui pourrait choquer par excès de complaisance envers les clichés ou, au contraire, par excès de cynisme. En combinant autodérision et fanfaronnade, l'écrivain construit un personnage ambigu et difficile à classer à propos duquel la seule certitude est qu'il ne faut rien prendre au sérieux. Dans cette ambivalence réside, nous semble-t-il, l'intérêt d'une écriture qui dévoile, sous le couvert de sa désinvolture et du rire, la violence d'une époque : raciste, sexiste, inégalitaire et absurde[30].

L'analyse des romans laferriens, envisagés dans leur contexte de production tel que défini par la sociologie institutionnelle, permet donc de lire le fonctionnement textuel des discours doxiques comme des prises de position auctoriales orientées vers une logique de rupture par rapport aux tendances

---

26. André Lamontagne, « "On ne naît pas Nègre, on le devient" : la représentation de l'autre dans *Comment faire l'amour avec un Nègre sans se fatiguer* de Dany Laferrière », *Québec Studies*, n° 23, printemps-été 1997, p. 29.
27. *Loc. cit.*
28. Pierre Bourdieu affirme que « Ce qui se dit est un compromis [...] entre ce qui voudrait se dire et ce qui peut être dit ». Voir « L'économie des échanges linguistiques », *Langue française*, n° 34, 1977, p. 33.
29. À ce propos, voir aussi Anne Vassal, « Lecture savante ou populaire : *Comment faire l'amour avec un nègre sans se fatiguer* de Dany Laferrière », *Discours Social/Social Discourse : Analyse du discours et sociocritique des textes/ Discourse Analysis and Sociocriticism of Texts*, vol. 2, n° 4, hiver 1989, p. 185-202.
30. Dans *Éroshima*, la référence constante au lancement de la bombe atomique sur Hiroshima et la conscience du risque de répétition de l'Histoire, entraîne une réflexion sur la destinée humaine et sur la violence. Elle souligne l'absurdité de la vie.

littéraires québécoise et, plus largement, francophone. En effet, Dany Laferrière réussit à se faire remarquer par la critique et à produire un « best-seller provocant[31] » en adoptant, parmi d'autres stratégies, une posture ambivalente – parce que complaisante et critique – vis-à-vis des stéréotypes raciaux. Mais cette ambivalence rend aussi compte du poids des contraintes sociales et institutionnelles sur la production littéraire. L'écrivain négocie avec celles-ci en adoptant, par le biais du narrateur, une attitude autodérisoire, humoristique et ambiguë, capable de nuancer la violence du discours et de gagner la complicité des lecteurs, aussi bien que l'acceptation et la reconnaissance des instances de légitimation. Cette posture autorise une écriture ludique et parodique, que certains disent « nombriliste[32] », plutôt qu'ouvertement revendicatrice ou engagée. Mais la récupération de la doxa sur la question raciale contraint les romans à renouer, indéfectiblement, avec l'Histoire et le sérieux: une Histoire dont les traces se trouvent, comme le disait Roland Barthes[33], dans le langage même.

---

31. Bordeleau, *op. cit.*, p. 9.
32. Louis-Philippe Dalembert, « L'homme qui ne voulait pas être changé en statue de sel », *Notre Librairie*, n°s 138-139, septembre 1999-mars 2000, p. 10.
33. Voir Roland Barthes, *Le degré zéro de l'écriture*, Paris, Gonthier, 1969, 181 p.

LES PARADOXES DE LA TRANSGÉNÉRICITÉ. TRANSMISSION ET TRANSGRESSION DES REPRÉSENTATIONS GÉNÉRIQUES DANS LES ROMANS DE VICKIE GENDREAU

MATHIEU SIMARD
Université d'Ottawa

Née à Montréal en 1989, Vickie Gendreau reçoit en juin 2012 un diagnostic de tumeur au cerveau et elle décède moins d'un an plus tard. Elle rédige auparavant deux romans dans lesquels elle relate la dernière année de sa vie et son expérience de la maladie. *Testament*[1], sa première œuvre, est publié en 2012, avant son décès mais dans la perspective de sa mort imminente. Gendreau y juxtapose des textes qui, légués à ses amis et à des membres de sa famille, racontent différentes expériences marquantes de son existence. Le titre du roman nous invite à le lire comme une volonté de transmettre un héritage : « Je me suis dit que, si je devais mourir, je voulais léguer quelque chose[2] », dit Gendreau en entrevue à *La Presse*. Son livre n'a toutefois rien de « traditionnel ». Transgénérique, le texte de Gendreau semble transgresser les frontières conventionnelles entre les genres en

---

1. Vickie Gendreau, *Testament*, Montréal, Le Quartanier, coll. « Série QR », 2012, 156 p. Désormais, les références à cet ouvrage seront indiquées par le sigle *T*, suivi du folio, et placées entre parenthèses dans le texte.
2. Chantal Guy, « Vickie Gendreau/*Testament* : Comment vous dire adieu », *La Presse*, 14 septembre 2012, en ligne : http://www.lapresse.ca/arts/livres/201209/14/01-4574037-vickie-gendreautestament-comment-vous-dire-adieu.php (page consultée le 15 septembre 2015).

mêlant le roman, la poésie et le monologue théâtral, produisant pour la plupart des lecteurs ce que Jean-Louis Dufays appelle un «effet de polygénéricité[3]». Il en va de même pour *Drama Queens*[4]. Publiée en 2014, cette œuvre post-mortem constitue sur les plans thématique, narratif et diégétique une suite à *Testament*. La romancière raconte en effet la progression de sa maladie et parle des difficultés qu'elle éprouve désormais à écrire. Gendreau pousse ici à son paroxysme l'expérimentation formelle amorcée dans son premier roman en la complétant d'une dimension intermédiale : le texte est également composé d'une série d'*ekphrasis* imaginaires (descriptions d'œuvres d'une exposition artistique fictive) et de plusieurs micro-scénarios de film.

Chez Gendreau comme chez d'autres auteurs contemporains de l'Amérique francophone comme Marguerite Andersen ou Georgette LeBlanc par exemple, l'écriture transgénérique est paradoxale; elle rompt avec une conception homogénéisante de la généricité tout en reproduisant, à l'intérieur même des textes, les lignes de partage classiques entre les genres, de manière à ce que le lecteur reconnaisse les conventions transgressées. Ainsi, comme elle amalgame dans *Testament* et *Drama Queens* un certain nombre de formes génériques, Gendreau paraît transgresser ce qu'on perçoit généralement comme des frontières entre les genres. Néanmoins, elle reproduit également, au cœur de son œuvre, ces mêmes frontières, que ce soit formellement ou discursivement. Ce faisant, elle contribue à reproduire et à transmettre les représentations génériques traditionnelles. C'est précisément sur cette dialectique de la transmission-transgression des genres que nous nous pencherons dans les pages qui suivent, en mettant l'accent sur les aspects romanesque et poétique de l'œuvre – mettant de côté, pour cette étude, ses dimensions théâtrale et intermédiale – et en insistant sur le fait que les genres résultent de représentations que les écrivains et les lecteurs se font du système générique.

---

3. Jean-Louis Dufays, «Quel cadrage générique face au brouillage des codes?», Raphaël Baroni et Marielle Macé (dir.), *Le savoir des genres*, Rennes, Presses universitaires de Rennes, coll. «La Licorne», 2007, p. 99.
4. Vickie Gendreau, *Drama Queens*, Montréal, Le Quartanier, coll. «Série QR», 2014, 189 p. Désormais, les références à cet ouvrage seront indiquées par le sigle *DQ*, suivi du folio, et placées entre parenthèses dans le texte.

DE LA FRONTIÈRE À LA REPRÉSENTATION

Si la métaphore de la frontière domine la critique générique des textes hybrides, elle comporte pourtant un certain nombre de défauts pour qui étudie la transgénéricité. Par cette évocation, on tend à associer implicitement les genres à des entités géographiques ou géopolitiques. On peut difficilement passer outre le sens premier du terme, selon lequel une frontière est une « [l]imite qui, naturellement, détermine l'étendue d'un territoire ou qui, par convention, sépare deux États[5] ». Les expressions « naturellement » et « par convention » rendent bien compte du chemin dans lequel s'engage la critique générique en recourant à la métaphore de la frontière. Elle se représente alors les genres comme des entités délimitées selon une nature ou une convention. Cela explique que le mot frontière soit si souvent convoqué pour évoquer la transgression. Il est vrai que les œuvres transgénériques dénaturalisent les genres et qu'elles dévoilent invariablement leur caractère construit. Il n'en reste pas moins que de traiter du genre comme d'une « convention » ne règle qu'une partie du problème. En effet, la convention repose sur une limite qui, plutôt que naturelle, résulterait d'un accord (implicite ou explicite) entre différents membres d'une même communauté. Cet accord est vu par les théories des conventions comme essentiel à l'intercompréhension. Or, comme l'explique Donald Davidson, il n'est pas clair que l'absence de « convention » empêche la compréhension mutuelle[6]. Concrètement, dans le domaine de la critique générique, le concept de convention a le plus souvent contribué à renforcer l'approche linguistique et structurale du genre en la légitimant par un certain relativisme historique.

Selon Alain Vaillant, toute théorie des genres tente néanmoins de « démontrer que le genre n'est pas seulement une

---

5. Définition TLFI (Trésor de la langue française informatisé), « frontière », en ligne : http://www.cnrtl.fr/definition/fronti%C3%A8re (page consultée le 8 août 2015).
6. Louis Quéré fait le tour de cette question (« A-t-on vraiment besoin de la notion de convention ? », *Réseaux*, vol. 11, n° 62, 1993, p. 19-42) en mettant notamment en contraste David Lewis (« Languages and Language », *Philosophical Papers*, vol. 1, Oxford, Oxford University Press, 1983, p. 163-188) et Daniel Davidson (« Communication and Convention », *Truth and Interpretation*, Oxford, Clarendon Press, 1984, p. 265-280).

simple convention culturelle, reconnue comme telle à un moment de l'histoire, mais qu'elle [cette convention] relève aussi d'une caractérisation structurelle quelconque[7] ». C'est donc le terme de convention lui-même qu'il nous semble falloir abandonner au profit de celui de *représentation*. Souple, ce dernier rend davantage compte des problèmes en jeu, notamment celui de l'articulation entre le genre comme abstraction et le genre comme pratique textuelle, en plus de nous faire glisser une fois pour toutes hors du paradigme linguistique et structuraliste pour entrer dans celui de l'histoire. La représentation, en l'occurrence, n'est pas une imitation de « la réalité », mais un filtre qui retient dans son tamis une conception parmi d'autres des phénomènes empiriques. Vaillant écrit à cet égard que le genre relève de « la sphère des représentations mentales » et qu'il varie d'un milieu, d'une époque et d'une personne à l'autre, en fonction notamment « de la formation reçue, des habitudes culturelles, des lectures et des modèles littéraires inconsciemment intériorisés[8] ».

Ainsi les genres littéraires peuvent-ils être vus comme des représentations mentales orientant les pratiques d'écriture et de lecture et sculptant par conséquent autant les textes individuels que leurs interprétations. Par ailleurs, comme le montrera notre analyse des romans de Gendreau, ces images génériques sont en retour transformées par l'écriture et la lecture, chaque texte et chaque interprétation générant une image plus ou moins individualisée des genres susceptible d'être reconduite – partiellement ou en intégralité – par des actes de langage ultérieurs.

LE ROMAN CONTRE LUI-MÊME

Nous proposons de nous pencher sur les représentations des genres dans *Testament* et *Drama Queens*, œuvres qui portent la mention générique « roman ». Leur identification au genre romanesque est réaffirmée dans les textes : « Là, je continue mon roman, notre roman à toi et moi, puisque je n'ai rien de mieux à faire », écrit la narratrice en s'adressant à son lecteur (*DQ*, 117).

---

7. Alain Vaillant, *L'histoire littéraire*, Paris, Armand Colin, coll. « U », 2010, p. 138.
8. *Ibid.*, p. 149.

Cette « conscience métagénérique[9] » est exacerbée par la relation conflictuelle de la narratrice au roman comme genre. C'est que, tout en reconduisant, dans son discours, une conception classique du roman qui l'assimile à la fiction, la narratrice s'oppose à cette conception en soulignant la dimension autobiographique de son récit. Dans *Drama Queens*, Gendreau raconte sa propre histoire, mais réfère à elle-même en employant le pseudonyme « Victoria Love », créant ainsi une distance entre la narratrice et l'auteure réelle :

> Les personnages sont colorés, mais c'est fourrant, cette histoire de Love qui est en fait moi. C'est mignon, mais ça perd le lecteur, ça n'en fait pas un ami. Pow pow dans le tas. Alors oui, roman, pends-toi avec le L de Love qu'on en finisse. Quitte-nous, roman. Va dans un autre livre voir si j'y suis. Je ne te toucherai plus, même pas avec un bâton. Tu me dégoûtes, roman. Tu pues.
>
> Ok, je vire puérile.
>
> La troisième personne, ça me fait cet effet.
>
> Je ne sais plus ça en fait combien, de romans que j'écris et que je tue ensuite.
>
> Je suis une serial killer de romans. (*DQ*, 122)

La troisième personne du singulier paraît être l'indice chez Gendreau de la fiction et par extension du romanesque. Avec violence, la narratrice se rebelle simultanément contre le roman qu'elle rédige et contre l'obligation qu'elle semble ressentir d'écrire de la fiction afin de s'inscrire dans la tradition romanesque. Chez Gendreau, le terme « roman » se révèle en fait bi-sémique. Il est traversé par deux représentations antagoniques ou à tout le moins différentes du genre. Nous l'avons noté : le roman, chez Gendreau, est parfois (mais pas toujours) assimilé à la fiction. On peut sans doute y voir un vestige de la vision d'Aristote selon laquelle toute littérature est une mimesis de la réalité ; une notion que certains théoriciens contemporains traduisent d'ailleurs par le mot

---

9. Ce concept est développé par Jean-Michel Adam et Ute Heidmann dans « Des genres à la généricité. L'exemple des contes (Perrault et les Grimm) », *Langages*, vol. 38, n° 153, 2004, p. 62-72.

«fiction[10]». Néanmoins, même si elle apparaît hégémonique, la représentation du romanesque posant ce dernier comme *de facto* fictif est concurrencée par une autre image du genre qui, mise de l'avant par Gendreau, lui autorise une dimension autobiographique. Cette seconde représentation du genre romanesque est liée à l'autofiction et opposée à la représentation fictiviste du roman qu'elle concurrence :

> J'écris de l'autofiction.
>
> J'écris de la fiction.
>
> Lequel des deux est mieux ?
>
> Ne réponds pas tout de suite.
>
> Jouons. (*DQ*, 102)

« C'est un secret pour personne que j'ai de la misère avec la fiction », affirme Vickie Gendreau, l'écrivaine, quand on lui demande pour le compte du webzine *La recrue du mois* quel genre littéraire elle a « tenté d'aimer, entreprise qui a échoué à chaque fois[11] ». Rien d'étonnant donc à ce que la fiction (« pure » si on veut) soit évacuée des romans de Gendreau. L'histoire racontée dans *Testament* et *Drama Queens* est bel et bien celle de l'écrivaine, comprend-on. Cela ne signifie toutefois pas que la fiction disparaît entièrement des romans : après tout, l'écrivaine affirme pratiquer l'autofiction[12], une écriture qui transgresse la frontière entre la fiction et l'autobiographie. En fait, comme le montre l'extrait de *Drama Queens* cité plus haut, Gendreau oppose non pas la fiction et

---

10. C'est ce qu'explique Antoine Compagnon dans son cours sur la notion de genre littéraire (« Poétique des genres : Aristote », *La notion de genre*, *Fabula. La recherche en littérature*, en ligne : http://www.fabula.org/compagnon/genre4.php (page consultée le 3 juin 2015) : « Chez Aristote, à la différence de Platon, le terme le plus large embrassant l'"art poétique", ou *poïètikè*, est celui de *mimèsis* (47 a 13), traduit traditionnellement par *imitation*, plus récemment par *représentation*, par R. Dupont-Roc et J. Lallot, ou par *fiction*, par Käte Hambuger, Gérard Genette et Jean-Marie Schaeffer ».
11. Vickie Gendreau, « Vickie Gendreau - Questionnaire », *La recrue du mois. Vitrine des premières œuvres littéraires québécoises*, février 2013, en ligne : http://larecrue.net/2013/02/vickie-gendreau-%E2%80%93-questionnaire/ (page consultée le 18 août 2015).
12. Vickie Gendreau à *Tout le monde en parle*, Radio-Canada, dimanche 23 septembre 2012.

l'autobiographie, mais la fiction et l'autofiction comme conceptions adverses du roman.

Le premier roman de Gendreau transmet simultanément les représentations du roman comme fiction et comme autofiction grâce à la conception d'une fabulation: l'écrivaine imagine les moments qui suivent sa mort. Le narratrice-écrivaine Gendreau a écrit à ses amis et parents «non-stop pendant une journée et demie»: «Tout ce qui ruisselait en elle renversé dans des clés USB, glissées dans des enveloppes brunes distribuées par son ami Mathieu» (*T,* 12). *Testament* fait alterner des fragments de ces textes (identifiés par le titre du texte, centré, suivi de la mention «.doc[13]») avec les réactions imaginaires et imaginées de leur destinataire, réactions chaque fois soulignées par le nom du personnage, centré sur la page, un peu comme au théâtre. La forme du texte met ainsi en scène l'opposition entre les conceptions fictiviste et autofictionnelle du roman: alors que les réactions des amis de Gendreau relèvent d'un travail d'imagination (et, partant, de la fiction), les fragments de journaux intimes génèrent le plus souvent un effet autobiographique et se situent sur la frontière entre la fiction et la réalité, relatant des événements qui, présentés comme réels, sont par ailleurs évidemment fictionnalisés. On pourrait également suggérer que c'est de la réunion des textes adressés à ses amis et des réactions de ces derniers que naît l'autofiction: «C'est faux. Je ne te crois pas. Tu n'aurais pas pris un taxi de quarante dollars pour zigzaguer d'une poissonnerie à l'autre», (*T,* 55) s'exclame l'un des personnages, remettant ainsi en question la véracité des faits racontés dans les textes légués par Gendreau. On voit bien néanmoins que, si la déstabilisation de la dimension autobiographique du texte se produit parfois depuis les fragments de fiction, l'autofiction en tant que telle se trouve, pour sa part, reléguée dans les textes tirés des clés USB.

Cette représentation de la limite entre la fiction et l'autofiction est reconduite et transformée dans *Drama Queens*. Le roman s'ouvre sur une mise en garde: «Attention. Toute ressemblance avec des personnes réelles est voulue. Tous les lieux communs évoqués ont en effet été marchés» (*DQ,* 13). La narratrice dit également vouloir «essayer la fiction» (*DQ,* 10) et, plus loin,

---

13. Par exemple, «STARGIRL SATAN.DOC» (*T,* 41-49) ou encore «NINJA. DOC» (*T,* 153-157).

l'un des personnages, Marie-Antoinette Love, la sœur de Victoria Love (c'est-à-dire Vickie Gendreau) demande :

> J'écris de l'autofiction.
> J'écris de la fiction.
> Lequel des deux est mieux ? (*DQ*, 102)

On retrouve, dans le texte lui-même, à la fois la représentation traditionnelle du roman comme fiction et sa représentation contemporaine hybride et transgressive, celle du genre romanesque comme autofictionnel. Si, parfois, la narratrice ou l'un des personnages soutient que les événements racontés sont conformes à la réalité, bien souvent c'est le contraire qui est affirmé. Cette confusion prend des proportions significatives dans un passage où la narratrice raconte que sa mère, quand elle est « pompette », « finit toujours par raconter [s]a conception au Vénézuela », avant d'affirmer :

> Ça, c'était de la fiction.
> Ce n'est pas vrai et je ne m'appelle pas Bertolt Brecht.
> Qu'est-ce que ça fait de moi ?
> Une auteure ou une menteuse ? (*DQ*, 107)

La fiction conduit, selon ce passage, à être une auteure ou une menteuse. Dans cette perspective, la littérarité vient de la fiction, ce qui nous ramène encore une fois à la conception fictiviste du roman (et, plus largement encore, de la littérature). Étant donnée la tonalité ironique du passage précédent, les propos de la narratrice peuvent aussi être lus comme une critique du fictivisme. Paradoxalement, ces mêmes propos reconduisent cependant cette position théorique, puisqu'après tout Gendreau intègre bel et bien dans cette partie de son ouvrage des éléments fictifs afin de ne pas se voir classée dans la stricte autobiographie et par voie de conséquence hors du champ de la littérature.

LA POÉSIE ENTRE LYRISME ET ANTI-LYRISME

Même si, comme en témoigne l'analyse précédente, *Testament* et *Drama Queens* sont identifiés au genre romanesque, à la fois dans le texte et par les indices paratextuels, ces œuvres intègrent également des passages en vers qui, pour leur part, sont explicitement assimilés au genre poétique. Chez Gendreau, du moins dans tous les cas où elle est matériellement convoquée, la poésie se trouve associée à la versification. Le passage qui suit les paroles de la narratrice selon lesquelles elle « cambre [s]on dos bien comme il faut et [écrit] ce poème » (*T*, 57) est rédigé en vers et les « [c]inq petits poèmes » (*T*, 151) que Gendreau dit léguer à Anna apparaissent également sous cette forme. La poésie en prose se trouve évacuée de l'horizon générique des romans de Gendreau parce qu'elle viendrait brouiller des frontières génériques que l'écrivaine cherche au contraire à reproduire. Le genre poétique (en vers) se doit d'être distingué du roman (en prose): il véhicule une dichotomie différente de celle entre la fiction et l'autofiction. La poésie dans l'écriture de Gendreau se situe en effet dans une tension entre le lyrisme et l'anti-lyrisme[14]. Ces deux conceptions – c'est-à-dire autant ces deux pratiques que ces deux « conceptualisations » ou « représentations » – du genre poétique se retrouvent dans *Testament* et *Drama Queens* et s'y concurrencent, de la même façon que le font les conceptions fictiviste et autofictionnelle du roman.

Dès le 19e siècle, le système moderne des genres a instauré une opposition entre le récit et la poésie[15]. Cette dichotomie s'est étendue à la prose et au vers, cette première étant associée au récit, et cette seconde à la poésie[16]. Il n'y avait alors plus qu'un pas à franchir pour que soit constitué un horizon d'attente où le récit serait confondu avec le mode narratif et la poésie, avec le discours lyrique. Or, comme l'écrit Mathieu Arsenault, « [l]a remise en circulation du terme "lyrisme" [à l'époque contemporaine] procède

---

14. Voir à ce sujet Antonio Rodriguez, *Le pacte lyrique. Configuration discursive et interaction affective*, Sprimont (Belgique), Pierre Mardaga éditeur, coll. « Philosophie et langage », 2003, p. 6-7.
15. Dominique Combe, *Poésie et récit: une rhétorique des genres*, Paris, José Corti, 1989, 201 p.
16. Dans *Traité du rythme: des vers et des proses*, Paris, Dunod, coll. « Lettres supérieures », 1998, p. 68, Gérard Dessons et Henri Meschonnic constatent l'identification de la poésie au vers.

avant tout d'une recherche de la spécificité du poétique par rapport aux autres genres, aussi bien le roman que le théâtre, mais aussi des genres plus actuels comme le scénario[17] ». Cette recherche d'une « spécificité du poétique » se retrouve chez Gendreau sous la forme d'une opposition entre le discours narratif et le discours lyrique. « Mes histoires ne fonctionnent jamais, affirme la narratrice-écrivaine. C'est pour ça que j'aime la poésie, c'est toujours infini. Les gens qui finissent leurs poèmes par un point, je m'en méfie » (*T*, 18). Les histoires qui ne « fonctionnent » pas mènent ainsi, dans la perspective de Gendreau, vers la poésie. L'énoncé a bien entendu ici un double sens. D'une part, il signifie que l'impossibilité de rédiger un récit linéaire et cohérent conduit du roman à la poésie, ce premier genre étant caractérisé par sa continuité narrative, et ce second par sa discontinuité, sa fragmentation, sa segmentation, et plus encore par l'impossibilité du récit. D'autre part, il indique que les histoires qui finissent mal (et plus spécifiquement, semble-t-il, les histoires d'amour malheureuses) incitent l'écrivain à recourir à la forme lyrique de la poésie – une représentation du genre qui le renvoie de manière stéréotypale au sentimentalisme qui lui est souvent associé[18].

Si, comme l'écrit Gendreau, « la poésie, c'est toujours infini », cela signifie-t-il que le roman, lui, se caractériserait par sa finitude? Cette représentation du romanesque irait à l'encontre de la définition bakhtinienne du roman, selon laquelle ce genre se distingue par son inachèvement[19]. L'énoncé « la poésie, c'est toujours infini » paraît toutefois s'opposer à une autre conception de la poésie chez Gendreau, qui se révèle, pour sa part, anti-lyrique. « Je me méfie de moi-même, parce que je finis ma vie par un point. Alors que ma vie est censée être un poème. C'est dans mon premier livre. Google-le », écrit Gendreau dans *Drama Queens* (*DQ*, 61), faisant référence au passage de *Testament* où elle affirme se méfier de ceux qui finissent leurs poèmes par un point (*T*, 18). Étrangement, dans *Les occidentales* – un recueil de poésie que Gendreau considère si important que l'avoir lu et compris « est

---

17. Mathieu Arsenault, *Le lyrisme à l'époque de son retour*, Québec, Éditions Nota bene, coll. « Nouveaux essais Spirale », 2007, p. 42.
18. Rodriguez, *op. cit.*, p. 5.
19. Voir Mikhaïl Bakhtine, « Du discours romanesque », *Esthétique et théorie du roman*, Paris, Gallimard, coll. « Tel », 1978, p. 83-183.

comme un prérequis pour être [s]on ami[20] » –, Maggie Roussel termine chacun de ses vers par des points :

> Incapable d'écrire quelque chose qui se suit.
>
> Poème, texte catastrophés.
>
> Émotions purement télégraphiques[21].

Il est intéressant que la conception lyrique de la poésie de Gendreau reproduise en partie celle de Roussel. Pour les deux écrivaines, la poésie naît d'une incapacité à performer un discours linéaire comme le récit. Roussel et Gendreau se heurtent néanmoins à l'impossibilité de rédiger une poésie « infinie » et par conséquent véritablement lyrique. Le poème « idéel » ou « idéal » (et jamais pratiqué) représenté par Gendreau fait écho à l'image du genre telle qu'elle apparaît chez Bakhtine : en poésie, affirme le théoricien russe, « [t]out ce qui pénètre dans l'œuvre doit noyer dans les eaux du Léthé, oublier sa vie antérieure dans les contextes d'autrui : le langage doit se souvenir seulement de sa vie dans les contextes poétiques[22] ». Cette conception traditionnelle de la poésie, transmise dans *Testament* et *Drama Queens*, n'y apparaît que comme un idéal jamais atteint ; idéal bien marqué dans nombre de passages où la poésie est présentée comme le summum de la littérature : après tout, la vie de Gendreau « est censée être un poème », c'est-à-dire infinie, mais elle se termine ultimement par un « point ».

À cette conception de la poésie lyrique comme idéal poétique s'oppose la poésie comme elle est pratiquée par Gendreau, une poésie anti-lyrique et donc anti-poétique, puisque le lyrisme, à « l'époque de son retour », comme le dit Arseneault, est devenu synonyme de « poésie[23] ». Le lecteur perçoit ainsi chez Gendreau

---

20. Vickie Gendreau, « Vickie Gendreau – Questionnaire », *La recrue du mois. Vitrine des premières œuvres littéraires québécoises*, février 2013, en ligne : http://larecrue.net/2013/02/vickie-gendreau-%E2%80%93-questionnaire/ (page consultée le 18 août 2015).
21. Maggie Roussel, *Les occidentales*, Montréal, Le Quartanier, coll. « QR », 2010, p. 9.
22. Bakhtine, *op. cit.*, p. 118.
23. Arseneault, *op. cit.*, p. 44 : « Le retour du lyrisme, dans sa recherche de la spécificité du poétique sur le prosaïque, a donc trouvé son terreau dans ce lent glissement de sens à partir duquel "poésie" et "lyrisme" en sont venus à signifier la même chose ».

une tension entre deux conceptions de la poésie, l'une lyrique et l'autre anti-lyrique, cette seconde se considérant paradoxalement à la fois comme de la poésie et comme de la non-poésie. En effet, quoiqu'ils soient présentés comme des poèmes, les passages en vers des textes de Gendreau ne parviennent pas à mettre en pratique la poésie idéale représentée ailleurs dans le discours de l'écrivaine. Il s'agit en somme d'une poésie qui, non par volonté mais par incapacité, s'éloigne de la représentation traditionnelle du genre, au point où elle apparaît comme de la poésie tout en n'en étant pas. Ce paradoxe s'explique par la bi-sémie du terme chez Gendreau et qui est caractéristique des représentations de ce genre à l'époque contemporaine : le mot « poésie » réfère autant à la poésie traditionnelle qu'à une pratique actuelle qui est aussi appelée « poésie » et qui se rédige également en vers, mais qui se révèle fondamentalement différente dans son rapport au monde, ne reposant pas sur une transcendance lyrique. Il est intéressant de noter que, dans les romans de Gendreau, la poésie s'avère par ailleurs source de railleries :

> J'utilise des mots compliqués
>
> En coupant mes phrases
>
> Pour faire poétique (*DQ*, 74).

Les « mots compliqués » sont à associer ici à la poésie lyrique, car la poésie prosaïque ou anti-lyrique mise plutôt, chez Gendreau, sur un vocabulaire simple, comme en témoigne l'extrait suivant :

> J'ai de la vinaigrette balsamique sur les mains
>
> Claudine est belle
>
> C'est tout ce qu'il y a à dire (*DQ*, 79).

Cette dérision de la poésie est aussi une forme d'autodérision, puisque, comme souligné plus haut, la vie de la narratrice-écrivaine devait être « infinie » comme un poème, ce à quoi elle échoue en raison de la maladie. Il n'en reste pas moins qu'on trouve, chez l'écrivaine québécoise, à la fois une valorisation et une dévalorisation du genre poétique ; et si la valorisation de cette pratique générique est souvent associée à une poésie plus spécifiquement lyrique, la dévalorisation semble souvent, pour sa part, s'attaquer au genre lui-même, lyrique ou anti-lyrique.

La transgénéricité, dans *Testament* et *Drama Queens*, est fondée sur un certain nombre de paradoxes. L'œuvre se présente comme transgressive, sa forme allant à l'encontre d'une conception homogénéisante de la généricité, mais elle reconduit par ailleurs les représentations traditionnelles des genres en redessinant ce qu'on perçoit généralement comme des « frontières ». En effet, dans les deux œuvres, le roman et la poésie sont présentés comme des genres distincts et sont caractérisés respectivement par leur narrativité (dans le cas du roman) et par le recours à la versification (en ce qui concerne la poésie). Cependant, un autre paradoxe apparaît à l'horizon de cette conception traditionnelle de la généricité. Gendreau présente à la fois deux images contradictoires « du » roman et de « la » poésie. Paradoxalement, l'écrivaine transmet la représentation classique du genre romanesque comme fiction, mais la transgresse aussitôt en lui opposant une autre image, celle du roman comme autofiction. Il en va de même pour le genre poétique. Comme nous l'avons montré, Gendreau reconduit et transgresse simultanément la représentation de la poésie comme genre lyrique. Ce rapport complexe à la poésie pourrait bien être caractéristique de l'image qu'on se fait du genre dans les littératures franco-américaines contemporaines, où une représentation classique du genre comme « lyrique » côtoie une poésie plus prosaïque, voire anti-lyrique.

Ces paradoxes de la transgénéricité – qui transmet et transgresse à la fois les représentations traditionnelles des « frontières » entre les « différents » genres mais aussi celles au sein d'un « même » genre – laissent entrevoir l'un des enjeux centraux des textes de Gendreau, celui de leur littérarité, autrement dit de leur appartenance au discours littéraire. Dans *Testament*, la narratrice s'inquiète de ne pas être une écrivaine : « Proust, Proust, Nietzsche et moi, pas une écrivaine. Bien loin de la littérature, je suis » (*T*, 43). Comme l'affirme en entrevue Mathieu Arsenault, qui était un ami proche de Gendreau, cette inquiétude s'est estompée avec le temps et vint un moment où l'écrivaine « ne se posait plus la question de savoir si c'était [ses textes] un témoignage bien écrit ou un vrai livre appartenant à la littérature. Elle savait que c'était une œuvre qu'elle faisait[24] ». L'enjeu des genres, chez Gendreau, est intrinsèquement lié à celui de la littérarité. La littérature ne se caractérise-t-elle pas, dans l'imaginaire contemporain, par un ensemble de genres spécifiques, distincts des genres appartenant au discours dit « ordinaire » ? La transgénéricité peut permettre à Gendreau de surmonter la mort à venir en rédigeant plusieurs livres en un seul (elle écrit simultanément du théâtre, du roman, de la poésie, etc.). Il permet toutefois aussi de bien souligner le caractère *littéraire* des textes, et plus généralement leur caractère artistique, si on prend en compte la dimension intermédiale de *Drama Queens*.

La transgression des « frontières » entre les genres dessinées par le discours littéraire permet à Gendreau (et c'est là un autre paradoxe de la transgénérique) d'affirmer son appartenance à ce même discours, la modernité posant en effet comme un lieu commun le fait que généricité et littérarité seraient inversement proportionnels. Il n'en reste pas moins que, dans la pratique, les romans modernes et, surtout, contemporains, acceptent en général de tels paradoxes et se réclament même de la transgénéricité. Si Bakhtine attribue cette hybridité à la plasticité de l'art romanesque lui-même, il serait sans doute plus juste d'affirmer que la transgénéricité est autorisée dans le roman moins par une quelconque caractéristique structurale de ce dernier qu'en raison des représentations qu'on se fait de ce genre. Les théoriciens et les praticiens, depuis le 20ᵉ siècle, construisent cette image du roman comme genre hybride par excellence, contribuant à répandre dans les Amériques francophones contemporaines une pratique de l'art romanesque qui, en plus de correspondre à cette même image, la renforce.

---

24. Chantal Guy, « Vickie Gendreau : écrire dans un monde qui ne lit plus », *La Presse*, 11 avril 2014, en ligne : http://www.lapresse.ca/arts/livres/201404/11/01-4756614-vickie-gendreau-ecrire-dans-un-monde-qui-ne-lit-plus.php (page consultée le 18 août 2015).

TRANSGRESSIONS ET RÉÉCRITURES DES ARCHÉTYPES SEXUELS

D'UNE MOBILITÉ L'AUTRE : MOUVANCE SPATIALE ET TRANSGRESSION SOCIALE DANS *LE SENTIER DE LA LOUVE* DE MICHELLE GUÉRIN[1]

DAVID LAPORTE
Université du Québec à Trois-Rivières

> Vous avez perdu tous vos points de bonne conduite. Nous vous enlevons le droit de conduire votre vie[2].
>
> Je roulais dans la nuit, folle d'arrogance. J'avais 15 ans. C'était exquis comme un grand pouvoir[3].

Selon une idée couramment répandue dans la critique littéraire, le roman de la route, dans ses versions tant québécoise qu'états-unienne, serait inféodé de longue date à un imaginaire phallocentrique au ban duquel la femme se voit reléguée avec une sorte d'indifférence crasse[4]. Autrement, lorsqu'elle s'expose à l'univers routier, elle jouit bien souvent d'une réputation sulfureuse peu enviable, nymphette qui guette depuis le bas-côté, la cuisse légère et l'œil racoleur, le passage d'un vaillant aventurier sur qui

---

1. Le présent article s'inscrit dans le cadre d'un projet financé par le Fonds québécois de recherche en société et culture (FQRSC).
2. Hélène Ouvrard, *L'herbe et le varech*, Montréal, Éditions Quinze, 1977, p. 76.
3. Nicole Brossard, *Le désert mauve*, Montréal, TYPO, coll. «Roman», 2010 [1987], p. 210.
4. Voir Céline Legault, *40 ans sur la route : l'évolution de la représentation de la femme dans le roman de la route au Québec de 1964 à 2004*, thèse de maîtrise en études littéraires, Université d'Ottawa, 2006, 96 f.

jeter son dévolu[5]. À moins qu'elle en soit tout simplement réduite à cette présence anonyme engagée « sur le grand bus Greyhound de l'expérience[6] », ainsi que le condamne vertement l'écrivaine Joyce Johnson, ancienne amie intime de Jack Kerouac. On cite d'ailleurs volontiers à procès les représentations princeps du *On the Road* de ce dernier, œuvre-phare du genre et source d'influences intarissable pour ses émules québécois – et ils sont nombreux, qui n'ont rien pour démentir cet état de fait. Plus souvent qu'à son tour, la routarde a occupé « la place *du mort*[7] » dans le roman de la route, telle une passagère, dans tous les sens du terme, dont la compagnie est rapidement consommée.

La plupart des observateurs ont toutefois passé sous silence la contribution à la mobilité littéraire d'une autre Kerouac, Jan celle-là (diminutif de Janet), née de la brève rencontre entre Jack et Joan Haverty. Enfant de la génération psychédélique, la jeune Jan pratique comme son père le vagabondage subversif, signe de son insoumission aux codes de la culture ambiante et de sa contestation du rôle de la femme assignée à domicile. Dans son roman *Girl Driver*, l'écrivaine note : « Je n'aurais pas supporté de retrouver mes quatre murs horribles sans avoir d'abord fait quelque chose, au moins être allée quelque part[8] ». L'exemple de Jan Kerouac autorise dès lors à interroger l'adoption du roman de la route comme la récupération d'un canevas générique construit autour d'un réaménagement des espaces traditionnellement sexués. En s'arrogeant un droit d'accès à la route et en délaissant le giron familial, l'auteure développe des « géographies hérétiques[9] » susceptibles de bouleverser de l'intérieur son imaginaire conquérant, cette « mécanique masculine huilée de longue date[10] ».

---

5. Franck Michel, *Routes. Éloge de l'autonomadie : une anthropologie du voyage, du nomadisme et de l'autonomie*, Québec, Presses de l'Université Laval, 2009, p. 55.
6. Joyce Johnson, *Personnages secondaires*, Paris, 10/18, coll. « Domaine étranger », 1996 [1983], p. 107.
7. Michel, *op. cit.*, p. 55.
8. Jan Kerouac, *Girl Driver, récit à mon propos*, Paris, Denoël, 1983 [1981], p. 81.
9. Termes de Tim Cresswell, repris par Alexandra Ganser dans *Roads of Her Own: Gendered Space and Mobility in American Women's Road Narratives, 1970-2000*, Amsterdam /New-York, Rodopi, 2009, p. 75.
10. Bernard Benoliel et Jean-Baptiste Thoret, *Road movie, USA*, Paris, Hoëbeke, coll. « Beaux livres », 2011, p. 168.

Comme le souligne Alexandra Ganser, nonobstant le conservatisme du portrait qu'il brosse de la femme, la postérité de *On the Road* tient aussi sinon davantage dans la transmission d'un modèle de transgression que les diverses subcultures adaptent par la suite à leurs propres revendications[11].

Pour les écrivaines du Québec des années 1970 et du début de 1980, rouler dans la voiture du Père est en effet lourd d'implications idéologiques. Le roman de la route offre notamment un mode privilégié de mise à distance qui entraîne un questionnement sur l'autonomie et les formes de la domination masculine, les rapports de forces asymétriques et le pouvoir patriarcal. On reconnaît là bien sûr les principaux chevaux de bataille du mouvement féministe qui s'organise et gagne en importance dans les années 1970[12]. Voiture, voyage et écriture se rejoignent précisément à ce carrefour qui fait de la libération de la femme son ultime destination, lui offrant du coup l'occasion, pour paraphraser Milan Kundera, d'empoigner le volant de l'histoire et de juger par elle-même du chemin à venir[13]. Afin de sonder plus concrètement la manière dont la mobilité spatiale encourage la reconfiguration d'une identité conçue en marge des poncifs patriarcaux, le roman *Le sentier de la louve*[14] de l'écrivaine Michelle Guérin sera pris à témoin. Au cours des prochaines lignes, nous verrons entre autres que Claire, le personnage principal, franchit lors de sa fuite des lieux qui répondent, quelques années avant la controverse soulevée par la pièce *Les fées ont soif*[15], à

---

11. Ganser, *op. cit.*, p. 42-43.
12. Michel Biron, François Dumont et Élisabeth Nardout-Lafarge, *Histoire de la littérature québécoise*, Montréal, Boréal, coll. «Essais et documents», 2007, p. 517.
13. Milan Kundera repris librement par François Ricard, *La génération lyrique: essai sur la vie et l'œuvre des premiers-nés du baby-boom*, Montréal, Boréal, 1992, p. 127.
14. Michelle Guérin, *Le sentier de la louve*, Montréal, Cercle du Livre de France, 1973, 182 p. Désormais, les références à cet ouvrage seront indiquées par le sigle *SL*, suivi du folio, et placées entre parenthèses dans le texte.
15. La pièce de Denise Boucher met en scène les figures de la mère, de la vierge et de la putain. Elle provoque avant sa sortie une vive polémique. Taxée de «cochonnerie» par ses détracteurs, elle se voit d'abord refuser le droit aux subventions par le Conseil des Arts de Montréal. Un débat sur la censure s'ensuit dans l'espace public. Plusieurs membres des Jeunes Canadiens pour une civilisation chrétienne mènent une campagne contre la tenue de la

l'adoption/subversion des principaux archétypes féminins que sont la mère, la vierge et la putain. C'est donc dire que, hors de la maison, l'espace rebelle incite à une réflexion sur la condition féminine et sur l'ensemble des prescriptions et interdits qui la frappent.

« MA MAISON ME PARAÎT UN CAVEAU FUNÉRAIRE » (*SL*, 47) : LA MÈRE

Le sentier de la louve donne suite au précédent roman de Guérin, *Les oranges d'Israël*, publié un an auparavant, en 1972, qui raconte la difficile cohabitation au sein du domicile familial entre Claire, son mari Paul et Edith, la maîtresse de ce dernier qui l'a d'ailleurs mise enceinte. Cette hippie qui agit comme un double négatif confronte Claire à la fadeur de son existence de mère-ménagère et à son cadre érigé sur un ensemble de contraintes : « vous êtes toutes entourées de murs, vous êtes pleines de barrières, vous ne vous évadez pas mais vous vous faites prisonnières. Votre bonne éducation de bourgeoise vous a mis des boulets aux pieds[16] ». Edith représente quant à elle un mode de vie alternatif composé d'errances, de drogues et de liberté. En fait, les deux romans sont entièrement conçus de façon à suggérer l'affrontement entre des systèmes de valeurs concurrents : « J'aimais les routes », confie la jeune bohème à la narratrice, « j'aimais marcher, je ne voulais pas mener une vie de routine, je voulais voir du pays » (*OI*, 63). Route et routine : les deux termes en apparence si familiers par leur étymon – *rupta*, qui signifie « route », se repoussent pourtant comme d'inconciliables antinomies : celle-ci est cyclique, répétitive, perpétue les institutions de la famille et du

---

pièce aux portes du Théâtre du Nouveau Monde. Une pétition en faveur de Boucher circule, ratifiée par de nombreux intellectuels français, dont Simone de Beauvoir, Philippe Sollers et Julia Kristeva. Enfin, la Cour suprême tranche et donne gain de cause à Boucher. Sur le sujet, voir l'introduction de Lise Gauvin, « Au nom des fées ou un fée-nomen », Denise Boucher, *Les fées ont soif*, Montréal, TYPO, coll. « Théâtre », [1978] 1989, p. 7-24.

16. Michelle Guérin, *Les oranges d'Israël*, Montréal, Cercle du Livre de France, 1972, p. 110. Désormais, les références à ce roman seront indiquées par le sigle *OI*, suivi du folio, et placées entre parenthèses dans le texte.

mariage; celle-là est linéaire et sans fin, débouche sur l'inconnu, l'aléatoire.

Le roman se termine sur le départ d'Edith, après qu'elle a accouché d'un garçon mort-né. Ayant semé le doute dans l'esprit de Claire, elle a servi de bougie d'allumage en lui faisant miroiter un monde de possibilités parallèles situé hors des sentiers battus de son confort bourgeois. Alors que *Les oranges d'Israël* entrebâillait la porte sur l'univers du voyage et de la route, *Le sentier de la louve* l'explore abondamment. Cette incursion s'effectue toutefois au prix d'une double séparation, d'abord du domicile conjugal, mais plus encore avec les structures traditionnelles d'épouse et de mère de famille qu'il incarne. Cela dit, la rupture s'effectue progressivement et avec peine. Après la fuite d'Edith, Claire sombre dans la dépression, l'alcool et les calmants, si bien qu'elle doit séjourner à l'hôpital, puis consulter un psychiatre. Paul ajoute à son malheur en lui signalant lors de sa convalescence que les enfants et lui ont besoin d'une « maison bien tenue, de bons repas, de linge frais » (*SL*, 24). Si ce dernier ne s'avère pas d'un grand secours, l'embauche de Victoire Duhamel, sorte de ménagère bionique et exemplaire, lui fait prendre conscience de ce que son rôle se définit en regard des seules fonctions qu'elle remplit au sein de la maisonnée : « Je ne sers plus à rien », songe-t-elle, « [à] rien du tout » (*SL*, 26).

Coupée de cette identité artificiellement entretenue pendant ses années de mariage, la narratrice réalise que la fibre maternelle lui a également toujours fait défaut : « tout devait passer par ce médiateur tyran, rose, gras, pisseux et bavant qu'il fallait admirer comme une merveille » (*SL*, 57). Durant toute sa vie de jeune femme, Claire tente de coller au rôle de la bonne mère de famille, d'adopter les contours du « moule commun des petites filles nées dans les années trente » (*SL*, 46) pour ensuite revêtir la « gaine de petite bourgeoise toujours contente sans jamais se poser de questions. De petite bourgeoise qui ne devrait même pas se révolter devant les libertés de son mari, et ne devrait surtout pas oser prendre la situation en main puisque "le pouvoir est du côté où il a toujours été : l'homme" » (*SL*, 46). Étrangement, sa dépression a ceci de profondément libérateur qu'elle lui permet de poser un premier regard critique sur son existence et ses choix de vie posés au fil des années. Si le pouvoir est du côté de l'homme, Claire demeure consciente qu'en épousant Paul à l'âge de vingt-quatre ans, elle contribuait à le renforcer en voyant dans son futur mari ni plus ni moins qu'«un père calme et ordonné, pouvant régner sur [s]on univers rétréci» (*SL*, 47). L'effet conjugué de l'autorité du père et des structures familiales bourgeoises ont fait en sorte que «presque plus rien ne passe du vrai Soi à l'extérieur» (*SL*, 38). Or, sa personnalité profonde, longtemps refoulée sous les joies feintes de la maternité, remonte maintenant à la surface: «Je suis deux à la fois, n'arrivant pas à me brancher. La liberté me semble une bombe à retardement. Ma maison me paraît un caveau funéraire, où l'on entre pour ne plus en ressortir» (*SL*, 47). Au bout du rouleau, Claire quitte ce monde familier qui l'étouffe et lui est dorénavant hostile. Elle part, escortée par Paul, pour une retraite fermée dans un couvent.

UNE NEUVAINE AVORTÉE : LA VIERGE

Fuir la maison du père pour celle du Père; curieux paradoxe qui donne cependant l'occasion à la romancière de ménager une critique de la religion catholique, dont les enseignements entretiennent les structures de domination de la femme par l'homme. Le titre *Le sentier de la louve* se donne d'ailleurs à lire comme une réplique à l'exergue, «cherchant quelqu'un à dévorer», laconique formule puisée à même la première épître de Saint Pierre. Il s'inscrit dans la logique d'ensemble du passage original, où exhortations de diverses natures côtoient celles où l'apôtre enjoint aux femmes de se soumettre à l'autorité de leur mari, prêche la sobriété, l'abnégation et l'humilité devant Dieu, car le diable «rôde comme un lion rugissant, cherchant qui il dévorera[17]». La charge subversive de l'appareil titulaire demeure on ne peut plus nette: le sentier de la louve est celui qui dévie de la trajectoire tracée par la Loi du Père que suivent les brebis dociles. Peu étonnant dans ce cas de voir le couvent où Claire se recueille, décrit par Victoire Duhamel comme une «oasis [...] hors du monde» (*SL*, 63), faire les frais d'un questionnement sur les fondements culturels et religieux de la sujétion féminine.

---

17. *La Sainte Bible*, traduite sur les textes originaux hébreu et grec par Louis Second, Genève, Société biblique de Genève, 1979, p. 224.

Par son dépouillement, le lieu prolonge la symbolique carcérale déjà investie dans la demeure conjugale. La « cellule » de Claire est modestement meublée, « petit lit de fer vêtu de blanc, murs bleu clair » (*SL*, 65), couleurs évoquant celles attribuées à la Sainte Vierge et aux sœurs de l'endroit, elles aussi « vêtues de blanc et de bleu, vierges amantes d'un seul Jésus » (*SL*, 66). En pleine crise identitaire, la protagoniste de Guérin se voit catapultée dans un monde qui lui offre un nouveau modèle féminin, celui de la vierge. Si elle l'admet provisoirement, c'est à des fins de profanation ; ce qui constitue une pratique courante pour les écrivaines de l'époque qui, selon Lori Saint-Martin, réexaminent fréquemment « les figures traditionnelles qui forment la base même de notre culture, telles Ève et la Vierge Marie[18] ». Ailleurs, des références à Ève abondent aussi, puisque ce court épisode de la retraite fermée est en bonne partie construit à partir de l'hypotexte évangélique du paradis perdu.

À l'extérieur du couvent, l'aménagement paysager capte l'attention de Claire en raison de l'immense jardin, du potager et d'un verger aux connotations explicitement édéniques. Signe d'une chute annoncée, la narratrice joue bientôt les tentatrices aux dépens de l'aumônier, « d'une beauté extraordinaire, jeune, blond, bouclé, avec un bleu si intense au regard » (*SL*, 67). Ce « jeune dieu fascinant et fragile » (*SL*, 67) prénommé Loris s'apparente par sa physionomie – tête blonde et bouclée, pureté du regard – et sa candide piété à l'agneau de Dieu. Fruit défendu parce que consacré par sa vocation à Dieu le Père, l'aumônier exerce pour cette raison une puissante attraction sur Claire, qui le confronte à ses certitudes et engage avec lui un débat sur la négation du désir sexuel par la volonté divine : « N'avez-vous pas tout l'équipement voulu pour faire vibrer une femme et transmettre la vie ? Et vous croyez plaire à votre bon Dieu en refusant de vous en servir, niant l'instinct profond mis par lui-même en vous ? » (*SL*, 70). Comme le suggère l'extrait, la religion catholique constitue pour Claire une barrière qui la dépossède des jouissances de son propre corps. Traditionnellement, la logique androcentrique du catholicisme réduit la femme à deux formes élémentaires de désir. La première est canalisée dans l'altruisme qui la conduit à materner ses enfants,

---

18. Lori Saint-Martin, *Contre-voix : essais de critique au féminin*, Québec, Nuit blanche éditeur, coll. « Essais critiques », 1997, p. 26.

tandis que l'autre en fait l'objet du désir masculin, force devant laquelle elle s'incline[19].

Les images de la Vierge et d'Ève fournissent une illustration de cette lutte entre des pouvoirs antagonistes. En cédant à la volonté du Seigneur, la madone répond symboliquement à la soumission au désir de l'homme, ainsi que les sœurs du couvent décrites plus haut. En revanche, Ève se substitue à la figure de la Vierge comme un authentique modèle d'insubordination et de désir autonome. Dans la réécriture de Michelle Guérin, Ève et les forces du Diable se conjuguent en Claire : « Laissez-moi ! Vous êtes le diable en personne » (*SL*, 72), proteste d'ailleurs Loris devant ses avances. Par pure volonté « de détruire, de déchirer » (*SL*, 72) l'homme et l'autorité suprême qu'il personnifie, la narratrice use peu à peu de ses charmes et fait plier l'aumônier. En goûtant la pomme « si sucrée de l'Arbre interdit » (*SL*, 73), la narratrice sacrifie le pouvoir patriarcal sur l'autel de son désir. Car le désir avalise dans ce cas-ci une forme d'agentivité sexuelle, les termes « détruire » et « déchirer » trahissent les premiers germes d'un pouvoir symbolique. Comme tout ce qui entrave l'émancipation de la femme, la chasteté et la figure de la vierge qui s'y rattachent doivent alors être démythifiées, car elles représentent « un refus insensé et catastrophique, une insulte à la Nature » (*SL*, 39) qui réduisent la femme à la passivité. Cependant, le triomphe de Claire est de courte durée. On se souviendra du châtiment divin infligé à la fautrice primordiale : « tes désirs se porteront vers ton mari, mais il dominera sur toi[20] ». Admonitions entendues et reprises par Loris, qui affirme péremptoirement son ascendance sur Claire : « Tu es à moi maintenant, tu l'as voulu ainsi et moi aussi » (*SL*, 73). Ayant fait l'amour à la narratrice, l'ayant « possédée », l'aumônier a par conséquent plein droit d'en disposer comme bon lui semble.

Le couple quitte donc le « petit paradis de silence paisible » (*SL*, 63) et prend la route vers Montréal. Il s'établit provisoirement dans une chambre de motel, où la réalité rattrape Claire et la routine s'installe, insidieuse. Celle-ci vivote quelque temps avant de réaliser qu'elle a troqué une captivité pour une autre. Jusqu'à ce qu'une envie irrépressible éclose en elle qui la pousse à prendre

---

19. Mariana Valverde, *Sexe, pouvoir et plaisir*, Montréal, Éditions du remue-ménage, coll. « Itinéraires féministes », 1989 [1985], p. 178.
20. *La Sainte Bible*, *op. cit.*, p. 3.

la tangente: «j'ai envie de vivre, tout simplement. De me brûler à vivre» (*SL*, 80). Elle semble ainsi consentir à l'appel fiévreux des anges vagabonds de Kerouac, hérauts d'un mode de vie sans toit ni loi pour qui les seuls gens dignes d'intérêt sont «ceux qui ont la démence de vivre [...], qui veulent jouir de tout dans un seul instant, ceux qui ne savent pas bâiller ni sortir un lieu commun, mais qui brûlent, brûlent[21]». Claire baptise cette «aube libertaire» (*SL*, 79) en se coupant les cheveux, au grand dam de Loris qui voit en elle un aspect «tellement... Ève» (*SL*, 59). Symptôme de la réappropriation de son corps, elle ajoute: «Sais-tu la tyrannie de cette toison-là? [...] J'ai envie de me libérer» (*SL*, 59). Cette réplique est à comprendre comme une répudiation de la féminité telle qu'elle est véhiculée par les canons esthétiques du patriarcat, la référence à Ève en témoignant. Bien déterminée à fuir le quotidien de cette société aliénante, elle déplie une carte des États-Unis puis élit une destination à l'aveugle: Chicago. Elle remet sa démission à son employeur et embrasse Loris, avant d'en faire de même avec les routes qu'elle part arpenter, comme jadis Edith la bohème, en auto-stop.

SUR LA ROUTE DE CHICAGO: LA PUTAIN

La suite de *Le sentier de la louve* est moins le récit d'une quête ayant un objectif précis que celui d'une déroute, au sens où le motif du départ répond d'abord et avant tout à un sentiment d'échec[22]. Aux États-Unis, Heidi Slettedahl Macpherson parle du topos de la «ménagère en fuite[23]» pour référer à cette tradition

---

21. Jack Kerouac, *Sur la route*, Paris, Gallimard, coll. «Folio», 1960 [1957], p. 21.
22. La déroute amoureuse est un autre motif très souvent partagé par les romans de la route féminins publiés entre 1975 et 1985. Généralement, ils prennent pour point de départ un adultère ou tout simplement une rupture conjugale. Voir entre autres Josette Labbé, *Jean-Pierre, mon homme, ma mère*, Montréal, Éditions Pierre Tisseyre, 1982, 176 p.; Hélène Fecteau, *Cape Cod aller-retour*, Montréal, Libre Expression, 1985, 171 p.; Francine Lemay, *Évagabonde*, Montréal, VLB, 1981, 172 p. et Thérèse Bonvouloir-Bayol, *Les sœurs d'Io*, Montréal, Hurtubise HMH, coll. «L'arbre», 1979, 159 p.
23. «Runaway housewife» (je traduis). Heidi Slettedahl Macpherson, *Women's Movement. Escape as Transgression in North American Feminist Fiction*, Amsterdam/Atlanta, Rodopi, coll. «Costerus New Series», 2000, p. 125. Les

d'œuvres des années 1970 liée à la tentative de se soustraire à une histoire et un milieu oppressants. Mieux vaut rompre les amarres que de se pendre avec, résumait dans cet esprit Jim Harrison, grand romancier de la route américain[24]. La narratrice de Guérin s'inscrit dans cette tendance, puisqu'en tentant d'échapper à un asservissement historique, elle se démarque moins par la recherche d'un lieu précis que par une sorte de dérive à vau-l'eau qui doit impérativement conduire à l'ombre du Père.

Lancée sur les routes afin de goûter à la liberté, la narratrice découvre très tôt un espace empreint de violence et de connotations mortifères. Près d'Utica dans l'état de New York, elle croise Dominique, un jeune homme taciturne d'origine française avec qui elle fait un bout de chemin jusqu'à Buffalo. Peu de temps après, Claire arrive sur les lieux d'un accident, se fraie une place au milieu de la foule pour reconnaître en l'une des victimes son jeune compagnon d'infortune. La route lui envoie des signes et semble l'avertir qu'elle aura à traverser une suite d'épreuves afin de renaître à sa nouvelle identité : « Ce qu'il y avait entre Dominique et moi… c'était la mort, l'autre monde » (*SL*, 89). Dès lors placée sous le signe de la déroute initiatique, la trajectoire de Claire sera parsemée d'expériences plus ou moins heureuses suggérant le passage par cet autre monde dont elle parle. Chicago, ville mythique des gangsters et hors-la-loi de tous ordres, haut lieu d'élection de la communauté hobo[25], campe le décor de cette descente aux enfers allégorique.

---

auteurs masculins pratiquent aussi ce type de roman de la déroute où le « mari en fuite » est un *topos* communément exploité, depuis John Updike jusqu'à Alain Poissant. Voir John Updike, *Cœur de lièvre*, Paris, Seuil, coll. « Points », 1962 [1960], 333 p. et Alain Poissant, *Vendredi-Friday*, Montréal, Les Éditions du Roseau, coll. « Garamond », 1988, 131 p.

24. Jim Harrison, *Aventures d'un gourmand vagabond. Le cuit et le cru*, Paris, Christian Bourgois Éditeur, coll. « Fictives », 2002 [2001], p. 194.

25. Dérivatif possible de *hoe-boy*, littéralement « manieur de houe » (Nels Anderson, *Le hobo, sociologie du sans-abri*, Paris, Armand Colin, 2011 [1923], p. 149). Le hobo s'impose dans le folklore américain comme une des figures marquantes du nomadisme littéraire, révélée au grand public par le roman *La route* de Jack London. Ouvriers de l'industrie naissante ou manœuvre agricole, ces travailleurs itinérants de la seconde moitié du 19e siècle ont trouvé refuge dans l'imaginaire québécois par l'entremise de romans de la route tels que *Journal d'un hobo* de Jean-Jules Richard (Montréal, Parti pris, coll. « Paroles », 1965, 292 p.) et *Ma nuit* de Guy-Marc Fournier (Montréal, Cercle du livre de France, 1973, 200 p.).

Le quartier où la narratrice se fixe se distingue par sa laideur et la proximité d'abattoirs d'où elle peut entendre le dernier cri des bêtes mises à mort. Ces mêmes quartiers glauques décrits avec une crudité troublante par Simone de Beauvoir, durant son échappée en terre américaine[26]. De plus, elle trouve du travail dans un petit restaurant italien nommé «The hell», jeu de mots référant au métro aérien de la ville, dont la forme abrégée de l'appellation anglophone «elevated train» est «The el» (*SL*, 101). Elle y rencontre Rose, une serveuse parisienne, quintessence de la féminité à laquelle son prénom la destinait. La serveuse suscite chez Claire une sorte d'émulation, qui voit en elle un exemple inédit de femme totalement libérée, ne portant d'ailleurs ni soutien-gorge ni gaine et acceptant ses formes qu'elle n'hésite pas à mettre en valeur. Un soir, Rose annonce à Claire qu'elle arrondit ses fins de mois en offrant ses services sexuels à la clientèle masculine du «The hell» et l'encourage à faire de même. Il s'agit d'une forme de prostitution sélective, car elle choisit ses clients et se réserve le droit de les refuser. Version optimiste et plutôt idéalisée, la prostituée de Guérin se réapproprie son corps et semble profiter de sa situation pour en tirer une satisfaction personnelle.

Un tel portrait aurait sans contredit pu laisser sceptique, s'il n'avait été contrebalancé par l'expérience de Claire, qui se solde par un cuisant échec. En effet, un certain M. Seaborg, son premier client, adopte une attitude hargneuse et un comportement agressif: «*"Come on! Strip! I pay. So behave!"* Et comme je ne me dépêche pas à son goût, il me secoue […]. Je proteste. Il me frappe, me crie des injures, me pénètre et atteint vite son plaisir en mêlant des obscénités à son haineux langage à bout de souffle» (*SL*, 112). À la fois rebelle et esclave, la prostituée offre d'après Lori Saint-Martin une image ambivalente «autour de laquelle se tissent les réseaux enchevêtrés du plaisir, du danger, du désir[27]». Ni désir ni plaisir dans le cas de Claire: le corps-marchandise de la putain rappelle ici la marchandisation de tous les corps féminins par les formes de domination masculines, dont le viol et la violence

---

26. Voir Simone de Beauvoir, *L'Amérique au jour le jour*, Paris, Gallimard, 1954, p. 342 et suiv. Le récit de voyage de l'intellectuelle française joue un rôle d'intertexte pour certains passages descriptifs. On peut également détecter son influence au plan des thèses féministes développées par Guérin.
27. Saint-Martin, *Contre-voix, op. cit.*, p. 209.

physique sont sans doute les ultimes accomplissements[28]. En cela, cette mésaventure rappelle d'autres relations houleuses que Claire a dû traverser depuis sa fuite. Celle avec Loris, en premier lieu, qui la bat sans ménagement avant de déclarer: «Es-tu à moi maintenant, garce?» (*SL*, 77). Dans un motel sur la route de Cleveland, Bob, un résident de Boston, la drogue et en abuse. Elle se réveille le lendemain, sans souvenirs, un billet de vingt dollars laissé sur la table de chevet. La putain ne fait ainsi qu'exacerber une fausse vérité réaffirmée au quotidien: la femme est un corps désincarné que l'on peut acheter et subjuguer, un réceptacle offert au plaisir de l'autre. Dégoûtée par ce M. Seaborg, Claire quitte en catastrophe son «*Hell*dorado» et repart pour le Québec, ses illusions en miettes.

À Montréal, l'heure est au bilan pour la narratrice. Elle continue quelques temps son exploration du mode de vie souterrain, revoit Loris, goûte à la drogue et erre dans les rues. La ville lui sert de sas de décompression avant son retour chez Paul, qui paraît de plus en plus imminent. À Berthier, après des mois d'absence, elle fixe rendez-vous à son mari. Situé à mi-chemin entre le Trois-Rivières de Paul et le Montréal adoptif de Claire, le village annonce géographiquement l'avènement d'un compromis. Tous deux ont fait leur bout de chemin, Paul le premier, qui souhaite le retour de sa femme, se montre compréhensif et conciliant: «je ne t'enfermerai pas si tu as le goût de repartir» (*SL*, 172). Le voyage a permis à la narratrice d'expérimenter l'anticonformisme, mais elle sent maintenant le besoin de revenir à la maison. Le dimanche de Pâques, elle le passe avec Loris, pour lui faire ses adieux. Elle retourne chez Paul le lendemain, journée de la Résurrection du Christ, symbole de sa propre renaissance: «Le voyage a été long. Voilà ma ville. Trois-Rivières. J'arpente, nostalgique et curieuse, la rue des Forges. Tout est pareil mais différent, vu avec des yeux remplis de tant d'autres images» (*SL*, 181). Tout est pareil mais différent: la louve de Guérin laisse ainsi planer cette ambivalence entre une amère impression de résignation et les auspices heureux de lendemains qui chantent.

---

28. Anne Brown, «La violence dénoncée dans le roman féminin des années soixante», Lucie Joubert (dir.), *Trajectoires au féminin dans la littérature québécoise (1960-1990)*, Québec, Éditions Nota Bene, coll. «Littérature(s)», 2000, p. 182.

LA ROUTE, LIBÉRATION OU CUL-DE-SAC ? RETOUR ET DÉPASSEMENTS

À long terme, la marginalité semble une position tout simplement intenable. Telle la route qui, pour enivrante qu'elle soit, n'est jamais qu'une alternative temporaire, un espace d'expériences transitoire d'où la femme peut espérer revenir transformée vers le patriarcat[29]. Dans *Le sentier de la louve*, cette métamorphose masque pourtant un problème insoluble avec l'idée de mener la bohème. Que Claire revienne régénérée après avoir transgressé tous les interdits, voilà qui est pour le mieux. En revanche, la révolution des structures de domination patriarcales elle, n'a pas vraiment lieu. Autrement dit, tout se passe comme si d'une certaine façon, Claire ne combattait pas dans la bonne arène, en substituant à sa marginalité de mère au foyer celle de la hippie en rupture de ban. Elle peut certes prétendre au changement; elle retourne néanmoins à un quotidien à peu de chose près identique. Cette circularité de l'entreprise trouve un prolongement significatif dans la démarche iconoclaste de Guérin, témoins les stéréotypes qu'elle dénonce. En jouant de ses griffes sur la mythologie judéo-chrétienne qu'elle souhaite miner, la louve ne peut que la mimer simultanément. Le rôle réducteur de la mère est contesté ainsi que celui de la vierge, les deux suppléés par la figure d'Ève comme rebelle primordiale, dont l'origine n'en tient pas moins au modèle fondateur du patriarcat occidental. En général, l'intertexte biblique est on ne peut plus présent dans la trame symbolique du roman, ce qui contribue du même coup à lui accorder une influence que la romancière désire pourtant saper. On voit ainsi à quel point les archétypes ont la vie dure et forment système.

Au bout du compte, la question se pose : qu'en est-il de la route ? S'agit-il d'un espace d'émancipation ou plutôt d'un vain détour devant fatalement déboucher sur une impasse ? Il semble en fait que certains culs-de-sac soient nécessaires. On peut légitimement questionner le succès de la démarche de Claire, dont l'ambition n'est pas tant de proposer des solutions que de dénoncer l'aliénation de la femme. En ce sens, son départ sur la route ouvre

---

29. Deborah Paes de Barros, *Fast Cars and Bad Girls: Nomadic Subjects and Women's Road Stories,* New York, Peter Lang, coll. « Travel writing across the disciplines », 2004, p. 186.

une brèche où la parole féminine s'autorise un droit de cité, libre des contraintes sociales qui pèsent sur elle et la musèlent. Comme les fées de Boucher, la louve a soif, et sa radicalité en est garante. Si derrière la hippie refont surface les traits à peine maquillés de la gourgandine, cette femme volage inlassablement reprise par les fictions de la route masculines, un gouffre logique et idéologique l'en sépare : elle n'est plus synonyme de passivité, mais d'agentivité et son parcours est éminemment politique. En cela, *Le sentier de la louve* pave la voie aux auteures des générations suivantes, car bien que l'institutionnalisation du discours féministe concoure à son assouplissement à l'aube des années 1980[30], le roman de la route féminin reste par la suite bien vivant, s'ouvre à de nouveaux chemins moins tortueux, sans pour autant renier ses origines. Récemment, chez des écrivaines comme Ghislaine Meunier-Tardif, Blonde (pseudonyme de Geneviève Lefebvre) et Mylène Fortin, la route mène à nouveau vers l'exploration de la jouissance et du désir féminin[31] ; dans *Go West, Gloria*[32], Sarah Rocheville questionne métaphoriquement l'héritage du Père, alors que Marie-Christine Lemieux-Couture verse avec *Toutes mes solitudes !*[33] dans l'anarchie intégrale, récusant en vrac religion, nationalisme, néolibéralisme et féminisme. Autant d'exemples qui reprennent à leur façon le sentier de la louve, et signalent avec force que l'ère des « aventurières » de salon en crinolines est bel et bien révolue.

---

30. Diane Lamoureux, *Fragments et collages : essai sur le féminisme québécois des années 1970*, Montréal, Éditions du remue-ménage, coll. « Itinéraires féministes », 1986, p. 149.
31. Ghislaine Meunier-Tardif, *If*, Montréal, Stanké, 2012, 200 p. ; Blonde, *Dis oui*, Montréal, Libre expression, coll. « Expression rouge », 2013, 123 p. ; Mylène Fortin, *Philippe H. ou la malencontre*, Montréal, Québec/Amérique, coll. « Littérature d'Amérique », 2015, 146 p.
32. Le roman de Rocheville se termine sur cette adresse de Gloria à son père : « Le monde est là, père, il me suffit de le prendre, je le sais bien. Je peux en prendre soin. Et plus mon cœur bat en te disant cela, plus je dis oui. Oui, je veux bien, oui. J'accepte l'héritage dévasté de mon père. Oui ». Sarah Rocheville, *Go West, Gloria*, Montréal, Leméac, 2014, p. 141.
33. Marie-Christine Lemieux-Couture, *Toutes mes solitudes !*, Montréal, Éditions de Ta Mère, 2012, 303 p.

GÉOGRAPHIES DE LA TRANSGRESSION DANS LE TRIPTYQUE AUTOBIOGRAPHIQUE DE MICHEL TREMBLAY

Loïc Bourdeau
Université de la Louisiane à Lafayette

La lecture du triptyque de Michel Tremblay – *Les vues animées* (1990), *Un ange cornu avec des ailes de tôle* (1992), *Douze coups de théâtre* (1994) – pose immédiatement la question du statut du narrateur. Que l'on considère comme Monique Boucher-Marchand que son « autobiographie consiste [...] à mélanger volontairement les genres en ne respectant pas ce que Philippe Lejeune appelle le "pacte autobiographique"[1] » ou au contraire, comme Nathalie Marcoux, que les trois récits (publiés sous ce label) « répondent tous au critère de concordance énoncé par Philippe Lejeune (narrateur/personnage principal/auteur)[2] », l'on peut s'accorder sur la désignation de récit autofictionnel, qui s'appuie sur la mise en fiction d'éléments autobiographiques. L'ensemble narratif est ainsi construit sur une problématique de la transgression, autant en ce qui a trait au mode qu'au contenu de la narration. Au-delà de pouvoir et/ou vouloir identifier le narrateur,

---

1. Monique Boucher-Marchand, « Michel Tremblay et l'autobiographie du Nous », *La création biographique*, Rennes, Presses de l'Université de Rennes, 1997, p. 196. Désormais, les références à cet ouvrage seront indiquées par le sigle *MTAN*, suivi du folio, et placées entre parenthèses dans le texte.
2. Nathalie Marcoux, « Le triptyque autobiographique de Michel Tremblay : un peu de soi et des autres », Monique Moser-Verrey (dir.), *Les cultures du monde au miroir de l'Amérique française*, Laval, Presses de l'Université Laval, 2002, p. 91. Désormais, les références à cet ouvrage seront indiquées par le sigle *TA*, suivi du folio, et placées entre parenthèses dans le texte.

il apparaît que le « je » subit un processus de collectivisation, c'est-à-dire que la voix énonciatrice dépasse la voix du jeune Michel pour laisser s'exprimer son milieu. À juste titre, dans *Un ange cornu avec des ailes de tôle*, le narrateur se rappelle quelques phrases prononcées par sa mère à propos de *Bonheur d'occasion* de Gabrielle Roy : « Y me semblait que tu comprendrais tout c'qu'y'a là-dedans [...] Que tu comprendrais plus que les autres c'qu'y'a là-dedans [...] Tu comprends, c'est rare que quelqu'un parle comme ça de nous autres, les femmes[3]. »

Si le triptyque autobiographique raconte la naissance d'un auteur qui doit ses penchants littéraires aux femmes de sa vie, car « c'est la lectrice inconditionnelle qu'était sa grand-mère paternelle qui lui a fait découvrir et apprécier l'univers de la littérature » (*TA*, 96), ces récits – « relatant des moments importants de son enfance et de son adolescence, teintés d'humour, sans ordre chronologique déterminé, mais plutôt organisé autour du thème abordé » (*MTAN*, 196) – soulignent avant tout la naissance d'un auteur engagé. À travers ces trois textes apparaissent alors des lignes de transmission de la culture québécoise, des parents vers le fils, et surtout de la mère vers son fils. Celui qui comprend les femmes mieux que les autres hommes a le devoir de les mettre au centre de ses écrits, car « c'est rare que quelqu'un en parle » (*AC*, 164). Toutefois, la transmission s'inscrit aussi dans une logique de transgression pour deux raisons. Tout d'abord il convient de prendre en compte que l'écriture tremblayenne part d'une image normative de la cellule familiale pour ensuite la dépasser et la transgresser. Par rapport à ses parents, « malgré l'évidente tendresse qu'il éprouve à leur endroit [...] le jeune Michel [...] se démarque de son entourage par ses goûts et intérêts culturels » (*TA*, 96). C'est le sentiment de malaise dans sa propre culture, de par son homosexualité, qui engendre un besoin de s'émanciper des règles restrictives. Il s'avère alors que le processus d'émancipation est intrinsèquement lié aux espaces, à la distanciation de soi et la découverte d'un ailleurs. De fait, cet article interroge principalement la relation entre le narrateur, les espaces qu'il habite, traverse ou découvre et les stratégies de transgression.

---

3. Michel Tremblay, *Un ange cornu avec des ailes de tôle*, Québec, Leméac, 1994, p. 164. Désormais, les références à cet ouvrage seront indiquées par le sigle *AC*, suivi du folio, et placées entre parenthèses dans le texte.

TENTATIVES DE FUITE

Composé chacun de douze chapitres dont les titres font référence à des livres, des pièces de théâtre ou des opéras et des films, les trois récits « sans ordre chronologique » (*MTAN*, 196) sont des incursions dans la vie familiale québécoise, ainsi que dans la psychologie émotionnelle du narrateur. Le souvenir des sorties, à la bibliothèque ou au cinéma, devient un moyen de (faire) revivre le passé et de comprendre l'impact de ces moments sur le jeune Michel entre l'âge de huit ans et « l'âge de seize et dix-neuf ans » (*AC*, 217). Plus encore, « ces textes dépeignent la formation d'un écrivain » (*TA*, 93) dont les premiers écrits clôturent d'ailleurs chaque récit, tel le point culminant de sa formation. Bien qu'en accord avec cette dernière analyse des enjeux et objectifs du triptyque, nous mettons plutôt en avant les questions de transgression, telles que les mensonges aux parents, les premiers émois sexuels, les rencontres romantiques, les préférences culturelles, par rapport aux déplacements géographiques du narrateur.

Lorsqu'on examine les itinéraires du jeune Michel à travers la ville, on s'aperçoit que ce dernier semble dirigé par un besoin impératif d'échapper au domicile familial. Pour Karolina Kapolka, « [l]a filiation dans cet univers [tremblayen] devient un prétexte pour dénoncer l'aliénation du sujet, l'incommunicabilité avec les autres, la transgression des tabous, la rébellion contre l'autorité [...][4] ». Bien qu'il apprécie sa mère et les moments passés à faire des lectures chez lui, Michel est constamment sous sa surveillance, sous l'œil de celle qui interroge ses passe-temps et passions, de même que son manque d'intérêt pour le monde masculin (le baseball ou le hockey). Quand bien même elle souhaiterait qu'il reste plus à la maison pour être sûre de ses faits et gestes, elle le pousse vers le monde extérieur selon une logique normative. En effet, Didier Éribon explique : « la réalité des sphères privée et publique ont pour fonction d'assigner des rôles, des lieux dans la division du travail entre les sexes (aux hommes le champ du public,

---

4. Karolina Kapolka, « La fusion irréparable de la mère et du fils dans le monde de Michel Tremblay », *Nouvelles études francophones*, vol. 26, n° 2, automne 2011, p.19.

aux femmes celui du privé)⁵». La mère est donc piégée entre deux volontés opposées. D'un côté, elle tente de le surveiller et de l'autre de le pousser vers un univers plus masculin⁶. Mais quel que soit l'espace, le contrôle maternel échoue: «T'as encore gagné! Tu vas finir par me faire damner, maudit ratoureux⁷!» Elle est de fait consciente de la différence de son fils et elle a peur que la ville ne lui permette de trouver ce qu'il cherche. Éribon nous rappelle:

> La ville a toujours été le refuge des homosexuels. À la fin des années soixante, un activiste gay décrivait San Francisco comme un «camp de réfugiés», vers lequel sont venus de toute la nation des gens qui voulaient échapper à l'impossibilité de vivre des vies gays dans l'atmosphère hostile, voire haineuse, des petites villes. (*RQG*, 35)

En ce qui concerne le narrateur, Montréal représente déjà la grande ville. Et bien qu'il ait grandit durant la *Grande Noirceur*, «il a été documenté que la vie gaie existait à Montréal bien avant [la Grande Noirceur...] et que des bars où des hommes et des femmes gais avaient une vie sociale existaient à la fin des années 1930⁸». Au moment de l'écriture, Tremblay se rend compte que ses différents trajets à travers la ville représentaient «une vraie inquiétude de [s]a mère qui voit son enfant évoluer vers une zone qu'elle ne

---

5. Didier Éribon, *Réflexions sur la question gay*, Paris, Fayard, 1999, p. 148. Désormais, les références à cet ouvrage seront indiquées par le sigle *RQG*, suivi du folio, et placées entre parenthèses dans le texte.
6. Il est ironique que même à la maison, la passion de Tremblay pour la lecture lui donne accès à un monde fictionnel de possibilités. De nouveau, nous avons affaire à une représentation classique de la sensibilité gaie: «On pourrait évoquer, entre autres données possibles, le goût pour la lecture (activité plus "féminine"), qui passe par le goût de l'intérieur par rapport à l'extérieur (rester à la maison pour lire plutôt qu'aller jouer au football quand lire est considéré dans l'idéologie masculiniste des milieux populaires comme une activité de "gonzesse" ou de "pédé"), etc.» (*RQG*, 55).
7. Michel Tremblay, *Les vues animées*, Québec, Leméac, 1990, p. 58. Désormais, les références à cet ouvrage seront indiquées par le sigle *VA*, suivi du folio, et placées entre parenthèses dans le texte.
8. «it has been documented that gay life existed in Montreal well before [...] and that bars in which gay men and women met and socialized existed by the end of the 1930s» (je traduis). Donald W. Hinrichs, *Montreal's Gay Village: The Story of a Unique Urban Neighborhood Through the Sociological Lens*, Bloomington, iUniverse, 2011, p. 12.

comprend pas, un monde qui comporte trop d'inconnues[9] ». En résulte une surveillance accrue de la part de la mère, de sorte que même la transgression filiale est constamment interrompue par l'ombre de celle-ci. Deux scènes soulignent son omniprésence même dans la séparation. Le premier passage qui suit montre la réaction maternelle face à l'absence du fils. L'enfant étant allé voir un film à l'autre bout de la ville, de sorte qu'il était en retard pour le dîner, sa mère, inquiète à l'extrême, appelle tout le monde, y compris le cinéma: «Écoutez, vous avez un projecteur dans votre théâtre... Pourquoi vous projetez pas son nom sur l'écran... Écrivez quequ'chose, là, comme: MICHEL TREMBLAY, TA MÈRE T'ATTEND POUR LE SOUPER» (*VA*, 79). Dans le deuxième cas, nous avons également affaire à un appel téléphonique de la mère à un cinéma pour s'assurer que son fils est bien arrivé: «Comment ça se fait que vous savez mon nom? [...] Ta mère a appelé pour savoir si t'étais arrivé. Tu t'appelles bien Michel Tremblay?» Si j'avais pu rentrer dans le plancher, je l'aurais fait, tellement j'avais honte» (*AC*, 53).

GÉOGRAPHIE DE LA TRANSGRESSION ET L'EXPÉRIENCE DE LA MARGE

Étant donné les limitations imposées au jeune Tremblay, il ne reste que peu d'espaces où il se sent complètement libre: la salle de projection, l'opéra ou le théâtre, et le monde de la fiction (les livres). Il convient de noter que chacun de ces espaces implique un renversement du regard (*gaze*), qui est corollaire d'un besoin de soulagement. Par soulagement, l'on doit comprendre le besoin d'exprimer qui il est sans avoir à se soucier de l'interprétation que feront les autres de son comportement (de sa performance identitaire): «Je ne parlais pas de mon homosexualité, à l'époque, je ne voulais pas faire de peine à mes parents ni à mes amis qui n'auraient peut-être pas compris» (*AC*, 199). Son attitude en était donc affectée, comme il le raconte alors qu'il souhaitait lire *Orage sur mon corps* d'André Béland, le premier roman gai québécois:

---

9. Michel Tremblay, *Douze coups de théâtre*, Québec, Leméac, 1992, p. 56. Désormais, les références à cet ouvrage seront indiquées par le sigle *DCT*, suivi du folio, et placées entre parenthèses dans le texte.

« J'espérais, c'était la première fois de ma vie, que ça m'arriverait, et j'en étais profondément humilié, ne pas avoir l'air trop efféminé » (*AC*, 201). Dans ce sens, la réaction du jeune Tremblay est en quelque sorte un cas d'école quant à la façon dont l'homosexualité est réprimée par l'individu[10].

Dans la noirceur des salles de cinéma, ses préférences sexuelles disparaissent et il peut finalement exprimer ce que David Halperin qualifie de « son plaisir ou son ressenti ou sa subjectivité[11] ». Bien qu'« à la fin de la séance, les filles se tamponnaient les yeux, les gars se grattaient un peu la gorge mais pas trop pour ne pas passer pour des fifis » (*VA*, 84), la projection sert de pause dans la vie du jeune adolescent, Michel. Il peut « cri[er] "Maudit cochon !" avec les filles » (*VA*, 83), ou bien apostropher le lecteur : « Avez-vous autant pleuré que moi à la mort de la mère de Bambi ? » (*VA*, 47). Une fois qu'il pénètre l'espace clos des salles de spectacle, les émotions peuvent s'exprimer plus librement, dans la mesure où il n'est plus soumis au regard, mais exerce ce regard. Dans de telles circonstances, sa marginalité s'efface, tout en révélant les limites de la surveillance maternelle, et patriarcale.

À titre notoire, de nombreuses projections et performances avaient lieu dans « la salle paroissiale » (*VA*, 31). Lieu ultime de la subordination religieuse, l'église reflète les valeurs traditionnelles québécoises. En organisant des activités pour les mères et enfants, le but n'est autre que de prendre en charge une partie de l'éducation des plus jeunes pour s'assurer qu'ils restent dans le droit chemin. Pourtant, c'est cet espace-même que Tremblay transgresse et

---

10. Ou comme Didier Éribon l'explique : « En fait, l'obligation de mentir consiste à tenir enfermée dans le secret de la conscience une bonne partie de soi-même. Cela revient à constituer un ghetto psychologique pour dissimuler l'identité sexuelle et affective, et donc une bonne part de ce qui définit la personnalité, et la préserver ainsi du regard extérieur et des possibilités de l'injure, de l'insulte, de la dévalorisation. Mais, on l'a vu, le "placard" n'offre qu'une sécurité incertaine, toujours menacée et souvent fictive. L'homosexuel qui confie son "secret" dans un coin de sa conscience ne peut jamais être certain que les autres ne vont pas le découvrir » (*RQG*, 145).

11. « pleasure or feeling or subjectivity » (je traduis). David Halperin, *How to Be Gay*, Cambridge, Presses de l'Université d'Harvard, 2012, p. 70. Désormais, les références à cet ouvrage seront indiquées par le sigle *HTBG*, suivi du folio, et placées entre parenthèses dans le texte.

subvertit grâce à une sensibilité différente des autres garçons (ou enfants). De plus, ce lieu de contrôle n'est autre que le lieu qui participe à la naissance de son enthousiasme pour ce monde artistique. Gardons en tête l'influence de l'Église sur la politique, car « [é]pris des valeurs traditionnelles, Duplessis glorifi[ait] souvent le travail, l'épargne, la famille […] et les mœurs rurales[12] », des valeurs simples prônées par l'institution catholique. Si le but était de former des individus normatifs, des hommes masculins, le souvenir de la projection du dessin animé *Babar* alors qu'il était âgé d'une huitaine d'années vient subvertir les attentes sociales et ecclésiastiques : « j'étais au bord de l'évanouissement tant mon bonheur était grand » (*VA*, 33). Tel un héros romantique, l'antinomie de la masculinité québécoise et des idéologies conservatrices, le narrateur souligne ses dimensions dramatiques et féminines.

À l'adolescence, les propensions émotives et les désirs homo-érotiques profanes du jeune Michel ne peuvent être contenus, et encore moins disciplinés. Il a découvert « [un] monde autre où l'imaginaire joue avec les angoisses de l'existence et les maîtrise[13] ». Ainsi, quand bien même « [s]on premier contact avec la sexualité, à travers le cinéma, était monstrueux » (*VA*, 86) – car il ne comprenait pas vraiment de quoi il s'agissait, ou plutôt il avait « peur de trouver la réponse à [s]on questionnement, d'y trouver des choses encore plus incompréhensibles, encore plus mystérieuses, encore plus terrifiantes », à savoir la différence de ses préférences sexuelles – il apprend progressivement à apprécier l'exutoire que représente cet espace ; un espace où il peut projeter ses désirs et apprendre sur lui-même[14]. Avec le temps il prend alors conscience de sa marginalité et l'accepte. Dès l'enfance, il se

---

12. Jacques Lacoursière et al., *Canada-Québec 1534-2010*, Québec, Septentrion, 2011, p. 454.
13. Denis Saint-Jacques, « La trajectoire de formation d'un écrivain : les pratiques culturelles du jeune Michel Tremblay », Maryse Souchard et al. (dir.), *Les jeunes. Pratiques culturelles et engagement collectif*, Québec, Nota Bene, 2001, p. 208.
14. Notons que l'utilisation du terme « monstrueux » fait référence à la sexualité telle qu'il l'a perçue à l'écran pour la première fois. Il explique d'abord : « Un jeu de vie et de mort que je ne connaissais pas encore existait donc entre les hommes et les femmes, un jeu de pouvoir où l'homme tenait un couteau et que la femme refusait… Et quand la femme refusait… C'est ainsi que je comprenais la chose puisque c'est comme ça qu'on me la présentait […] Je ne savais pas qu'il était question de sexualité. Je ne savais même pas que la sexualité existait »

rappelle à propos de *Cendrillon* : « Moi, je m'en foutais éperdument de la fin du film que nous allions voir ; ce qui m'intéressait c'étaient les personnages secondaires [...] les souris, les oiseaux, le chat, le chien, la fée, pas Cendrillon, ni son Prince [...] Les humains m'ennuyaient profondément dans les dessins animés ; j'aimais la folie des animaux » (*VA*, 30). Son intérêt pour les personnages secondaires dénote aussi un penchant plus général pour le marginal car « les personnages humains, eux, restaient désespérément les mêmes, un peu figés » (*VA*, 30), comme la plupart des humains qui l'entouraient à l'époque. Tous les mêmes, tous figés, dans la norme et « la vraisemblance. L'ennui, quoi » (*VA*, 30). À l'ordre social et aux valeurs conservatrices, il préfère la folie animale, la liberté de suivre ses instincts, ne serait-ce que par l'intermédiaire d'un écran. Lui qui ne se sent pas à sa place et à l'aise avec ses camarades et sa famille parvient ainsi à trouver un sens d'appartenance, bien que fictionnel[15].

Au contraire, l'arène de hockey réveille en lui toutes ses peurs, dans la mesure où cet espace lui rappelle sa différence[16]. Dans ce temple de la testostérone et de la masculinité, le regard extérieur se tourne sur lui, ou le croit-il du moins. Certes, le narrateur est quelque peu paranoïaque et exagère certainement son malaise, mais il reste toutefois angoissé à l'idée de devoir interagir avec ses semblables : « Au contraire du public de cinéma que j'avais côtoyé jusque-là, celui du hockey était familier [...] agité, excité » (*DCT*, 197). Plus qu'une simple peur concernant sa propre masculinité qui peut être remise en cause par les autres supporters et la possible découverte de son homosexualité, Tremblay exprime

---

(*VA*, 86). Dans l'inintelligibilité du moment, il comprend quand même que son ressenti est une anomalie et certainement une anormalité.
15. Sa peur du regard s'exprime aussi à l'école, lorsqu'il doit jouer dans une pièce : « J'eus beau lui jurer sur ce que j'avais de plus cher [...] que j'étais vraiment incapable de monter sur une scène, que je n'avais pas de talent, que j'avais pas envie d'en avoir, qu'il me condamnait à mourir de honte » (*DCT*, 130), et un peu plus loin, il ajoute : « Le moment était déjà venu ! J'allais, là, tout de suite, marcher à l'abattoir, je présentais ma tête au bourreau, je la glissais dans la gueule du lion » (*DCT*, 135).
16. Un autre exemple dans la taverne souligne sa peur face à une masculinité impotente et soûle : « C'était tumultueux, chaud, ça sentait l'homme qui sue le houblon mal digéré ; ça représentait l'homme dans toute sa splendeur, en fait, ce que notre société voulait de lui, ce qu'elle avait fait, et ça me faisait peur » (*DCT*, 86).

un dégoût profond, ou plutôt dédaigne fortement, le manque de sophistication de cet environnement sportif. Dès lors, son malaise provient de ses vues différentes quant à la classe sociale et la sexualité. Deux exemples servent à mettre en avant cette problématique de hiérarchisation des pratiques culturelles, qui mettent en lumière une autre peur, celle de la découverte de ses origines ouvrières. Dans un premier temps, le narrateur explique son attrait pour les films d'horreur des années 1950. Ensuite, il explique la différence qu'il perçoit entre le cinéma et le théâtre, et la notion de regard :

> Je ne venais pas vraiment là [au cinéma] pour avoir peur. Enfin, pas uniquement. Quelque chose d'autre m'attirait dans cette salle obscure où toutes les laideurs du monde, mal ficelées et vendues en vrac, étaient projetées devant un public d'hommes pas toujours attentifs : mon affinité avec les personnages dits méchants ou maudits. (*VA*, 158)

> Au cinéma, ça m'est bien égal de sortir au milieu d'un film pour me rendre aux toilettes et même pour aller acheter des choses à grignoter, mais au théâtre, il me semble que ça ne se fait pas… Ça m'est arrivé un dimanche après-midi […] et j'ai failli mourir de honte ! J'étais convaincu que Madeleine Langlois […] me regardait remonter l'allée et qu'elle allait venir m'engueuler devant tout le monde. (*DCT*, 76)

Dans les deux cas, le narrateur alors adolescent réaffirme ses préférences culturelles en fonction de l'image qu'il projette dans le milieu. Si les récits de Tremblay font écho à Daniel Harris dans la mesure où « les homosexuels, toutefois, sont liés ensemble par quelque chose de moins tangible : par leurs goûts, leur sensibilité, par les livres qu'ils lisent, les vêtements qu'ils portent et les films qu'ils regardent[17] », ses goûts s'insèrent aussi dans une mise en lumière des hiérarchies de classes sociales inhérentes aux milieux artistiques. À la fin des années 1950, début des années 1960, le

---

17. « homosexuals, however, are bound together by something less tangible : by their tastes, their sensibility, by the books they read, the clothes they wear, and the movies they watch » (je traduis). Daniel Harris, *The Rise and Fall of Gay Culture*, New York, Ballantine, 1997, p. 16. Désormais, les références à cet ouvrage seront indiquées par le sigle *RFGC*, suivi du folio, et placées entre parenthèses dans le texte.

narrateur souligne, d'une part, la dimension lugubre du cinéma où « un public d'hommes pas toujours attentifs » (*VA*, 158) a la possibilité de se divertir autrement qu'avec le film, et où lui-même peut exprimer sa marginalité sans peur. D'autre part, le théâtre représente le sommet de la culture pour un public éduqué et intellectuel, à savoir une culture à l'opposé de celle que sa mère et son Église tentent de lui transmettre[18]. Loin de nous l'idée de proposer que Tremblay adhère à une telle hiérarchie qui séparerait le divertissement en fonction de ses origines sociales. Mais qu'il ait « failli mourir de honte » (*DCT*, 76) au théâtre témoigne d'une internalisation de son milieu qui aurait pu le décourager et le limiter au monde de la télévision plus populaire. Son homosexualité a donc servi de catalyseur pour lui permettre de transgresser les ségrégations artistiques.

Alors, si son homosexualité l'inquiète lorsqu'il est dans son milieu ouvrier, c'est de ce milieu ouvrier dont il a honte lorsqu'il est dans le monde de la culture. Le narrateur est alors coincé entre deux espaces à cause des catégories sociales auxquelles il appartient. À travers cette représentation, Tremblay (l'auteur) parvient à faire le pont entre ces différentes formes artistiques et la sensibilité d'un individu. Quelle que soit la provenance du spectateur, lorsqu'il fait face à une production cinématographique ou théâtrale, seules les émotions ont de l'importance. En effet, bien que le jeune narrateur s'inquiète de son statut social, la priorité est donnée à ses goûts éclectiques (pour la plupart, des goûts atypiques pour la classe ouvrière), ce qui déconstruit l'idée que chaque groupe social ne peut aimer qu'un seul genre de divertissement. Attiré autant par la télévision que par une scène de théâtre, Tremblay demande l'abrogation de ces barrières culturelles.

---

18. Inquiet que ses vêtements sentent mauvais, il raconte : « Surtout que le monde qui vont au théâtre, d'habitude, y sentent plutôt bon… Tu rentres là, pis y'a deux douzaines de parfums qui te sautent dessus… J'te dis qu'y doivent pas manger de poisson, eux-autres, le vendredi soir » (*DCT*, 95).

ÉCHAPPATOIRE ET DÉPASSEMENT :
HONTE, CULPABILITÉ ET CLASSE SOCIALE

Pour Marie-Lyne Piccione : « Peindre un milieu populaire, c'est comprendre ses aspirations, rapporter ses croyances et respecter ses codes. Mais c'est aussi admettre ses références, qu'elles soient religieuses, idéologiques ou culturelles[19] ». Tremblay, incarnant la voix de la classe ouvrière québécoise, cherche à recréer son environnement, ses normes, de la manière la plus réaliste possible. Cependant, son intérêt pour la marge apporte une dimension *queer* à son travail. Son homosexualité ne l'empêche pas de commenter des formes d'oppression dont il n'est pas lui-même victime. Par exemple, en route pour une pièce de théâtre, le narrateur arrive au Parc Lafontaine et observe « les promeneurs » (*DCT*, 41). Il aime plus particulièrement regarder « quelques hommes [qui] avaient osé déboutonner leurs chemises » (*DCT*, 41). Il explique :

> Des couples disparaissaient dans les fourrés ; d'autres en ressortaient, cramoisis de plaisir et quelque peu fripés. Des adolescents de mon âge rôdaient autour de ces fourrés en se faisant le plus discrets possible, mais ils se faisaient rabrouer par les jeunes hommes excités qui essayaient d'y attirer leurs blondes. La blonde disait : « J'ai pas envie de faire ça pendant qu'un p'tit vicieux nous regarde ! » (*DCT*, 41)

Bien que le parc Lafontaine soit pour Tremblay « le lieu indiqué de la drague homosexuelle[20] », des couples hétérosexuels expriment tout aussi bien leurs propres désirs dans cet espace. Dans ce sens, les actes sexuels sont notables parce qu'ils transgressent l'ordre hétérosexuel et social selon lequel la sexualité doit rester cachée. Quand bien même les homosexuels sont encore plus déviants que les hétérosexuels de par la non-reproductivité de leurs rapports, l'orientation devient dénuée de sens car hommes et femmes donnent tous et tout simplement la priorité au désir. Ainsi,

---

19. Marie-Lyne Piccione, *Michel Tremblay, l'enfant multiple*, Pessac, Presses de l'Université de Bordeaux, 1999, p. 22.
20. Gilles Dupuis, « Des récits homophones en stéréo », Gilbert David et Pierre Lavoie (dir.), *Le monde de Michel Tremblay*, tome 2, *Romans et récits*, Saint-Laurent, Lansman, 2003, p. 88.

alors que la culture semble suivre une certaine hiérarchie sociale, la sexualité s'avère beaucoup moins discriminante. En fait, au royaume de la déviance face aux prescriptions religieuses et autres discours politiques conservateurs de l'époque, tous sont coupables. L'exemple susmentionné souligne effectivement une opposition directe à l'Église. Ce sont « les jeunes hommes excités » et « leurs blondes » (*DCT*, 41) qui échappent à la maison (au lit conjugal) pour satisfaire leurs passions. Le parc Lafontaine devient un point de référence de la transgression sexuelle tout le long de l'œuvre tremblayenne, de par ses connotations gaies, tel que le *cruising*. En ayant recours à l'anecdote des fourrés (*DCT*, 41) qui met en scène des couples de sexe opposé, Tremblay court-circuite les critiques potentielles qui se chargeraient de qualifier les homosexuels de pervers. Le parc n'est donc pas un espace *queer* parce qu'il y a beaucoup de gais, il est *queer* parce qu'il permet à des sexualités hors-normes (non-procréatrices) de s'exprimer plus librement. De même, la référence ultérieure aux « hommes pas toujours attentifs » du cinéma, sans précision de leur préférence sexuelle, aide à normaliser les déviances.

La ville est une vraie cour de récréation pour Tremblay ; lieu qui lui donne accès au fruit défendu. Mais, plus qu'une question de sexualité, c'est surtout une question d'appartenance, pour ne pas être seul. Bien que la sexualité en elle-même ne discrimine pas, elle reste localisée de façon spécifique. Les espaces de liberté sexuelle sont délimités et les lieux publics sont donc facilement stigmatisés et marginalisés. Tremblay note :

> Le théâtre Orpheum était situé à côté de l'infâme cinéma System dont j'ai parlé ailleurs et qui me faisait si peur tout en m'attirant parce qu'il s'y passait, disait-on, des choses que je n'avais pas encore le courage d'expérimenter. Quand je passais devant, je baissais la tête au cas où je croiserais quelqu'un que je connaissais ; je ne voulais pas qu'on pense que je fréquentais un endroit pareil. Mais je relevais vite le front en arrivant à l'Orpheum ; là, j'aurais voulu que tout le monde me voie ! (*DCT*, 103-104)

Se trouver dans un espace transgressif est acceptable dans la mesure où tous les participants sont égaux. Cependant, être associé à un tel espace par un passant provoque la peur et l'angoisse. Une fois de plus, la classe sociale l'emporte sur la sexualité. Être homosexuel, c'est être une créature des bas-fonds, tandis que le théâtre crée une inflation de son statut social[21].

Une dichotomie apparaît entre honte et culpabilité. La première émotion renvoie à une dimension collective et émerge du regard social sur l'individu, tandis que l'autre touche à la conscience personnelle. Dans *Douze coups de théâtre*, plus particulièrement, le narrateur fait plusieurs remarques que nous classifions comme suit :

Douze coups de théâtre (1992)	
Honte	**Culpabilité**
« je ne voulais pas qu'on pense que je fréquentais un endroit pareil » (104)	« Une culpabilité effroyable venait de s'abattre sur ma conscience » (35)
« il m'arrivait d'entendre le son de notre énorme appareil de télévision Admiral d'aussi loin que le carrefour Papineau et Mont-Royal, et j'avoue que j'avais un peu honte » (111)	« J'avais aussi voulu oublier la culpabilité qui s'était jetée sur moi au sortir du fourré (la pire depuis mes premières années de masturbation) » (55)
« j'avais fait honte à papa, que je n'aurais jamais dû m'endormir comme ça, que ça ne se faisait pas… » (200)	« ils voulaient entendre dire que j'étais en âge de baiser pour tranquilliser, anesthésier leur culpabilité » (157)
« Je sortis de la salle avec une bien piètre opinion de moi-même et de mes semblables » (213)	« En arrivant à la maison, j'étais l'image même de la culpabilité et ma mère s'en aperçut » (170)

Il en ressort que la culpabilité est liée à certains actes sexuels (le plus souvent ayant lieu dans le parc), alors que la honte provient de son milieu ouvrier (ressenti à l'opéra, par exemple). Par conséquent, une telle division vient renforcer la croyance de Tremblay en l'origine naturelle de l'homosexualité. En se sentant coupable, il exprime simplement des remords pour avoir transgressé les règles cléricales, tout en refusant de considérer ses actes comme anormaux

---

21. La lecture est aussi un voyage : « je voyageais loin de la rue Cartier, de Montréal… sur les ailes d'un génie de plus de deux mille ans » (*AC*, 175).

et non-naturels. De l'autre côté, la honte résulte des hiérarchies sociales qui dénigrent le bas de l'échelon. Même la mère qui se rend compte petit à petit de la différence de son fils ne se sent pas coupable. Elle a juste peur de la possible stigmatisation de sa famille.

Alors que des études *queer* actuelles prônent la notion de *gay shame* (honte-gay), qui doit être comprise comme « un mouvement *queer*, radical, anti-assimilationniste, anti-corporation, anti-globalisation, et pro-sexe[22] », la version de Tremblay est une *culpabilité-gay* qui expose l'oppression de l'époque et l'impossibilité de pouvoir accepter sa différence entièrement. Malgré les rappels constants que les actes homosexuels sont interdits, il ne peut et ne veut pas y mettre fin. Dans les confins des « fourrés » (*DCT*, 41), les hommes gais acceptent la culpabilité et l'expriment en public (certes, à l'abri des buissons et de la nuit). Pour réaffirmer la normalité de sa sexualité, Tremblay remarque : « Ces derniers temps, je m'étais trop souvent retrouvé dans la rue à moitié habillé ou à moitié endormi après des ébats pourtant très intéressants et j'en avais assez. J'avais envie de vivre un "après", pas juste un avant et un pendant » (*DCT*, 159). Bien que satisfait par ses aventures sexuelles, le fait de devoir se cacher et le manque d'avenir s'avèrent être un fardeau pour le narrateur. Dans ce sens, Tremblay transgresse aussi l'image et la catégorie de l'homosexuel en arguant que « le désir gai ne se limite pas uniquement à un désir sexuel pour les hommes[23] ».

Si le débat sur le statut narratif des récits de Michel Tremblay reste ambigu et ouvert, il s'inscrit de façon évidente dans un impératif transgressif, un besoin de dépasser les normes, sociales ou littéraires. Il reste certain que le triptyque donne accès à une « vision personnelle de son passé[24] » pour faire la lumière sur son présent et expliquer – ou proposer une explication – son développement artistique. En nous efforçant nous aussi de

---

22. « a queer-radical, anti-assimilationist, anticorporate, antiglobalization, pro-sex movement » (je traduis). Jennifer Moon, « Gay Shame and the Politics of Identity », David Halperin et Valérie Traud (dir.), *Gay Shame*, Chicago, Presses de l'Université de Chicago, 2009, p. 360.
23. « [g]ay desire does not consist only in desire for sex with men » (je traduis) (*HTBG*, 69).
24. Laurence Joffrin, « *Les vues animées* de Michel Tremblay : une autre vision de l'autobiographie », *Études françaises*, vol. 29, n° 1, printemps 1993, p. 203.

comprendre ce qui se cache derrière la naissance de l'auteur, d'autres problématiques émergent dont la prédominance d'une sensibilité homosexuelle, les malaises socioculturels et l'inévitable mobilité dans la ville. Derrière le «je», ce sont toutes les voix de sa famille, de son milieu ouvrier, des sexualités différentes qui s'expriment, dans un désordre ordonné par les sentiments et la nostalgie et le besoin de mettre en mots l'oppression de l'époque. Néanmoins, bien que le narrateur fasse preuve d'une grande compassion pour sa famille et la difficulté de son quotidien dans le «sombre sept pièces [...] tout en longueur et garni comme un capharnaüm» (*DCT*, 11), la traversée de la ville et la découverte des milieux artistiques sont «une manière d'échapper autant que possible à l'horizon de l'injure» (*RFG*, 42), à la stigmatisation familiale et à un futur similaire aux conditions de vie de ses parents. S'éloigner, «[c]'est aussi la possibilité de redéfinir sa propre subjectivité, de réinventer son identité personnelle» (*RFG*, 42) en dépassant des limites sociales imposées et intériorisées que ce soit vis-à-vis de la sexualité ou de l'origine.

Finalement, si cette analyse s'est concentrée en premier lieu sur la transgression par rapport aux espaces, il convient de souligner comment la transgression temporelle fait partie d'un ensemble où les émotions prennent aussi le dessus sur la chronologie des évènements. En effet, il est parfois difficile de situer exactement les actions, mais ceci participe à créer des ponts avec le présent. À juste titre, alors que cet article se penche sur des anecdotes datant des années 1950 et 1960 afin de souligner la transmission culturelle et le besoin de l'auteur de s'en émanciper, les différents enjeux restent d'actualité. Dans un entretien où il discute d'une récente pièce sur «Jean-Marc (Olivier Morin), qui vit en 1958, et Manu (Gabriel Lessard), enfant-roi des années 2000», Tremblay suggère que: «C'est une pièce qui aurait pu s'appeler "Plus ça change, plus c'est pareil"[25]». À juste titre, la jeunesse *LGBT* actuelle continue de faire face aux mêmes problèmes qu'auparavant et transgresse les géographies dans un pareil espoir de trouver un lieu d'appartenance, là «où il est possible de donner la main à son partenaire, où il

---

25. Alexandre Vigneault, «*Fragments de mensonges inutiles* de Michel Tremblay: plus ça change, plus c'est pareil?», en ligne: http://www.lapresse.ca/arts/spectacles-et-theatre/200909/05/01-899134-fragments-de-mensonges-inutiles-de-michel-tremblay-plus-ca-change-plus-cest-pareil.php (page consultée le 9 octobre 2015).

est possible de laisser transparaître de l'affection pour l'autre du même sexe» (*RQG*, 33) et où l'on comprend que «s'évanouir sur *La Traviata* n'est pas un trait de caractère inné mais une réponse pragmatique aux conditions d'un environnement hostile[26]» (*RFGC*, 34-35).

---

26. «swooning over *La Traviata*, is not an innate character trait but a pragmatic response to the conditions of a hostile environment» (je traduis) (*RFGC*, 34-35).

LA QUESTION DE LA MASCULINITÉ OU LA MASCULINITÉ EN QUESTION ?

REPRÉSENTATIONS IDENTITAIRES DANS *JOUR DE CHANCE*

JULIA E. MORRIS-VON LUCZENBACHER
Saint Lawrence University

En 2009, Nicolas Charette, jeune auteur québécois, arrive sur la scène littéraire avec la publication d'un recueil de nouvelles intitulé *Jour de chance*[1]. Ce recueil se concentre sur des personnages masculins – provenant de différents groupes d'âge et strates socioéconomiques – et sur leur quête identitaire. Les nouvelles de cette collection sont remarquables parce qu'elles reflètent une réalité vécue et, surtout, un développement de soi beaucoup plus nuancés et difficiles qu'ils ne le paraissent à travers certains discours populaires à propos de la masculinité. Pensons notamment au discours «masculiniste» qui soutient qu'il existe une «différence inégalitaire» entre les sexes selon laquelle la masculinité s'associe naturellement «à l'autonomie, à la force et à la puissance» et la féminité, à la douceur et à la soumission[2]. D'après Francis Dupuis-

---

1. Nicolas Charette, *Jour de chance. Nouvelles*, Montréal, Boréal, 2009, 232 p. Désormais, toutes les références à ce recueil seront indiquées par le sigle *JC*, suivi du folio, et placées entre parenthèses dans le texte.
2. Francis Dupuis-Déri, «Le discours de la "crise de la masculinité" comme refus de l'égalité entre les sexes : histoire d'une rhétorique antiféministe», *Cahiers du Genre*, 2012, vol. 1, n° 52, p. 133.

Déri, il est possible d'observer cette réaffirmation de la masculinité conventionnelle

> dans les stratégies de commercialisation de produits, comme les publicités de voitures (l'homme au volant d'un bolide), de banques (l'homme sérieux qui investit) et de bières (l'homme avec ses amis entourés de jeunes femmes) ou de produits de luxe (l'homme viril qui attire des femmes grâce à sa nouvelle montre). Des magazines masculins sont apparus depuis quelques années et présentent des identités de sexe stéréotypées et inégalitaires. D'autres phénomènes culturels indiquent que la masculinité conventionnelle bénéficie de nos jours d'une forte valorisation, soit la mode vestimentaire paramilitaire, la multiplication des gymnases et des salles de musculation, ce qui influe même sur les représentations des héros et des superhéros de films et de séries télévisées[3].

Les hommes se heurtent à des images de ce que la masculinité devrait être et ils ressentent une pression pour s'y conformer. Ils ne se rendent pas compte que la catégorisation et l'étiquetage que ces images effectuent anéantissent la richesse inhérente aux différentes manières qu'ils peuvent emprunter pour exprimer leur identité.

Mais qu'en est-il des représentations de l'identité masculine dans le discours *littéraire* contemporain ? Transgressent-elles les limites conventionnelles de ces images imposées au cours du 20e siècle ? Quel rôle jouent les femmes dans cette évolution ? Cet article cherche à savoir si *Jour de chance* offre au lecteur des représentations de l'identité qui sont en rupture avec les représentations conventionnelles de la masculinité. Plus précisément, cet article a pour objectif d'étudier le retentissement du regard féminin sur les manifestations de l'identité masculine et ce, à travers l'étude des rôles paternel dans « Une mince affaire », amoureux dans « Tu sens le bœuf » et amical dans « Jour de chance », nouvelles tirées du recueil *Jour de chance*.

Afin d'examiner ces quelques représentations littéraires de l'identité masculine, il s'agira de prendre appui sur la théorie de l'identité sexuée et ce, sous un angle féministe. Par sa remise en question de l'ordre patriarcal et de ses valeurs symboliques, la

---

3. *Loc.cit.*

critique féministe a, depuis les années 1970 notamment, catalysé une révision des savoirs quant à l'identité sexuée, autant pour les hommes que pour les femmes. En fait, les mouvements féministes «ont porté atteinte à la masculinité, faisant entrevoir que sous la façade, l'identité masculine avait des manques (sur le plan affectif, notamment) et qu'elle gagnerait, elle aussi, à être revue[4]». Cette révision est d'une part biologique et anthropologique, et nécessite le rejet des assignations identitaires basées sur un système «binaire, hétéronormatif et hétérosexiste[5]» en faveur d'un modèle davantage «bipolaire[6]» qui fait éclater les possibilités identitaires et positionne les hommes et les femmes dans un rapport de complémentarité (et non d'opposition); d'autre part, elle est sociologique et consiste à reconnaître «la part de construction culturelle qui [intervient] dans les rôles, attributs et comportements assignés aux individus selon leur sexe[7]». Examiner l'identité sexuée sous cette optique féministe laisse aux hommes de plus en plus de latitude quant aux choix, aux expressions et aux modes de vie. Il devient donc difficile d'établir l'essence de l'identité masculine et de réduire la trajectoire de vie de l'homme à un paradigme quelconque parce qu'il n'y a plus de parcours normatif[8]. La masculinité se décloisonne et s'enrichit en conséquence.

MASCULINITÉ ET PATERNITÉ DANS «UNE MINCE AFFAIRE»

À la lumière de ce décloisonnement des rôles sociaux, y inclus parentaux, les hommes sont désormais libres d'assumer pleinement la paternité, de devenir des pères soignants et présents dans la sphère privée, sans compromettre leur masculinité qui se

---

4. Isabelle Boisclair, «Quelques égratignures sur la masculinité canonique chez Guillaume Vigneault», Isabelle Boisclair avec la collaboration de Carolyn Tellier (dir.), *Nouvelles masculinités (?) L'identité masculine et ses mises en question dans la littérature québécoise*, Montréal, Nota Bene, 2008, p. 267.
5. *Ibid.*, p. 6
6. *Loc. cit.*
7. *Loc. cit.*
8. Patrick Imbert, «Société des savoirs et transformations culturelles», Patrick Imbert (dir.), *Le Canada et la société des savoirs: le Canada et les Amériques*, Chaire de recherche: Canada: enjeux sociaux et culturels dans une société du savoir, Ottawa, Presses de l'Université d'Ottawa, p. 22.

réalisait traditionnellement en termes de pouvoir socioéconomique : « Les hommes étaient posés comme masculins par leur rapport à la sphère publique, au pourvoi et à l'autorité au sein de la famille[9] ». Mais la nouvelle « Une mince affaire » nous montre qu'il existe des conséquences négatives chez les hommes qui se définissent trop étroitement en fonction de leur identité de père. Telle est la situation du personnage principal, Robert, qui se présente d'abord au lecteur comme une caricature d'un père impénétrable et protecteur. Quand ses collègues le taquinent à propos de sa fille, il « rest[e] droit comme une barre de fer » (*JC*, 196). Son image physique et ses habitudes vestimentaires rappellent l'image du « *Marlboro Man*[10] » : il porte une chemise en flanelle à carreaux rouges et bleus, de « lourdes bottes à embouts en acier » (*JC*, 195) et des jeans avec une ceinture « de cuir couleur tabac que l'usure avait craquelée » (*JC*, 196). À la place d'un cheval, il monte dans sa vieille Ford F-150 rouge de 1993. Tous ces éléments contribuent à générer un portrait de l'identité qui réitère une masculinité conventionnelle.

Alors que dans sa vie sociale Robert maintient l'allure du père impassible, dont l'émotivité est quelque peu restreinte, dans sa vie familiale, il se permet d'être un père affectueux. En ce sens, ce personnage rompt, du moins en partie, avec les représentations littéraires habituelles du père qui s'en tiennent au paternel pourvoyeur, plus préoccupé par son argent que par ses rapports interpersonnels ; au père absent et sans présence palpable, occupant la sphère intellectuelle et publique ; au père autoritaire qui empêche l'épanouissement d'autrui. Le personnage se remémore favorablement les moments précieux passés avec sa fille durant son enfance. Il écoute, par exemple, avec beaucoup d'émotion, la cassette de *Credence Clearwater Revival* parce qu'elle lui rappelle de beaux souvenirs, des scènes remplies d'affection comme lorsqu'ils ont dansé ensemble sur « *Mustang Sally* ».

---

9. Denyse Côté, « Transformations contemporaines de la paternité : la fin du patriarcat ? », *Reflets : revue d'intervention sociale et communautaire*, vol. 15, n° 1, 2009, p. 62.
10. Le *Marlboro Man*, initialement un symbole pour la marque de cigarettes, est devenu par la suite l'image populaire par excellence du cowboy coriace et indépendant. Voir Adrian Shirk, « The Real Marlboro Man », *The Atlantic*, en ligne : http://www.theatlantic.com/business/archive/2015/02/the-real-marlboro-man/385447/ (page consultée le 8 septembre 2015).

Mais Robert n'échappe pas complètement au stéréotype du père autoritaire : il refuse de concevoir Isabelle, sa fille, autrement que comme son « unique bébé » et adopte une attitude surprotectrice, « se méfiant toujours des propos tenus sur sa fille chérie » (*JC,* 196). Que sa fille soit devenue une jeune femme de dix-sept ans inquiète Robert qui n'ose pas encore s'avouer « qu'elle fait déjà tourner les têtes » (*JC,* 196). C'est pourquoi Robert est carrément stupéfait de voir sa fille sortir du restaurant Daisy en jupe, ses « cuisses élancées » parfaitement bronzées, sa camisole suffisamment moulante pour donner « du relief à sa poitrine et à ses hanches », son visage « légèrement maquillé », ses joues dégageant « un éclat séducteur » (*JC,* 201). La sexualité de sa fille est en rupture totale avec l'image plutôt enfantine qu'il s'était créée de celle-ci.

À la vue d'Isabelle, Robert ne peut s'empêcher de penser à sa femme Ginette, à « la même expression coquette que [celle-ci] avait autrefois » (*JC,* 202). Si cette réaction annonce une certaine nostalgie pour la jeunesse, elle trahit simultanément un sentiment de jalousie envers le nouvel objet de l'affection de sa fille en raison du pouvoir de séduction de celui-ci. Robert porte en effet un regard dédaigneux sur le jeune compagnon de sa fille qu'il considère selon ses préjugés. Il devine le caractère du jeune homme – un bel homme dans la vingtaine au « regard charmeur » (*JC,* 204) qui conduit une Porsche noire et écoute de la musique rap – d'après son apparence urbaine. Aux yeux du personnage, l'urbanité est synonyme de promiscuité et de la vie dangereuse. Robert s'attend, par ailleurs, à ce que jeune, en apparence financièrement aisé, manque de valeurs traditionnelles et de respect pour le mode de vie rural. Le désir de Robert de trouver des lacunes chez le jeune homme révèle ses propres insécurités quant à son statut social, d'où ses nombreuses critiques des riches touristes venus de la ville, entre autres.

Ne bénéficiant plus du regard charmé de sa fille, Robert est forcé à reconsidérer son identité non seulement en tant que père – une paternité dont l'« orgueil » (*JC,* 202) se trouve désormais étouffé –, mais en tant qu'homme âgé dont l'identité est remise en question par la jeunesse. La perception que le personnage a de lui-même se transforme en conséquence. Plus précisément, Robert porte une attention accrue à son corps, à ses sensations physiques. Par exemple, attendant sa fille pour la surprendre par un souper spécial, assis dans son camion, Robert se sent tout à coup inférieur et dans l'embarras : « une odeur de sueur se manifest[e] à Robert avec une intensité soudaine ; il trouv[e] sa tenue dérisoire, [a] honte de ne pas s'être douché et changé pour accueillir sa petite chérie » (*JC,* 202). Déjà, dans le stationnement où Robert a observé sa fille et le jeune homme, sa « respiration s'était accélérée. Tous ses membres étaient en proie à une désagréable fébrilité, comme si d'imperceptibles décharges électriques se répandaient sous sa peau » (*JC,* 204). Une fois rentré à la maison, « [i]l pens[e] à son corps qui vieilli[t], lui qui l'été dernier faisait encore des semaines de soixante heures » (*JC,* 203). Quand il se regarde dans le miroir, « [s]es rides lui sembl[ent] plus apparentes que jamais » (*JC,* 204). À un moment donné, Robert aperçoit sur le panier à linge la petite culotte noire en dentelle de sa fille – une « mince affaire » – et il se rend compte qu'il n'est plus aussi jeune et viril. Cette nouvelle image, celle d'un homme vieilli et moins physiquement performant qu'autrefois, est étrangère à Robert, n'a rien de valorisant et le fragilise au point où il considère momentanément retrouver le réconfort de l'alcool après dix ans de sobriété[11].

Le déboussolage qui accompagne cette nouvelle étape de sa vie découle des transformations naturelles qu'un homme subit dans sa parentalité au cours du temps. Mais l'homme accepte difficilement ces transformations parce qu'elles ne sont pas reflétées dans les discours populaires à propos de l'identité masculine. Le bouleversement identitaire dont souffre Robert souligne, par ailleurs, à quel point l'identité paternelle ne saurait être une panacée, car lorsqu'elle devient l'ultime expression de soi, elle empêche les hommes de s'épanouir pleinement, de faire valoir d'autres aspects dans la définition du soi. La condition précaire dans laquelle se trouve le personnage principal à la fin d'« Une mince affaire » illustre qu'un investissement personnel exagéré dans la parentalité est tout autant néfaste pour les hommes que pour les femmes à qui ce comportement est souvent associé.

---

11. La dépendance est un thème récurrent à travers le recueil. Voir par exemple « Trou de mémoire » où il est question de l'abus d'alcool (*JC,* 49-68).

MASCULINITÉ ET AMOUR DANS « TU SENS LE BŒUF »

La définition de soi passe également par l'amour et en particulier par le comportement sexuel, mais que l'homme mise exagérément sur la virilité dans ce processus rend l'identité masculine trop unidimensionnelle. En fait, la « question [...] de possession de la femme et du corps féminin constitue [...] un obstacle majeur aux reconfigurations identitaires [masculines] – dans la mesure où, à travers le rapport hétérosexuel, le corps féminin semble être le signe ultime de la masculinité[12] ». Dans « Tu sens le bœuf », le personnage principal, Jonathan, se heurte justement à cet obstacle. Il désire reconquérir son ex, Cynthia, mais ses efforts sont limités par son incapacité à apprécier celle-ci autrement que pour son corps.

Le discours du narrateur fait valoir à multiples reprises l'excitation que le physique féminin procure au personnage qui confond émotion et sensation. La nature physique de la relation entre Jonathan et Cynthia ressort dès les premières lignes de la nouvelle lorsque nous apprenons qu'ils ne sont plus ensemble depuis plusieurs mois, mais que Cynthia habite le personnage « jusque dans la moelle de ses os » (*JC*, 119). En compagnie de Cynthia dans les rues de Montréal, Jonathan se souvient de moments intimes passés avec son ex et s'imagine la « chaleur de ses lèvres et de son souffle, cette façon dont elle revenait chercher sa lèvre supérieure lorsqu'il reculait la tête » (*JC*, 120). Dans la cuisine de son appartement, Jonathan observe Cynthia en train de fouiller dans le garde-manger : « Il la regardait faire, captivé par tous ses petits gestes [...]. Il était fasciné par son cou finement élancé, par sa poitrine menue et athlétique, par ses hanches fermes et invitantes sous ses jeans, par ses fesses rondes et saillantes... » (*JC*, 123). Le personnage évalue son ex uniquement pour ce que son apparence physique offre en capital érotique.

Observer Cynthia à travers le prisme de son désir fait en sorte que Jonathan ne remarque pas son regard évasif. Cynthia cherche en effet à éviter le regard du personnage pour camoufler son manque de véritable désir. Par exemple, à leur réunion initiale, Cynthia « détourn[e] le regard vers les usagers du métro » (*JC*, 121) après que Jonathan exprime son bonheur de la retrouver. Quand elle

---

12. Boisclair, *op. cit.*, p. 281.

sent que Jonathan la dévisage, elle « port[e] son regard de l'autre côté de la rue, comme pour y observer quelque chose » (*JC*, 121). Par moments, la voix intérieure du personnage fait surface, celle qui lui dit que Cynthia n'a pas les mêmes sentiments que lui, mais Jonathan est porté à exagérer, à trop espérer, à « s'inventer des scénarios » (*JC*, 120). Le narrateur souligne que l'optimisme du personnage est injustifié parce que celui-ci est « anormalement enclin à croire que la vie était un beau cadeau » (*JC*, 120). Le personnage n'arrive pas à se contrôler, à résister à ses « rêveries » (*JC*, 120) et se laisse engouffrer par celles-ci.

Par peur de voir son rêve de posséder Cynthia s'évaporer et de se retrouver seul et rejeté – sa masculinité compromise –, le personnage se découvre impuissant à confronter son ex. Un champ lexical de l'immobilisme et de l'engourdissement souligne l'incapacité du personnage à exprimer ses sentiments[13]. Par exemple, en discutant des événements survenus lors d'une fête récente, Jonathan remarque l'inconfort de son ex, sa réticence à tout révéler. Sur ce manque d'ouverture et de réciprocité, le narrateur note : « Ce silence grandissant, ce regard fuyant, ce refus de répondre, cette étreinte interrompue, tout cela l'assiégeait, le prenait maintenant à la gorge. Lui en parler ? Non ! Faire comme si de rien n'était ? Probablement, sûrement… » (*JC*, 122). En outre, quand Cynthia laisse sous-entendre qu'elle a (encore) eu des relations sexuelles avec un autre homme, Jonathan s'imagine lancer un bol contre le mur, donner un coup de poing dans le mur et crier : « Tu peux ben fourrer le bar au complet, crisse de salope ! » (*JC*, 126), mais rien de cela ne se passe. Il reste « muet », sa gorge « enflée de silence » (*JC*, 126). Lorsque Cynthia quitte son appartement, Jonathan reste « assis, immobile pendant quelques minutes, le regard rivé sur la table, mais ne regardant rien de particulier » (*JC*, 127). Plutôt que de laisser les choses prendre des proportions dramatiques, de réagir par la violence et la rage, le personnage fait comme si de rien n'était et ne se laisse pas envahir par des « images douloureuses » (*JC*, 128). Pour protéger son amour-propre, Jonathan blâme l'infidélité de Cynthia sur « la nature humaine » et soutient que c'est « l'ordre normal des choses » (*JC*, 127). Il tente enfin de dépersonnaliser l'affaire, de s'y extraire sur le plan émotionnel en

---

13. Dans la nouvelle « Bébé Lindros », le thème de l'immobilisme, physique et affectif, domine la représentation de l'identité masculine (*JC*, 105-116).

se disant que c'est « l'histoire d'une personne qu'il [connaît] peu et pour qui il [a] de la pitié » (*JC*, 129).

La découverte de la promiscuité de Cynthia provoque pourtant une réaction physique, voire viscérale chez Jonathan, ce qui révèle l'intensité de l'atteinte portée à son estime personnelle. En effet, savoir qu'un autre homme a réussi à séduire son ex le blesse profondément dans sa masculinité, surtout que ce triomphe aurait été su de tous. En imaginant Cynthia ayant des rapports sexuels avec un autre homme, Jonathan ressent de violentes secousses lui parcourir le corps :

> Il bondit de la chaise, propulsé par un violent spasme. Il se [met] à respirer très fort, les mains appuyées sur le comptoir devant l'évier. Les traits de son visage [sont] contractés et ses muscles, raides comme du fer froid. Il [a] un autre spasme, celui-ci lui faisant raidir le dos. Il se [tient] debout et [tourne] lentement son cou pour l'étirer. Il tent[e] de blasphémer, mais seul un horrible sifflement [sort] de sa bouche (*JC*, 127).

Ne pas pouvoir mettre en œuvre le scénario « romantique » (*JC*, 119) qu'il s'était imaginé lui fait littéralement de la peine : « Il y avait leur histoire qui manquait d'air et qui poussait de l'intérieur, contre son ventre, ses côtes et sa poitrine » (*JC*, 128). Plus tard, lorsque le personnage brûle, par inadvertance, le rôti de bœuf qu'il avait soigneusement préparé pour Cynthia, il « touss[e] violemment et vomit presque » (*JC*, 130). Il se convainc que l'odeur de viande calcinée et, sur le plan symbolique, d'échec personnel « rester[a] à jamais imprégnée en lui » (*JC*, 130).

Et pourtant, Jonathan n'est toujours pas conscient de l'erreur de son comportement : il déteste l'idée que d'autres hommes puissent exploiter la beauté de Cynthia et objectiver son corps, mais sans recul par rapport à ses propres attitudes, il ne se rend pas compte qu'il partage ces mêmes motivations. Son erreur se profile vaguement comme « quelque chose » qui « dur[e] et s'éten[d] en lui-même, comme une idée indéfinissable mais essentielle » (*JC*, 127). Ce « quelque chose » est sans doute son identité masculine qui, pour être complète, devait inclure (le corps de) Cynthia. Le personnage met trop d'importance sur sa virilité – au détriment d'autres aspects de l'identité, ce qui positionne Jonathan comme victime des images conventionnelles de la masculinité, à savoir celles qui mettent en valeur le développement corporel et son corrélat de domination physique au détriment d'un développement cognitif et émotionnel.

MASCULINITÉ ET AMITIÉ DANS « JOUR DE CHANCE »

Tout comme les relations familiales et amoureuses, les relations amicales participent au processus de construction identitaire et représentent un lieu social symbolique où l'identité masculine peut se réaliser[14]. Cela est d'autant plus le cas lorsque les relations familiales et/ou amoureuses se révèlent insuffisantes et n'arrivent pas à combler l'individu. Telle est la situation de Ronnie, le personnage principal dans « Jour de chance ». Son père est absent; sa mère, une figure trop sévère qui réserve à son fils de « dures paroles » (*JC*, 218). Ces rapports lacunaires sur le plan affectif peuvent expliquer pourquoi le personnage n'a pas encore appris à vivre avec les autres de façon à établir des rapports sains et fructueux. À peine sorti de la vingtaine, Ronnie n'a pas pu, par exemple, aller plus loin que son emploi à titre de commis dans un dépanneur[15]. Sa marginalité le pousse à garder une distance entre lui-même et les autres pour se cacher des jugements que ceux-ci auront inévitablement portés sur son manque de succès.

Pour éviter de discuter des platitudes de sa vie quotidienne, le personnage se tourne vers l'Internet: Ronnie est un adepte des « *cyberparty* » où il rencontre « plein de femmes intéressantes » (*JC*, 213). L'Internet compense le manque d'interactions et d'altérité authentiques dans sa vie: les gens qui fréquentent le Dépanneur Soleil où il travaille ne font aucune attention à lui. Ils vont et viennent, « souvent sans même répondre aux salutations toujours sincères de Ronnie » (*JC*, 211). Sa situation est pitoyable à tel point que le personnage se remémore ses études secondaires comme les années les plus « palpitante[s] » (*JC*, 214) de sa vie, car il avait au moins quelques amis avec lesquels il pouvait rire. Honteux

---

14. Germain Dulac, « Masculinité et intimité », *Sociologie et sociétés*, vol. 35, n° 2, 2003, p. 10.
15. Même dans la nouvelle « Trou de mémoire » dans laquelle le personnage connaît beaucoup de succès dans le monde des finances, la réussite au travail ne fait pas son bonheur (*JC*, 49-68).

de son apparence, le personnage repousse les autres : il est laid et répugnant, obèse et poilu avec une « énorme bedaine » (*JC*, 209). Le narrateur met en valeur ses fonctions corporelles : il passe des rots bruyants, il transpire profusément et il trouve drôle de péter et d'empester son espace. Ces traits physiques et comportementaux éloignent encore plus Ronnie des autres.

Or l'existence de Ronnie prend une tournure plutôt positive grâce au regard porté sur lui par Mme Boissy, une cliente régulière du dépanneur, mais à propos de qui Ronnie ne sait rien sauf ses habitudes vestimentaires qui lui procurent un sentiment de « pitié » (*JC*, 211). Elle encourage Ronnie à évoluer dans le bon sens plutôt que de vivre continuellement comme un marginalisé. Mme Boissy lui insuffle l'espoir que sa vie ne sera pas « ratée » (*JC*, 214), que les « choses s'arrangeraient » (*JC*, 214). D'abord, c'est le contact physique, initié par la cliente, qui rapproche Ronnie de cette femme et lui fait sentir un peu de chaleur humaine : « En prenant l'argent, Mme Boissy lui prit la main. Elle était chaude et douce » (*JC*, 218). Mais c'est le regard de la cliente qui perce la carapace que Ronnie s'est donnée : « – En tout cas, t'es un ben bon jeune homme, mon beau Ronnie. T'es ben poli pis t'es ben fin... dit-elle en le fixant sincèrement dans les yeux. Ronnie ne savait plus quoi dire. Son visage rougit et il rit nerveusement » (*JC*, 218). Et ce regard, couplé avec la parole encourageante, finit par secouer Ronnie complètement : sa cliente lui dit qu'il va « faire quelqu'un de bien » (*JC*, 218) et, avant de quitter le magasin, « le regard[e] avec compassion, au plus creux du regard, comme rarement Ronnie avait été regardé » (*JC*, 220). Ronnie interprète cette interaction comme un signe quasi-céleste lui indiquant que son « jour de chance » est arrivé. Dans la rue, Mme Boissy semblait entourée d'un « halo lumineux » (*JC*, 216) ; dans la carte qu'elle achète, il est écrit : « Une nouvelle vie arrive dans votre bonheur » (*JC*, 219) ; sur son visage, Ronnie lit « une sagesse réconfortante » (*JC*, 219). Les signes se multiplient au point où, « poussé par un étrange pressentiment » (*JC* 221), Ronnie se convainc pendant quelques instants que la carte de Bingo que sa cliente lui a donnée sera gagnante.

Ce pressentiment se révèle pourtant inexact : la chance ne s'incarne pas dans le billet de Bingo. Ronnie découvre toutefois une semblance de confiance et d'ambition en raison de sa rencontre avec Mme Boissy dont le regard et l'estime le poussent à se voir différemment. Après le départ de sa cliente, l'idée de se connecter à des séances de clavardage ne l'attire plus et il ressent une honte à s'imaginer devant l'écran « en train de boire une bière [...] les jambes écartées » (*JC*, 222). En rentrant dans son appartement, il perçoit, comme pour la première fois, le désordre et la saleté, et s'exclame : « Tabarnak de soue à cochons ! Ostie de gros porc sale ! » (*JC*, 222). Dans un deuxième temps, motivé par la reconnaissance de Mme Boissy, Ronnie se met à imaginer un avenir plus prometteur. Il parcourt la liste des programmes sur le site de l'UQAM et l'ajoute à ses favoris pour y retourner plus tard. Autre évolution symbolique : Ronnie prend conscience de son apparence répugnante et malpropre et semble lui-même dégoûté, ce qui le pousse à rester « longtemps sous la douche » (*JC*, 223) et à se raser « méticuleusement » après quoi la vue de son corps ne « l'attrist[e] pas » (*JC*, 223).

Ainsi donc, le personnage masculin dans la nouvelle éponyme bénéficie d'une prise de conscience concernant sa situation désagréable et ce, en raison du regard féminin. Le regard de Mme Boissy permet au personnage d'envisager une vie où il pourrait échapper à son sentiment d'échec et s'aimer davantage. Ce début de changement semble facilité par l'amitié, un rapport interpersonnel qui a ceci de particulier qu'il est moins restrictif que les rapports parentaux et amoureux. Dans cette relation amicale où les rôles sont moins définis, Ronnie découvre ce qui lui manque, à savoir une personne qui incarne les traits communément associés à la maternité tels la sympathie et la bienveillance. La « chance » s'avère cependant incertaine, car le regard féminin incite le personnage à vouloir modifier son apparence pour refléter un standard de beauté et faire coïncider son cheminement au travail avec un parcours que la société juge « normal ». La représentation de la masculinité dans la nouvelle éponyme souligne ainsi la forte pression qu'exerce le discours conventionnel sur l'imaginaire des hommes et sur leur processus de construction identitaire.

MASCULINITÉS PROSPECTIVES

Au terme de cette analyse, il s'annonce pertinent de revenir sur les questions du départ, à savoir : les représentations littéraires contemporaines de la masculinité réussissent-elles à transgresser les limites conventionnelles du genre imposées au cours du 20ᵉ siècle et quel serait le rôle du regard féminin dans cette évolution ? Quant à la première interrogation, nous avons vu, dans les nouvelles sélectionnées, que les personnages masculins mettent à nu des malaises identitaires. Ils révèlent que la pression exercée par la culture dominante va dans le sens de la transmission d'un idéal de la masculinité et donc de la consolidation réitérée de certains rôles stéréotypés (p. ex. le paternel protecteur, l'amant viril) et du découragement d'autres rôles stéréotypés (p. ex. l'homme fainéant). Conséquemment, les personnages font découvrir au lecteur des images de la masculinité qui ne sont pas aussi assurées que le discours individualiste sur le décloisonnement des rôles sociaux nous le ferait croire – selon lequel tout un chacun peut « contrôler son environnement, qu'il soit naturel, culturel, socioéconomique, émotionnel ou autre[16] ». Nous pouvons en conclure que les personnages n'échappent donc pas à la transmission de valeurs conventionnelles.

En ce qui concerne le regard féminin, il exerce de toute évidence une pression sur les personnages masculins et exacerbe la tendance chez ceux-ci à respecter les normes prônées par la culture dominante. En particulier, le regard féminin incite l'homme à porter une attention accrue à son corps et à ses sensations physiques. Les personnages masculins dans *Jour de chance* se réfugient dans des comportements révélateurs de faiblesses et de complexes d'infériorité qui ne sont pas très souvent admis et encore moins discutés ouvertement. Cela souligne dans l'univers fictif proposé par Nicolas Charette à quel point les hommes, toutes les tranches d'âge confondues, ont du chemin à faire avant de pouvoir assumer leur différence et leur individualité pour vivre leur masculinité avec confiance. Par le biais d'une écriture souvent basée sur la dérision et l'ironie, *Jour de chance* semble montrer que malgré la libéralisation progressive que le féminisme a effectuée sur la conceptualisation de l'identité sexuée, la lutte n'est pas encore finie. On inviterait ainsi les hommes à explorer plus profondément la question de la masculinité (comment vivre, se voir, s'exprimer) laquelle leur permettrait de gagner en assurance et en dynamisme, de se (re)construire de façon authentique et polyvalente.

---

16. Imbert, *op. cit.*, p. 46.

RUPTURES DE LA TRANSMISSION INTERGÉNÉRATIONNELLE. ENTRE OUBLI ET MÉMOIRE RESSUSCITÉE

RECONNAÎTRE L'HÉRITAGE DU PÈRE DANS *LA BALLADE D'ALI BABA* DE CATHERINE MAVRIKAKIS

THUY AURÉLIE NGUYEN
Université du Québec à Rimouski

La ballade d'Ali Baba[1] de Catherine Mavrikakis est le récit de la narratrice Érina, écrivaine, professeure d'université et double de l'auteure, âgée de cinquante-quatre ans et vivant à Montréal. Alors que neuf mois auparavant la narratrice a perdu son père Vassili Papadopoulos après une longue maladie, celui-ci réapparaît en pleine tempête de neige à Montréal en février 2013. Cette rencontre avec le fantôme du père est l'occasion pour Érina de se confronter aux difficultés qu'elle n'a pas résolues du vivant de celui-ci et de faire la paix avec cet homme fantasque qui n'a fait qu'apparaître et disparaître dans la vie de sa fille. À la demande du fantôme de Vassili, Érina déterre ses cendres au solstice d'été et elle les dispersera le 31 décembre au large de Key West, reprenant ainsi la route du passé qu'elle avait parcourue avec lui alors qu'elle avait neuf ans.

Sur les douze chapitres qui s'étalent dans le désordre des années 1960 à l'année 2013, quatre chapitres se situent en 2013, moment de l'énonciation (rencontre avec le fantôme du père en février, déterrement des cendres en juin et voyage rituel à Key West en décembre); cinq chapitres relatent l'enfance d'Érina en lien avec son père (*road trip* à Key West en 1968, voyage à Las Vegas en 1970, les samedis au début des années 1960 à Montréal, vacances

---

1. Catherine Mavrikakis, *La ballade d'Ali Baba*, Montréal, Héliotrope, 2014, 206 p. Désormais, les références à cet ouvrage seront indiquées par le sigle *BAB*, suivi du folio, et placées entre parenthèses dans le texte.

à Florence en 1966, Kalamazoo à l'été 1968, juste avant le divorce de ses parents) et trois chapitres racontent l'enfance et la jeunesse de Vassili, retraçant son parcours d'immigrant de Rhodes (1939) à New York (1957) en passant par Alger (1948).

Dans la mesure où le roman nous présente une narratrice aux prises avec l'ambivalence de sa filiation, *La ballade d'Ali Baba* pourrait se rattacher à la catégorie du « récit de filiation », tel qu'il a été théorisé par la critique universitaire française et québécoise depuis le tournant des années 2000. Les travaux de Dominique Viart[2], de Laurent Demanze[3] et de Martine-Emmanuelle Lapointe[4] ont permis de situer cette nouvelle catégorie de récits dans un « renouvellement des formes autobiographiques et des écritures de l'intime[5] ». Les « récits de filiation » se présentent ainsi, pour reprendre l'expression de Dominique Viart, comme une investigation détournée « de l'intériorité vers l'antériorité[6] », dans laquelle le sujet contemporain « se construit dans le détour de l'autre, en assimilant à l'intérieur de soi la communauté des ascendants[7] ». Si la problématique de la transmission est bien au cœur des « récits de filiation », ceux-ci semblent aboutir la plupart du temps à une impasse où l'héritier n'est libre ni de recevoir l'héritage de ses ascendants ni de rompre définitivement avec lui. Pris entre le passé et le présent, il se débat dans un entre-deux temporel, teinté de tristesse et de mélancolie. C'est là tout l'enjeu de l'héritier: celui de s'émanciper de la tradition, sans renier ses origines et ses appartenances. Laurent Demanze montre bien que « l'héritier contemporain est ainsi pris au cœur d'une contradiction, puisque d'une part, il congédie la longue durée du

---

2. Dominique Viart et Jan Baetens, *États du roman contemporain: actes du colloque de Calaceite Fondation Noesis, 6-13 juillet 1996*, Paris, Lettres modernes Minard, 1999, 266 p.; Dominique Viart, *La littérature française au présent. Héritage, modernité, mutations*, Paris, Bordas, [2005] 2008, 511 p.
3. Laurent Demanze, *Encres orphelines. Pierre Bergounioux, Gérard Macé, Pierre Michon*, Paris, José Corti, 2008, 403 p.
4. Martine-Emmanuelle Lapointe et Laurent Demanze (dir.), *Figures de l'héritier dans le roman contemporain*, *Études françaises*, vol. 45, n° 3, 2009, 150 p.; Martine-Emmanuelle Lapointe et Karine Cellard (dir.), *Transmission et héritages de la littérature québécoise*, Québec, Les Presses de l'Université de Montréal, 2012, 265 p.
5. Lapointe et Demanze, *op. cit.*, p. 7.
6. Viart, *La littérature française au présent*, *op. cit.*, p. 76.
7. Lapointe et Demanze, *op. cit.*, p. 7.

temps généalogique pour s'inventer singulièrement, tandis que de l'autre, il doit se faire dépositaire des vies ancestrales estompées par l'accélération historique de la modernité[8] ». Selon lui, les héritiers sont « tiraillés entre la nécessité moderne d'une *destitution* des figures parentales pour advenir à soi et le souhait d'une *restitution* des vies de l'ascendance pour qu'elles ne sombrent pas dans l'oubli[9] ».

Dans *La ballade d'Ali Baba*, la narratrice cherche effectivement à sortir de ce tiraillement qui la fait osciller entre transgression et transmission, entre ressentiment et consentement, entre rupture et continuité, entre trahison et fidélité. Mais la fin du roman semble offrir une voie de passage pour sortir des « apories contemporaines de l'héritage et des empêchements de la transmission[10] ». En effet, la narratrice parvient à reconnaître l'héritage du père, non pour s'y attacher indéfectiblement, mais pour mieux s'en distancier et devenir sujet de sa vie. À l'opposé de l'enquête et de l'investigation appuyées sur tout un travail d'archives qui caractérisent habituellement les « récits de filiation », notamment chez Claude Simon, Annie Ernaux et Pierre Bergounioux, pour ne nommer que ceux-là, j'aimerais montrer que *La ballade d'Ali Baba*, par le parti pris de la fiction et par l'ouverture sur l'imaginaire, propose de nouvelles avenues qui sortent la filiation de la crise de la transmission.

PARCOURS DE LA NARRATRICE : DU RESSENTIMENT À LA RECONNAISSANCE

Au détour de la rencontre avec le fantôme de son père en février 2013, la narratrice dresse le bilan de sa vie de femme. Elle se dépeint comme une personne complexe, habitée par une sourde et constante inquiétude, qu'elle relie à son histoire avec ce père instable qui disparaissait puis réapparaissait sans prévenir durant son enfance. Et de fait, tout au long du roman, Érina apparaît nerveuse, anxieuse, toujours sur le qui-vive. Une des locutions

---

8. Laurent Demanze, « Les possédés et les dépossédés », *Études françaises*, vol. 45, n° 3, 2009, p. 12.
9. *Ibid.*
10. Demanze, *Encres orphelines, op. cit.*, p. 11.

qui revient très souvent dans le récit est l'adverbe « tout à coup », qui introduit un revirement soudain de situation et entraîne un changement d'état de la narratrice. L'intensité émotionnelle qui est la sienne semble prendre sa source dans l'enfance, où les grandes joies étaient toujours précédées ou suivies de grandes inquiétudes. Cette « intranquillité » ne la laisse jamais en paix : « Moi-même, serais-je un jour soulagée du poids de mes inquiétudes incessantes ? J'ai toujours imaginé, à tort peut-être, que morte je connaîtrais enfin une absence bienfaitrice d'émotions trop vives » (*BAB*, 93). Érina a fait le choix de ne pas avoir d'enfants, en partie à cause du poids de cette inquiétude. Elle a aussi renoncé à l'amour : « Les quelques relations amoureuses que j'ai pu entretenir ont été abîmées, annihilées par mon désir d'une fusion affolée. J'ai longtemps cherché en vain l'amour fou. Et puis, impuissante, je n'ai plus rien cherché du tout » (*BAB*, 93). Impuissance, renoncement, résignation, difficulté à vivre, rapport compliqué à l'amour, aspiration à la mort comme délivrance de la pesanteur et de la peur de vivre : tel est le constat que la narratrice fait de son présent, soit un constat d'échec.

Parmi les nombreux sentiments qui l'habitent à l'égard de son père, le problème de la reconnaissance – reconnaître le père, sa filiation, son héritage, mais peut-être d'abord et surtout être reconnue de lui – occupe une place majeure. Dans la scène de la librairie (septembre 2003) que la narratrice se remémore lors de la rencontre avec le fantôme, elle va acheter des livres dans une librairie à côté de chez ses parents, alors que son père, malade, est retourné vivre chez la mère d'Érina depuis trois mois. La libraire lui demande si elle est bien la fille de Vassili Papadopoulos. Elle relate sa réaction : « Un oui laconique fut ma réponse à cette jeune femme qui aurait dû, en travaillant dans les livres, me connaître comme écrivaine » (*BAB*, 50). Première insulte pour la narratrice : celle de n'être pas reconnue en tant qu'écrivaine, mais d'être identifiée à la fille de ce père qu'elle cherche à renier. Deuxième insulte : la libraire présente Vassili comme un homme aimable et attachant, venant souvent à la librairie pour bavarder, mais attristé par le fait que sa fille Érina ne veuille plus le voir. La narratrice réagit violemment : « Je voulus gifler cette gamine imbécile et lui laissai là mes livres. Il avait réussi à tous les emberlificoter. Il savait jouer si bien la pitié. Je n'avais qu'à me retirer » (*BAB*, 50-51). Cette scène qui se clôt sur un sentiment d'échec révèle aussi une forme de jalousie. Jalousie de la narratrice envers la libraire si proche de son père, alors qu'Érina a perdu son lien avec lui au fil des années. « Mais nous n'avions plus la complicité qui avait été la nôtre durant mon enfance. Cette complicité qui faisait de moi sa fille préférée, son héritière, quoi qu'il puisse arriver » (*BAB*, 51). Jalousie aussi de la fille envers son père. En effet, tout se passe dans cet épisode comme si les affabulations du père avaient réussi à prendre le devant de la scène, effaçant par là-même le nom de sa fille et lui enlevant la possibilité d'exister comme écrivaine par ses propres fictions. Érina reste donc identifiée à la fille de son père et n'accède pas à sa vie et à son identité propres.

Si la situation initiale de la narratrice est teintée de ressentiment, la situation finale du roman, quant à elle, est empreinte d'une libération sur laquelle il paraît important de s'arrêter. Le dernier chapitre du roman – le rituel de dispersion des cendres du père – répond en tout point au premier. Quarante-cinq années jour pour jour après le voyage d'enfance de ses neuf ans, le 31 décembre 2013, Érina reprend la route pour Key West, les cendres de son père à ses côtés. Le premier voyage, celui de l'enfance, était placé sous le signe de la découverte et de la voracité. Vassili dévore la route. Il roule à tombeau ouvert sur la « mythique U.S. Route I », « celle des commencements et des fins » (*BAB*, 10). Érina et ses sœurs se laissent gagner par sa joie de vivre et son rythme de conduite effréné. Elles dévorent leurs plats. L'enfant découvre l'océan pour la première fois. Le monde s'ouvre à tous les possibles, à toutes les promesses. Au dernier chapitre, la boucle se boucle sur un nouveau commencement. Une variation dans la narration signale qu'un changement a bien eu lieu pour la narratrice : il s'agit de l'adresse au père.

C'est en effet dans ce dernier chapitre qu'Érina s'adresse directement à Vassili : le « il » devient « tu », opérant ainsi un rapprochement, autorisant la proximité qu'elle avait perdue avec lui. « Je reprends le chemin de Key West. / Celui-là même que j'ai emprunté avec toi dans ta Buick Wildcat à la fin de décembre de l'année 1968. [...] Tu es à mes côtés... [...] Tu es là » (*BAB*, 185). Sur les traces du passé, Érina laisse remonter ses souvenirs, puis disperse, au bout du voyage, les cendres de son père dans l'Océan, lui rendant sa liberté de nomade et sa vie d'errance. Le pare-brise qui se fendille, à cause de l'impact d'un caillou, est à l'image de cette fêlure qui se produit chez la narratrice : « La vitre devant moi s'est lézardée silencieusement. [...] Je ne chercherai pas à réparer toutes ces fentes » (*BAB*, 186-187). À travers ces craquelures, la vie et la tendresse peuvent entrer à nouveau. C'est aussi la coquille qui la séparait du monde qui se brise, lui offrant ainsi une nouvelle naissance. Érina refait les gestes du passé : elle s'arrête chez El Pedro, à la frontière entre la Caroline du Nord et la Caroline du Sud.

> J'ai mis de la sauce piquante sur tout. Comme tu m'as appris à le faire, il y a quarante-cinq ans... C'était bon. Très bon. J'ai avalé aussi trois tasses de café noir [...]. Comme toi, je ne suis pas difficile. Je remercie le ciel de m'avoir donné cette faim insatiable qui est la mienne et qui me permet d'engouffrer avec plaisir toute nourriture... (*BAB*, 191)

À travers la nourriture, la narratrice incorpore littéralement son héritage ; elle reconnaît sa filiation. Ce voyage lui permet de devenir enfin la fille de son père. « Je suis comme toi. / Mon père... Tout me rappelle toi » (*BAB*, 192). L'accomplissement du rituel – disperser les cendres au bout de la petite île de Key West – lui rend sa liberté à lui, et à elle aussi. « C'est à Mallory Square que finit mon voyage, celui que j'ai fait depuis ma naissance avec toi à mes côtés » (*BAB*, 203). Et c'est paradoxalement en intégrant son héritage qu'elle peut s'en libérer, s'en distancier. « Je te laisserai avec tes rêves. Ils ne pourront plus être les miens » (*BAB*, 205). Par cette finale, le roman s'éloigne du « récit de filiation » qui laisse très souvent l'héritier dans l'impasse, dans l'échec de la transmission. Ici, la narratrice semble reprendre son souffle. Elle prend un nouveau départ, avec la possibilité de retrouver du sens et d'inventer sa vie.

UNE RECONNAISSANCE INVRAISEMBLABLE

Si la narratrice semble reconnaître sa filiation et l'héritage paternel à la fin du roman, il apparaît que cette reconnaissance procède d'une scène problématique, qui parce qu'elle relève de l'invraisemblance, commande de remettre en question la validité de la reconnaissance finale. Cette scène trouble est celle de la rencontre de la narratrice avec le fantôme du père : moment clé du récit, point de basculement, elle constitue une transgression majeure de la vraisemblance diégétique. Jusqu'à cette scène, le récit était réaliste, mais à partir du moment où Érina affirme s'être retrouvée face au fantôme de son père mort neuf mois plus tôt, le statut du récit devient ambigu. Le lecteur peut-il se fier désormais à la narratrice ? Ne doit-il pas mettre en doute sa fiabilité ? En définitive, le lecteur de *La ballade d'Ali Baba* se trouve face à trois niveaux de récits dont l'articulation demeure énigmatique : un récit réaliste, ancré dans la banalité du quotidien ; un récit surnaturel, celui de la rencontre avec le fantôme du père ; et un récit fabulé, celui de l'enfance du père, qui pose d'autres problèmes de vraisemblance sur lesquels nous reviendrons.

Voyons comment s'orchestre cette rencontre surnaturelle avec le fantôme du père, qui, selon notre hypothèse, redéfinirait le sens du passage du ressentiment à la reconnaissance qui caractérise le parcours d'Érina. Cette scène se découpe en plusieurs séquences. La première séquence a lieu en février 2013 dans une tempête de neige (chapitre trois), où Érina sauve d'une déneigeuse un vieillard qui s'avère être le fantôme de son père. Après le choc, l'étonnement, l'incertitude et la colère de la narratrice devant l'apparition surnaturelle de ce revenant, Érina se laisse entraîner par Vassili qui lui parle comme s'ils ne s'étaient jamais quittés et qui désire lui présenter sa nouvelle compagne, Sophia. La deuxième séquence (chapitre six) est celle de la montée interminable dans l'ascenseur qui les conduit au 29ᵉ étage, dans l'appartement de Vassili et de Sophia. Ce moment, teinté d'inquiétude et saturé de nombreuses références intertextuelles à Virgile et à Dante – « Allais-je bientôt passer la porte de l'enfer ? Quel Achéron avais-je traversé, sans m'en rendre compte ? Mon père était-il mon Charon ? » (*BAB*, 86) ; « Me retrouvais-je simplement "au milieu du chemin de ma vie", comme le célèbre Dante ? » (*BAB*, 87) ; ou encore « Vassili n'avait rien de Virgile » (*BAB*, 87) – s'apparente à une traversée des Enfers, un passage du monde des vivants au monde des morts.

Enfin, la troisième séquence, libératrice et festive (chapitre six également) réunit Érina, Vassili et Sophia. L'inquiétude quitte enfin la narratrice lorsqu'elle a la sensation de retrouver son père et son enfance. Après avoir dansé, chanté et récité la scène cinq de l'acte I de *Hamlet*, « *The time is out of joint* / Le temps est hors de ses gonds » (*BAB* 104-105), pour tenter d'expliquer à sa fille la temporalité trouble où il se trouve, Vassili demande à Érina de déterrer ses cendres au solstice d'été (le 23 juin, à minuit) pour les disperser ailleurs. Cette requête donne lieu, quatre mois plus tard, à une scène burlesque au cimetière de Mont-Royal (chapitre neuf), où le fantôme de Vassili réapparaît une deuxième fois pour guider Érina dans sa mission avant de disparaître définitivement. La fin du roman (chapitre douze) met en scène le voyage d'Érina avec les cendres de son père à ses côtés et le rituel de dispersion des cendres dans l'Océan. À partir du moment où le fantôme de Vassili apparaît, le récit glisse brièvement vers le fantastique, Érina hésitant à croire à cette apparition et se trouvant alors entre deux niveaux de réalité, le naturel et le surnaturel. Mais les tonalités ludiques et burlesques l'emportent rapidement, renforçant l'ambiguïté quant au statut du récit, passé brutalement du réalisme au réalisme magique après un glissement vers le fantastique. Comme Andrée Mercier le disait en commentant *La Sorcière* (1996) de Marie NDiaye, on pourrait dire de l'invraisemblable qui ressort de *La ballade d'Ali Baba* qu'il « prend sa source dans la narration même du banal et du quotidien[11] ».

Si la spectralité n'est pas rare dans les « récits de filiation[12] », elle se présente dans *La ballade d'Ali Baba* d'une manière tout à fait singulière. En effet, loin d'être un spectre qui revient hanter lugubrement son héritière, le fantôme de Vassili est un personnage à part entière, aussi théâtral et extraverti qu'il l'était de son vivant. Vassili apparaît d'ailleurs sous la forme d'un fantôme, et non sous celle d'un spectre. Selon Dominique Rabaté, le spectre se différencie du fantôme en ce qu'« il ne marque pas le retour du mort, ou du refoulement dont il faut lever le secret[13] ». « Entre présence et absence, le spectre représente un état d'existence amoindrie qui persiste à se manifester de façon intermittente[14] ». La narratrice elle-même établit de façon ironique la nuance entre spectre et fantôme dans la scène de l'ascenseur, où elle se compare à un spectre, alors qu'elle utilise le mot « fantôme » pour son père.

---

11. Andrée Mercier « *La sorcière* de Marie NDiaye : du réalisme magique au banal vraisemblable », *@nalyses. Revue de critique et de théorie littéraires*, vol. 4, n° 2, printemps-été 2009, p. 176-193 ; https://uottawa.scholarsportal.info/ojs/index.php/revue-analyses/article/view/636 (page consultée le 15 septembre 2015).
12. Voir à ce sujet notamment Demanze, « Les possédés et les dépossédés », *op. cit.*, p. 11-13.
13. Dominique Rabaté, *Désirs de disparaître. Une traversée du roman français contemporain*, Rimouski, Tangence, coll. « Confluences », 2015, p. 47.
14. *Ibid.*

> Moi, je découvris mon air ahuri, presque irréel. […] Je me détournais vite de mon image qui me fit peur. En elle, je vis mon propre spectre. […] Il me fallait à tout prix me rattacher à une quelconque réalité, fût-elle celle du corps du fantôme de mon père, en fait beaucoup plus animé que celui pétrifié de sa fille (*BAB*, 86).

Ainsi, même mort, Vassili lui paraît plus vivant qu'elle. Si le fantôme a un «corps» et des contours, «le spectre clignote, diaphane apparition qui dit qu'il est là, mais à peine[15]». Plutôt que d'alourdir le récit et d'empêcher la transmission comme c'est souvent le cas dans les «récits de filiation», le fantôme constitue dans *La ballade d'Ali Baba* un ressort narratif qui allège et relance l'action. À partir de son apparition surnaturelle et cocasse, le roman s'ouvre à la fiction, à l'imaginaire. Aussi Vassili s'éloigne-t-il, en définitive, de la galerie des pères «taiseux», qui figurent habituellement dans les «récits de filiation», où les pères se taisent «soit par complexion psychique particulière […], soit encore par culpabilité d'avoir choisi l'indéfendable […], soit épuisés par le travail qui leur est imposé et l'habitude prise de n'en pas parler[16]». Dans le roman de Catherine Mavrikakis, Vassili incarne l'antithèse de ces pères «taiseux», non pas tant parce qu'il se dévoile, mais parce que, volubile et joueur, il emprunte la voix et revêt l'identité des autres. Loin d'être silencieux, il est, d'une certaine manière, dans l'excès inverse, qui se retourne en jeu et en mensonge. C'est ce qui explique le rapprochement avec la figure d'Ali Baba:

> À travers l'épaisseur des flocons, je dévisageai cet homme dont l'accent méridional rappelait un monde profondément enfoui en moi. C'était la voix d'Ali Baba et des quarante voleurs, celle qui incarnait tous les personnages des contes des *Mille et une nuits* quand j'étais petite, celle qui imitait Luis Mariano, Georges Guétary, Fernandel et Jerry Lewis, celle qui savait si bien mentir ou me faire rire, enfant… (*BAB*, 41)

Si la fiction, dans le roman de Catherine Mavrikakis, transgresse la vraisemblance diégétique, elle transgresse aussi la vraisemblance pragmatique, pour reprendre la classification

---

15. *Ibid.*
16. Dominique Viart, «Le silence des pères au principe du "récit de filiation"», *Études françaises*, vol. 45, n° 3, 2009, p. 99.

de Cécile Cavillac[17]. Cécile Cavillac distingue en effet la vraisemblance empirique, qui « porte sur la conformité à l'expérience commune, mesurée à l'aune de la raison et/ou de l'opinion[18] » ; la vraisemblance diégétique, qui désigne la « cohérence de la mise en intrigue[19] » et la vraisemblance pragmatique, qui concerne l'« autorité de la voix narrative[20] ». Sur les douze chapitres qui composent le roman, trois chapitres portent sur l'enfance et la jeunesse du père. Ce choix narratif signale une faille dans l'autorité de la voix narrative et dans la prise en charge de la situation énonciative. Comment la narratrice pourrait-elle raconter des événements qui ont eu lieu alors qu'elle n'était pas encore née ? La narratrice ne cherche d'ailleurs à aucun moment à légitimer cette narration. Par cette incursion dans le passé du père, elle choisit la fiction comme un parti pris. Elle opte pour la *fabula*, qui lui permet d'inventer et d'imaginer plutôt que de tenter de restituer ce qui a été à partir de documents d'archives ou de témoignages. Elle mentionne à peine la présence d'archives familiales ; seules quelques photographies et cartes postales sont évoquées. Elle ne laisse pas non plus de place à l'hésitation ou au doute quant aux événements. Ce faisant, le roman s'éloigne, là encore, du « récit de filiation » qui fait peu de place à la fiction et laisse apparaître les hésitations et les lacunes de la narration, tout en échafaudant des hypothèses et en questionnant les faits.[21]

Ces trois chapitres sur l'enfance et la jeunesse du père sont essentiels dans la construction du roman, en ce qu'ils mettent en lumière les aspects positifs du personnage de Vassili et permettent d'entrevoir les répétitions qui se produisent sur plusieurs générations. Le lecteur apprend, par exemple, que Vassili est l'aîné de la fratrie – tout comme Érina est l'aînée de la famille ; qu'il est un enfant plein d'amour envers sa mère et qu'il a donné à sa fille le prénom de sa mère disparue, Érina. Il apparaît dévoué, responsabilisé très tôt par l'absence de son père marin. Parti de Rhodes en 1939 avec sa mère, ses frères et ses sœurs, il arrive à

---

17. Cécile Cavillac, « Vraisemblance pragmatique et autorité fictionnelle », *Poétique*, n° 101, février 1995, p. 23-46.
18. *Ibid.*, p. 24.
19. *Ibid.*
20. *Ibid.*, p. 25.
21. Voir à ce sujet notamment Viart, *La littérature française au présent*, *op. cit.*, p. 92.

Alger à l'âge de cinq ans, où il doit rapidement se débrouiller pour subvenir aux besoins des siens :

> Tout enfant, quand les sous manquaient, Vassili allait voler du lait et quelques victuailles pour sa mère dans la Casbah. Qu'il aimait aller se promener là ! C'était une vraie caverne d'Ali Baba. Il avait failli se faire attraper très souvent, mais le petit Vassiliou avait du courage, il courait vite et c'était, selon les dires de tous les habitants du quartier où il habitait, un fameux débrouillard qui savait gagner une pièce, mine de rien, en rendant de menus services (*BAB*, 128).

En racontant l'enfance du père, la narratrice met au jour l'âpreté de la vie de Vassili. Le lecteur comprend que lorsqu'il abandonnera sa femme et ses filles plus tard, il ne fera que reproduire l'histoire de son père Manos. Ces chapitres éclairent ainsi la trajectoire du père et permettent à la narratrice de se décentrer de sa propre histoire, de juger moins durement les failles de son père et d'être en paix avec sa filiation. Ce détour par l'autre, lui-même transformé par la fiction, permet à la narratrice de mieux revenir à elle-même.

LE DEVENIR-FICTION DE L'HÉRITAGE

Si la narratrice prend une distance par rapport à la réalité tant sur le plan diégétique que pragmatique, elle transmet malgré tout une partie de la mémoire de son père. La fiction accomplit donc ici aussi bien une fonction de transmission que de transgression. Au fil des chapitres qui égrènent l'enfance, il apparaît que le père a transmis beaucoup plus de choses à sa fille que ce qu'elle veut bien croire : par exemple, son amour pour la cuisine et le plaisir qui l'accompagne. Mais c'est le fantôme du père qui aide la narratrice à se souvenir de l'élément essentiel qui a été transmis : son goût pour les histoires. « J'en ai inventé des histoires, tu ne crois pas ? Je t'en racontais des magnifiques quand tu étais petite. Pour toi, je traficotais tous les contes arabes. Ce talent d'écrivain, tu penses qu'il a poussé tout seul ou qu'il vient de ta mère ? » (*BAB*, 40). Vassili lui confiait aussi ses rêves pour elle : « Il aimait aussi beaucoup Françoise Sagan et espérait sincèrement qu'un jour je deviendrais une romancière comme elle et que, comme ses personnages, je connaîtrais l'amour... » (*BAB*, 102). Il apparaît donc que c'est Vassili qui a transmis à Érina son goût pour la fiction et qui, le premier, a rêvé qu'elle devienne écrivaine. Cet homme sans instruction réalise son rêve d'érudition dans l'au-delà en se consacrant à la lecture et donne une leçon magistrale de littérature à sa fille à propos d'*Hamlet*. Pour lui, la littérature n'est pas séparée de la vie, mais lui est intimement liée.

Si le fantôme de Vassili rappelle à sa fille qu'il lui a transmis son goût pour les histoires, il lui rappelle aussi dans quelle représentation de la vie et de la mort il a élevé sa fille. La fiction propose alors un rapport renouvelé à la mort et ouvre sur une nouvelle forme de deuil. En effet, alors qu'Érina tente de se convaincre dans la tempête de neige que l'apparition qui se tient devant elle ne peut être son père mort, le fantôme de Vassili éclate de rire et explique sa vision de la mort à sa sceptique de fille :

> Mais qu'est-ce que ces Nord-Américains, ces Occidentaux peuvent comprendre à la mort ? Il faut être oriental pour approcher cela... Tu es devenue comme eux, on dirait... Voilà que tu te fies à la réalité des vivants... Il me semble ma fille que je ne t'ai pas élevée ainsi ! Nous avions le culte des morts, chez nous. On ne les foutait pas à la porte, [...] d'un coup de balai... Ta grand-mère a toujours été présente à mes côtés, et aux tiens. N'a-t-elle pas existé pour toi ? Tu ne l'as pourtant jamais connue. (*BAB*, 53)

C'est donc une tout autre vision de la mort que celle de la vision occidentale que propose le fantôme de Vassili, le « cosmopolite sans racines » (*BAB*, 183). Dans la représentation qu'il expose et incarne d'une certaine manière, les vivants côtoient les morts. Les frontières entre le visible et l'invisible ne sont pas étanches mais perméables, poreuses. Cependant, si le fantôme affirme que les siens avaient le culte des morts et qu' « on ne les foutait pas à la porte d'un coup de balai », le geste d'Érina de dispersion des cendres ressemble à s'y méprendre à un coup de balai. Alors que Vassili allait se recueillir tous les dimanches sur la tombe de sa mère avant de quitter l'Algérie pour New York, Érina rompt la tradition familiale en dispersant les restes de son père aux quatre vents. On pourrait aller jusqu'à dire qu'elle orchestre la disparition du père en le faisant devenir fiction : « Tout à l'heure, *je te précipiterai* dans l'eau qui clapote devant le quai de

Mallory Square et tu t'éparpilleras en mille fictions » (*BAB*, 205 ; nous soulignons) ; « *Je déchirerai* une photo de toi, moi et maman sur laquelle j'ai seize mois » (*BAB*, 205 ; nous soulignons) ; « *Je te verrai t'abîmer* dans l'eau » (*BAB*, 206 ; nous soulignons). Un peu avant, l'emploi de l'anaphore « Je te vois danser », « Je te vois t'embarquer », « Je te vois prendre la route », « Je te vois nager » (*BAB*, 204-205) montre que la narratrice a véritablement transformé son père en fiction. Il rejoint les personnages des contes des *Mille et Une nuits* de son enfance, aux côtés d'Ali Baba et de Sindbad le marin ; il devient une figure parmi d'autres dans l'univers fictionnel de la narratrice tandis qu'Érina revient à son talent, à la vocation d'écrivaine dont son père avait rêvé pour elle.

En jouant avec la fiction comme vecteur de transmission et de transgression, la narratrice semble habiter la question paradoxale du deuil qui est, selon Dominique Rabaté, de « comment garder vivant le (souvenir du) mort tout en le tuant afin qu'il ne continue pas, de manière mélancolique, à hanter et détruire le vivant ?[22] ». La phrase qui clôt le roman semble répondre à ce double mouvement de garder vivant et de tuer le souvenir du mort : « Tu seras éternel. Tu seras dans tous les récits. Tu seras lové au cœur de tous les possibles. / Tu ne seras plus rien » (*BAB*, 206). Alors que Laurent Demanze note que l'individu est « désemparé devant le deuil, puisqu'il est dépossédé à la fois de l'être disparu *et* des techniques et des rites pour en faire le deuil[23] », le passage par la fiction serait un moyen de répondre à cette aporie du deuil dans une époque contemporaine déritualisée. La fiction s'inscrirait alors contre la mélancolie et la nostalgie, contre le sérieux et le poids de la mémoire, pour une poétique du rire et du devenir. La narratrice prête d'ailleurs ces mots à son père, alors que celui-ci a vingt-trois ans et quitte l'Algérie pour l'Amérique : « Mais la nostalgie n'allait pas aider Vassili ! Il essayait de se tenir loin des créatures qui pataugeaient dans leurs souvenirs. [...] La nostalgie... C'était un sentiment dangereux, contagieux. [...] Il fallait aller de l'avant » (*BAB*, 184). La fiction consisterait donc, pour reprendre l'hypothèse de Dominique Rabaté, à reconnaître et à convertir la perte en composant avec la dimension mélancolique du deuil, tout

---

22. Dominique Rabaté, « Introduction », Dominique Rabaté et Pierre Glaudes (dir.), *Deuil et littérature*, Bordeaux, Presses universitaires de Bordeaux, coll. « Modernités », 2005, p. 11.
23. Demanze, « Les possédés et les dépossédés », *op. cit.*, p. 14.

en y échappant[24]. De ce point de vue, *La ballade d'Ali Baba* ouvre une voie de passage à de nouveaux rituels de deuil contemporains.

Ainsi, nous avons vu comment la narratrice Érina passe dans *La ballade d'Ali Baba* du ressentiment à la reconnaissance envers son père par le choix de la fiction, qui permet de penser la filiation à la fois comme transmission et transgression. Nous avons questionné la validité de cette scène trouble où apparaît le fantôme du père, mettant en cause la fiabilité de la narratrice et par là-même la vraisemblance diégétique du récit, avant de regarder la vraisemblance pragmatique des chapitres portant sur l'enfance et la jeunesse du père, invraisemblables puisque la narratrice raconte des événements dont elle ne détient aucun savoir effectif. Nous avons vu que la fiction, à même cette distance qu'elle instaure et maintient entre le récit et la réalité, permet de révéler la transmission qui a eu lieu malgré tout entre le père et la fille, ouvrant sur un rapport renouvelé à la mort. Plutôt que d'opposer transmission et transgression dans la réflexion sur la filiation, il apparaît donc important d'envisager l'interrelation de ces deux termes. L'un ne va pas sans l'autre. Ils se complètent et se relancent mutuellement.

Dans la crise de la transmission qui touche la société contemporaine, les héritiers se trouvent face à la nécessité d'inventer. Inventer de nouvelles formes de rituels pour laisser partir les morts sans les oublier tout à fait, trouver comment recevoir l'héritage sans y souscrire totalement, imaginer d'autres façons de reconnaître sa filiation pour mieux s'en libérer. *La ballade d'Ali Baba* s'inscrit dans la lignée du « récit de filiation » en ce qu'elle en reprend des motifs bien connus, mais elle s'en distancie par le parti pris de la fiction. L'invraisemblable qui fait irruption dans le quotidien – avec l'apparition du fantôme – vient en quelque sorte ouvrir une brèche dans le récit, laissant entrevoir de nouvelles avenues pour sortir l'héritier de la honte, du ressassement, de la mélancolie et de la hantise. Au fil du roman, on comprend que l'héritage n'est pas : il devient, ou peut-être même *doit* devenir, c'est-à-dire qu'il doit se transformer, s'altérer. Et c'est la fiction, en tant qu'ouverture sur tous les possibles, qui permet à la narratrice de reconnaître la filiation ainsi définie, d'y consentir.

---

24. Rabaté, *Deuil et littérature*, *op. cit.*, p. 12.

ORIGINES ET RECONFIGURATIONS IDENTITAIRES DANS *NIKOLSKI* DE NICOLAS DICKNER

JULIEN DESROCHERS
Université de Moncton

Paru chez Alto en 2005, *Nikolski*[1], premier roman de l'auteur québécois Nicolas Dickner, possède un double statut pour le moins intéressant. Il s'agit d'abord d'une fiction au plaisir de lecture indéniable et dont la ligne directrice est plutôt facile à suivre, ce qui explique certainement, en partie du moins, son grand succès commercial autant en français qu'en traduction anglaise[2]. Cependant, même si l'on a dit de ce roman qu'il « s'avale comme du dessert[3] », il demeure difficile de nier sa grande richesse – voire sa complexité – sur le plan des origines des personnages. La quatrième de couverture nous informe à cet effet que les trois héros de Dickner ont tous « des arbres généalogiques tordus ». Cet enchevêtrement a d'ailleurs berné quelques critiques qui, en résumant le roman, n'ont pas été en mesure de bien démêler les liens familiaux qui unissent les protagonistes[4].

---

1. Nicolas Dickner, *Nikolski*, Montréal, Alto, 2005, 325 p. Désormais, les références à cet ouvrage seront indiquées par le sigle *N*, suivi du folio, et placées entre parenthèses dans le texte.
2. Rappelons que la traduction anglaise de *Nikolski* a remporté les honneurs de l'édition 2010 du *Canada Reads* à la radio de CBC, ce qui a fortement contribué à son succès commercial au Canada anglais.
3. Frédérique Bernier, « Le genre de personne », *Contre-jour : cahiers littéraires*, n° 10, 2006, p. 257.
4. Voir par exemple Michel Biron, « De la compassion comme valeur romanesque », *Voix et images*, vol. 31, n° 1 (91), automne 2005, p. 144. Dans ce compte rendu, l'auteur affirme que Jonas Doucet est à la fois le père de Noah et de Joyce alors qu'en réalité, il est plutôt l'oncle de cette dernière.

Qui dit complexité des origines dit, par le fait même, complexité identitaire. Paul-André Proulx, dans son compte rendu de *Nikolski*, résume en une phrase la situation des trois protagonistes du roman : « On se déracine, mais on est hanté par un passé auquel on prélève des vestiges pour se maintenir à flot[5] ». L'ambiguïté identitaire est ici relevée de belle façon : l'émancipation est une nécessité pour Noah, Joyce, et le libraire, mais ces derniers ne réussissent pas pour autant à évacuer de leur parcours les empreintes généalogiques qui leur rappellent qui ils sont et d'où ils viennent.

Jusqu'à maintenant, l'abondante littérature critique portant sur *Nikolski* a bien confirmé la présence de ces deux pôles dans le roman. Si Isabelle Boisclair[6] a clairement montré la nette coupure des personnages par rapport à leurs parents et à leur histoire familiale – concentrant ainsi son analyse sur la question du déracinement et de l'affranchissement des héros –, d'autres chercheurs, comme Jean Morency, ont aussi rappelé que malgré ce détachement, la question des origines imprègne fortement le roman, dans la mesure où la thématique de la mémoire diasporale (acadienne et canadienne-française) se trouve « au fondement même des trois intrigues présentes dans *Nikolski*[7] ».

Il semblerait ainsi, pour reprendre la terminologie de Paul Ricœur dans *Soi-même comme un autre*, que le roman de Dickner propose de mettre de l'avant – de prégnante façon – l'exploration de l'*idem* (ou de la *mêmeté*) des personnages, c'est-à-dire de la portion de leur identité associée à la permanence et à la transmission, et de leur *ipséité*, qui renvoie pour sa part à la mouvance, voire à

---

5. Paul-André Proulx, « Le phénomène de l'appartenance », en ligne : http://www.litterature-quebecoise.com/oeuvres/nikolski.html (page consultée le 20 août 2015).
6. Isabelle Boisclair, « Trois poissons dans l'eau. Les (non-)relations familiales dans *Nikolski* de Nicolas Dickner », Murielle Lucie Clément et Sabine van Wesemael (dir.), *Relations familiales dans les littératures française et francophone des XXe et XXIe siècles. La figure du père*, Paris, L'Harmattan, 2008, p. 277-286.
7. Jean Morency, « Dérives spatiales et mouvances langagières. Les romanciers contemporains et l'Amérique canadienne-française », *Francophonies d'Amérique*, n° 26, automne 2008, p. 37.

une sorte de transgression[8] ouvrant la voie à une projection vers l'avenir. Il est tentant, en lisant *Nikolski*, d'approcher ces deux réalités comme étant mutuellement exclusives. Ricœur rappelle néanmoins que la *mêmeté* et l'*ipséité* ne peuvent que s'affirmer à l'intérieur d'une tension dialectique et que ce n'est que par l'entremise d'un récit autoréférentiel menant à la création d'une identité narrative, que cette tension peut voir le jour: «L'identité du personnage, [affirme le philosophe] se comprend par transfert sur lui de l'opération de mise en intrigue d'abord appliquée à l'action racontée; le personnage, dirons-nous, est lui-même mis en intrigue[9]».

Je propose, dans cet article, de montrer la manière dont s'opère ce transfert, et ce, en défendant l'idée, suivant Ricœur, que c'est par l'action même de *se raconter* que les protagonistes principaux de *Nikolski* – Joyce et Noah particulièrement[10] – sont en mesure de se singulariser, de se détacher progressivement du régime de l' «identité-mêmeté[11]» afin de s'inscrire dans une durée qui leur est propre. L'étude de cette reconfiguration se fera en deux temps: je m'attarderai d'abord à montrer les diverses manifestations, dans le quotidien de ces deux jeunes adultes, de leurs empreintes généalogiques, ce qui permettra d'entrevoir la façon dont leur histoire familiale s'immisce au cœur même de leurs actions. Il s'agira ensuite de montrer que, par le truchement d'une narrativisation du soi impliquant la présence d'un interlocuteur, Joyce et Noah initient une démarche émancipatoire, transgressive, qui, sans évacuer entièrement les traces de leur passé, leur donne la possibilité, comme le souligne Michel Erman en parlant de la

---

8. Le terme «transgression» ne doit pas être compris, dans le contexte de *Nikolski*, en tant que synonyme d'infraction ou d'insubordination, mais plutôt selon son sens étymologique premier: du latin *transgressio*, qui signifie «marche à travers, au-delà». L'idée de progression ou de traversée prime ici sur celle d'insoumission, de révolte.
9. Paul Ricœur, *Soi-même comme un autre*, Paris, Seuil, 1990, p. 170.
10. Je développerai l'essentiel de mon argumentation autour de ces deux protagonistes en faisant toutefois référence au personnage du libraire de façon ponctuelle.
11. Ricœur, *op. cit.*, p. 13.

théorie ricardienne de l'identité narrative, « de déterminer leur propre conduite, face à eux-mêmes comme face à autrui[12] ».

UN *IDEM* OMNIPRÉSENT

Nikolski raconte, à l'intérieur de trois récits qui s'entrecroisent, l'histoire de Noah, de Joyce et d'un libraire qui, en 1989, convergent tous vers Montréal afin de tourner la page sur une époque révolue de leur vie. En arrivant dans la métropole québécoise, Noah entame des études en archéologie tandis que Joyce se déniche un emploi de jour dans une poissonnerie du marché Jean-Talon tout en amorçant, la nuit tombée, une « carrière » de pirate informatique. Le libraire, pour sa part, poursuit sa vocation dans une bouquinerie située sur la rue Saint-Laurent. Les trois personnages sont liés par le sang, mais seul le lecteur est au courant de cette filiation, qui lui est par ailleurs révélée progressivement au fil du récit. Ils sont tous, en effet, les petits-enfants de Lyzandre Doucet, homme d'origine acadienne dont les ancêtres – anciennement des pirates – quittèrent la région de Beaubassin pour éviter la déportation et pour finalement s'installer dans le village de Tête-à-la-Baleine, en Basse-Côte-Nord[13].

Pour Noah et Joyce, cette expédition vers la grande ville est le résultat d'un désir de fuite pour le moins aigu. Alors que Joyce veut à tout prix quitter son village natal de Tête-à-la-Baleine, s'échapper de l'envahissante famille paternelle pour « s'aventurer dans un monde non cartographié » (*N*, 71), Noah, pour sa part, fomente des plans afin de « s'éjecter par la fenêtre » (*N*, 46) de la roulotte dans laquelle il a grandi, dans les Prairies canadiennes. Malgré cette forte volonté de tout recommencer, ils arrivent à Montréal avec un bagage héréditaire qui, sans peser lourd

---

12. Michel Erman, *Poétique du personnage de roman*, Paris, Ellipses, coll. « Thèmes et études », 2006, p. 103.
13. On comprend à la lecture que le libraire et Noah ont le même père (Jonas Doucet, fils de Lyzandre) – ce qui fait d'eux des demi-frères – et que ce même Jonas est également l'oncle de Joyce, cette dernière étant donc la cousine des deux jeunes hommes. Bien qu'ils se rencontrent brièvement lors de leur séjour à Montréal, les trois personnages n'auront jamais la chance de découvrir les liens familiaux qui les unissent. Dickner s'amuse ici à déjouer les attentes du lecteur, qui espère à tout moment la concrétisation de cette reconnaissance.

dans leur quête identitaire et sans être un agent de déterminisme, ne peut être complètement évacué de leur quotidien.

En raison d'une double descendance liée à l'univers marin – la pêche du côté paternel et la flibuste du côté maternel – Joyce Doucet se retrouve, plus que tous les autres personnages, submergée par cet *idem* maritime qui se manifeste à pratiquement toutes les pages du roman où elle figure. L'extrait qui suit, alors que la jeune femme n'a même pas encore mis les pieds en sol montréalais, fait figure d'exemple éloquent :

> Le couple a repêché Joyce sept heures plus tôt, à bord du traversier de Tadoussac. Coup de chance, ils se rendaient justement à Montréal afin d'y donner une série de conférences sur les baleines de l'estuaire. La femme conduisait sans se presser […], tandis que son comparse expliquait à Joyce le subtil cycle respiratoire du grand cachalot macrocéphale. (*N*, 81)

En quelques lignes, ce sont toutes les origines de Joyce qui sont ouvertement exposées grâce à la mise en place d'un espace textuel saturé de références à la mer. La métaphore, ici, ne pourrait être plus claire : Joyce fuit sa famille paternelle, mais ses racines ancestrales liées à la pêche et aux animaux marins voyagent malgré tout avec elle – par l'entremise du couple qui la « repêche » sur le traversier de Tadoussac – et l'accompagnent jusqu'à Montréal, où elles demeureront omniprésentes.

Il faudrait ajouter à tout ce champ lexical la présence d'une mémoire sensorielle subconsciente qui participe également à trahir, dans le texte, l'indéniable appartenance de la jeune femme au monde de la mer. À son arrivée à Montréal, Joyce se fait déposer tout près du marché Jean-Talon et, immédiatement, la frénésie de l'endroit et l'abondance des déchets lui donnent le vertige. Ses cinq sens sont en alerte et seule l'odeur rassurante du poisson est en mesure de lui faire reprendre contenance :

> Soudain, son nez frémit. Elle baisse le regard et découvre des bacs en styrofoam maculés de tâches rosâtres. Elle chasse les nuées de mouches, s'accroupit, soulève un des bacs et le renifle. Du sang de poisson. L'odeur est si familière que Joyce sent des larmes lui monter aux yeux. (*N*, 83)

Loin d'être évacuées, les origines ancestrales, qui se manifestent sous une mémoire olfactive, sont présentes et deviennent même, pour Joyce, une sorte de bouée de sauvetage lui permettant, dans ce lieu inconnu, d'établir un point de repère rassurant.

Les chapitres du roman consacrés au personnage de Noah Riel sont également marqués par une fréquente utilisation du lexique maritime, ce qui témoigne de son appartenance à la famille Doucet du côté paternel, mais ce lexique est jumelé à une panoplie de références qui le rattachent tout autant à son *idem* maternel, lequel renvoie à ses ancêtres autochtones et aux grands espaces des Prairies canadiennes[14]. Franco-Manitobaine d'origine amérindienne, la mère de Noah, Sarah Riel, naît dans une réserve située près du village dénommé Portage la Prairie. Très vite, elle quitte cet endroit, vole la voiture et la roulotte de son ex-mari et, en grande nomade, amorce un *road-trip* circulaire qui ne dépasse jamais les limites des Plaines. Noah voit le jour dans cette roulotte, neuf mois après le passage de Jonas Doucet, et y passe la totalité de son enfance et de son adolescence.

À Montréal, alors que Noah tente de se forger une nouvelle existence, ses études universitaires en archéologie le ramènent irrémédiablement à ses racines familiales. Pendant un cours particulièrement ennuyeux sur la préhistoire amérindienne, l'esprit de Noah s'évade de la salle de classe et effectue un voyage dans le passé : le jeune homme « pens[e] aux vieux Chipeweyan ridés qui hantaient la roulotte de sa mère. Il se remémor[e] tous les noms de réserves, les méandres de sa généalogie et les subtilités de l'*Indian Act* » (*N*, 133-134). Cette hantise du passé se poursuit jusque dans les démarches entreprises par Noah pour s'inscrire à la maîtrise : alors qu'il veut à tout prix étudier l'archéologie des déchets en compagnie du professeur spécialiste Thomas Saint-Laurent, ce dernier lui propose plutôt de rester en territoire moins controversé. Convaincu que le projet de maîtrise de Noah ne serait pas approuvé par le comité d'évaluation – « l'université est un milieu conservateur », lui affirme-t-il (*N*, 137) – il lui propose plutôt de faire d'abord ses preuves dans un domaine moins litigieux,

---

14. L'identité onomastique du protagoniste est porteuse, non sans coïncidence, de cette dualité : « Noah » renvoie en effet au personnage biblique de Noé et à l'épisode du déluge, tandis que « Riel » fait référence au chef métis Louis Riel, fondateur de la province du Manitoba.

soit... la préhistoire amérindienne. Ce passage est significatif dans la mesure où le réseau sémantique des déchets, fort présent dans *Nikolski*, est étroitement associé à l'environnement montréalais. Noah désire bel et bien s'émanciper de ses origines, s'ancrer dans sa nouvelle réalité urbaine par le biais de ce projet de recherche, mais il est, malgré tout, continuellement renvoyé à son *idem* maternel.

Notons finalement que, tout comme pour Joyce, la présence d'une mémoire sensorielle chez Noah participe à replonger ce dernier au cœur de ses origines et à perpétuer le régime de l'identité-mêmeté dans son quotidien. C'est ainsi qu'en mettant les pieds dans un bureau de poste montréalais pour envoyer une lettre à sa mère (ce qu'il fera très souvent, j'y reviendrai),

> [i]l s'arrête soudain, foudroyé au milieu de la place. Il flotte, dans l'air ambiant, la même odeur que dans les milliers de petits bureaux de poste éparpillés dans la plaine entre Winnipeg et Calgary. Papier pulvérisé, élastiques, tampon encreur. Noah vacille. Le voilà catapulté à 3 000 kilomètres de là, treize ans plus tôt. Il cligne des yeux, regarde autour de lui. Montréal ne serait-elle qu'une poste restante parmi tant d'autres ? (*N*, 107)

Encore une fois, le personnage ne peut évacuer sa part de permanence, bien implantée au plus profond de ses souvenirs olfactifs. Noah habite bel et bien Montréal de façon physique, mais son esprit demeure ancré dans l'imaginaire des grands espaces de l'Ouest canadien, réactivé par l'odeur des nombreux bureaux de postes qu'il a fréquentés lors de sa jeunesse, alors que sa mère poursuivait une improbable correspondance avec le père de celui-ci, le mystérieux Jonas Doucet.

L'importance accordée par Dickner à ce que J. Douglas Porteous nomme le « paysage olfactif » (le *smellscape*) pour rappeler les origines de ses personnages n'est pas fortuite. Au contraire de la mémoire visuelle qui est hautement efficace à court terme mais qui perd de sa précision avec le temps, la mémoire olfactive possède l'étrange particularité, comme le fait remarquer le critique, de conserver son niveau de performativité dans la longue durée[15]. Les signaux olfactifs, beaucoup plus que ceux rattachés aux

---

15. Voir J. Douglas Porteous, *Landscapes of the Mind. Worlds of Sense and Metaphor*, Toronto, Buffalo, London, University of Toronto Press, 1990, p. 37.

sens de la vue, du goûter ou du toucher, incarnent donc le relais par excellence de l'héritage atavique chez le personnage fictionnel. En utilisant, comme bien d'autres auteurs avant lui[16], la technique du flash-back déclenché par une odeur («*smell-generated flashback technique*»[17]), Dickner rappelle d'emblée, au travers de l'épisode du Marché Jean-Talon (chez Joyce) et celui du bureau de poste (chez Noah), que malgré la grande liberté de mouvement de ses protagonistes – liberté qui leur permet de prendre leur distance par rapport à leur famille immédiate – un lien important les rattache encore et toujours aux branches de leur arbre généalogique.

LA CRÉATION D'UNE IDENTITÉ NARRATIVE

Si l'*idem* de Joyce et de Noah, cette identité-mêmeté qui leur assure une permanence dans le temps, se manifeste constamment dès leur arrivée à Montréal, une brèche s'ouvre néanmoins dans la diégèse, infusant, dans l'existence des deux héros, un important élément de variabilité. Cette métamorphose prend place dans l'économie du récit au moment où les deux protagonistes adoptent la posture du personnage «raconteur», lorsqu'ils procèdent à une narrativisation de leur propre existence. S'instaure ainsi, progressivement, cette «identité narrative qui se construit sur le changement et la durée dans le rapport que le[s] personnage[s] entretien[nen]t, en premier lieu, avec [eux]-même[s][18]». C'est par l'entremise d'un partage des origines effectué en compagnie du libraire (pour Joyce) et grâce à sa relation avec le petit Simón (pour Noah) que les deux héros peuvent ainsi, à des moments charnières du roman, épouser pleinement leur part d'*ipséité*.

Tout au long de son séjour montréalais, Joyce est aux prises avec une pénible réalité, à savoir que le monde de la piraterie, dans son histoire généalogique, en est un réservé aux hommes. Dès le début du roman, il est clair dans son esprit qu'elle doit «perpétuer les traditions familiales» (*N*, 63), mais l'absence de

---

16. Porteous cite par exemple Marcel Proust, Aldous Huxley et T.S. Eliot. *Ibid.*, p. 38.
17. *Ibid.*
18. Erman, *op. cit.*, p. 104.

modèle féminin représente pour elle une « entrave » tout autant qu'une « grave injustice » (*N*, 64). C'est pour cette raison qu'elle s'accroche tant à une découpure de journal – son objet fétiche – qui relate l'arrestation, par le FBI, de Leslie Lynn Doucette, pirate informatique qu'elle tente de retracer dès son arrivée à Montréal et qu'elle imagine même, à certains moments, être nulle autre que sa mère biologique qu'elle n'a jamais connue. Cet artefact permet à Joyce de maintenir un lien avec ses origines flibustières, tout en lui donnant l'espoir que les femmes peuvent aussi endosser cette vocation. En ce sens, il symbolise à la fois l'idée de permanence chez la jeune femme (l'*idem*) et son désir d'émancipation, voire de transgression par rapport aux traditions familiales (l'*ipséité*). Ses recherches pour retrouver cette femme mystérieuse demeurent néanmoins infructueuses et elle finit, en conséquence, « par ressentir une profonde lassitude » (*N*, 240) dans sa carrière de pirate cybernétique. C'est dans ce contexte de désespoir que Joyce, prête à quitter Montréal, se rend d'abord à la bouquinerie de la rue Saint-Laurent, puis plus tard, dans un épisode important du roman, à l'appartement du libraire, afin de se procurer un guide de voyage.

Dans le salon du libraire, Joyce ressent vite une sorte de complicité avec celui qu'elle ignore être son cousin. Elle n'hésite donc pas à profiter de ce moment propice à la discussion et aux confidences pour lui révéler un pan de son existence. Il importe de préciser qu'il s'agit du seul moment, dans le roman, où Joyce « se raconte », qu'elle aborde directement la question de ses origines et qu'elle se désigne comme protagoniste à l'intérieur du récit familial qui est le sien. L'odeur du thé que lui prépare son hôte lui rappelle les moments passés avec son grand-père Lyzandre Doucet durant son enfance et c'est ainsi qu'elle relate au libraire cette anecdote biographique :

> Mais il [son grand-père] parlait surtout de nos ancêtres. Il paraît que mon arrière-arrière-arrière-grand-père était un célèbre pirate acadien. Jamais pu vérifier. Il m'en a tellement parlé que j'ai fini par vouloir devenir pirate. Mes cousins disaient que les femmes pirates n'existaient pas, mais plus ils le répétaient, plus je voulais prouver le contraire. Les enfants ont des idées étranges, parfois. (*N*, 266)

Cette narration des origines – où se relate le problème chez Joyce de l'absence des femmes dans l'univers flibustier – représente une étape cruciale dans son processus d'affranchissement. En effet, son récit de vie ouvre la porte à la construction d'une identité renouvelée, puisqu'il est immédiatement suivi par cette réplique du libraire, qui s'avère décisive dans la mise en tension de l'*idem* et de l'*ipsé* chez la jeune femme : « Pas du tout, renchérit-il. D'ailleurs, les femmes pirates ont existé. Il y en avait deux dans l'équipage de Calico Rackham » (*N*, 266). Cette révélation a le potentiel de tout changer puisque Joyce (« visiblement revigorée », nous précise le narrateur) se retrouve soudainement validée dans son désir d'autonomisation. La poursuite des origines peut dès lors s'accomplir, mais dans un esprit de mouvance, puisqu'à partir de ce moment, Joyce est assurée de l'existence de pirates féminins, modèles sur lesquels elle peut désormais s'appuyer pour avancer dans sa quête.

Le processus identitaire s'accomplit dès lors qu'il s'enrichit d'un acte narratif, mais également lorsqu'un contact significatif se développe avec autrui. Moment pivot du roman, la rencontre entre Joyce et le libraire le montre parfaitement, car au lendemain de cette soirée, Joyce, apprend-on, quitte définitivement Montréal pour partir à l'aventure[19]; elle laisse toutefois épinglé au mur de son appartement l'article de journal sur Leslie Lynn Doucette, artefact auquel elle n'a plus besoin de s'accrocher à tout prix pour endosser sa nouvelle indépendance[20].

---

19. La destination de Joyce n'est pas clairement précisée, mais tout porte à croire qu'elle part en direction des Caraïbes. Le libraire réalise en effet, au lendemain de sa soirée avec Joyce, que cette dernière lui a volé son « *Rough Guide* sur la République Dominicaine » (*N*, 296).
20. La fonction de cet article de journal dans le parcours de Joyce est fort similaire à celle du compas (pour le libraire) et du Livre sans visage (pour Noah). Dans les trois cas, il s'agit d'un artefact qui rattache les personnages à leur passé et dont ils finissent – de façon volontaire pour Joyce et Noah et accidentelle pour le libraire – par se débarrasser afin d'endosser leur nouvelle identité. Pour plus de détails concernant le symbolisme de ces objets, voir Boisclair, *op. cit.*, p. 277-286 ; Jeanette den Toonder, « Lieux de rencontre et de transition : espaces liminaires et zones de contact dans *Nikolski* », *Francophonie d'Amérique*, n° 31, printemps 2011, p. 13-29 et Kirsty Bell, « Collectionneurs et chasse aux trésors dans *Nikolski* de Nicolas Dickner », *Québec Studies*, vol. 47, printemps/été 2009, p. 39-56.

Chez Noah, pareillement, le processus de reconfiguration identitaire ne peut s'accomplir sans cette mise en récit du soi effectuée au travers d'une relation significative avec autrui. Précisons d'entrée de jeu qu'un des facteurs qui empêchent initialement le jeune homme de pleinement épouser sa part d'*ipséité*, ce sont les nombreuses lettres qu'il envoie à sa mère dès son arrivée à Montréal. Il s'agit d'une correspondance à sens unique – Noah ne recevra jamais de réponse de sa génitrice – et pourtant, cela ne semble pas le décourager outre mesure puisque, comme l'indique le texte, « il a écrit plus de cinq cents lettres à sa mère pendant les quatre dernières années » (*N*, 141).

La rédaction de ces lettres, cette « mise en intrigue » de sa nouvelle existence à Montréal, ne participe pas, au contraire de ce que l'on pourrait penser, au processus d'émancipation identitaire de Noah. Alors que pour Joyce, la tenue d'un discours autoréférentiel ouvre la voie à une métamorphose du soi, chez Noah, chaque lettre envoyée représente, en revanche, un perpétuel retour en arrière. D'abord, parce que sa mère ne répond jamais (Noah est ainsi privé du contact avec autrui), mais aussi en raison des procédures complexes liées à l'envoi de ces lettres : puisque sa mère, au volant de sa roulotte, ne reste jamais au même endroit, Noah doit, avant de poster chacune de ses missives, ouvrir une carte des Prairies canadiennes – se replonger une fois de plus, de façon symbolique, au cœur de ses origines et de son histoire familiale – et calculer les déplacements de sa mère sur ce grand territoire, afin d'envoyer sa lettre à la poste restante la plus proche. Or pour amorcer son processus d'autonomisation identitaire, Noah doit trouver une façon de se raconter différemment. Mais plus encore, il doit établir contact avec un auditeur qui saura reconnaître comme telle cette mise en récit. Noah trouvera éventuellement cet auditeur attentif en la personne du petit Simón.

C'est de façon complètement inattendue que Simón fait son apparition dans l'existence de Noah. Tout débute en effet lorsque Noah fait la connaissance d'Arizna, qui fréquente assidûment, tout comme lui, la section des « Sciences navales, récits de voyage et serpents de mer » de la bibliothèque universitaire. Les deux jeunes adultes se lient d'amitié mais perdent éventuellement contact pendant une année complète. Au retour d'une expédition sur l'île Stevenson durant laquelle il procède à des fouilles archéologiques en compagnie du professeur Thomas Saint-Laurent, Noah renoue finalement contact avec Arizna, maintenant mère d'un bébé de trois mois. Même si tout porte à croire que Noah est le père de cet enfant – ils ont, en outre, les mêmes «yeux chipeweyan» (*N*, 214) – la jeune femme insiste pour dire que «Simón n'a pas de père» (*N*, 215).

Le récit reste donc volontairement flou à savoir si Noah est véritablement le père biologique de Simón. Le jeune homme fait cependant fi des questions d'ADN et assume pleinement son rôle de papa en «se forge[ant] une petite paternité quotidienne» (*N*, 230). Pour ce faire, il déménage au Venezuela, sur l'île Margarita, où Arizna travaille désormais. Afin d'éviter tout soupçon de la part de cette dernière quant aux motivations paternelles qui le poussent à s'installer à cet endroit, Noah invente un subterfuge: il lui affirme qu'il travaille sur une thèse de doctorat sur les Garifunas, peuple des Caraïbes dont les archives se trouvent dans une ville voisine. Ce prétexte lui permet donc de vivre sous le même toit que Simón et de s'en occuper. C'est d'ailleurs grâce à ce nouveau rôle que l'obsession de la correspondance avec sa mère est tranquillement délaissée au profit d'une autre sorte de «mise en intrigue»:

> Cohabiter avec un enfant de quatre ans et demi permet de développer des dons insoupçonnés. Noah s'est découvert un talent pour inventer des histoires sans queue ni tête. Hier soir, alors que Simón lui réclamait une histoire pour s'endormir, il lui a improvisé le premier chapitre des *Merveilleuses aventures de Charles Darwin aux îles Galápagos*. (*N*, 225)

Ainsi, Noah invente des fables abracadabrantes à Simón le soir venu tout en prétendant, de jour, travailler sur une thèse de doctorat fictive. Sa vie sur l'île Margarita «se résume en somme à raconter des histoires» (*N*, 233) et c'est donc par l'entremise de son fils que l'autonomisation identitaire s'opère. Ce qui importe désormais à Noah, ce n'est plus de relater son existence à sa mère, mais de raconter à Simón des histoires «sans queue ni tête» qui le projettent vers une autre réalité. La mise en récit se poursuit, mais subit une transformation en cours de route, car elle quitte le réel pour s'ancrer dans un imaginaire complètement débridé. Noah se met bel et bien en intrigue dans les histoires qu'il raconte à Simón, mais au travers d'une généalogie relevant du comique enfantin:

> En se versant un café, Noah explique [à Simón] que les colibris descendent, bien entendu, des diplodocus...
>
> – ... et le poulet que nous avons mangé hier soir, c'était l'arrière-arrière-arrière-petit-fils d'un Tyrannosaurus Rex.
>
> Simón éclate de rire: ce singulier arbre généalogique lui plaît. (*N*, 225)

La reconfiguration identitaire se produit, d'une part, parce qu'il y a en Simón un auditeur pour entendre cette particulière mise en intrigue effectuée par Noah et, de l'autre, par le fait que Noah change enfin de rôle. Il n'est plus le fils d'une mère absente, mais il est maintenant, dans sa fonction de père, un point d'ancrage pour son fils, une nouvelle racine. Par le geste, à la fin du roman, de « rafle[r] tout ce qui recouvre la table – enveloppes, timbres, carte routière de la Saskatchewan » (*N*, 290-291) et d'envoyer le tout à la poubelle, il opère, non pas un rejet total de son passé, mais une ultime mise à distance de celui-ci afin d'incarner, tout comme le Noé de la Bible, la figure du recommencement et des nouveaux départs.

Le changement qui s'opère chez Noah et Joyce illustre bien comment l'énonciation auto-représentative des protagonistes, peu importe la façon dont elle se produit, peut jouer le rôle, non pas de frontière étanche, mais de borne servant de point de rencontre entre le territoire de l'*idem* et celui de l'*ipséité*. Les deux héros portent en eux un bagage héréditaire qui se manifeste en fonction de leur histoire généalogique: l'*idem* maritime accompagne Joyce tout au long de son aventure montréalaise tandis que l'*idem* terrestre, celui des grands espaces des Prairies canadiennes, hante le jeune Noah jusque dans les bureaux de poste de la métropole. Les origines des personnages sont décidément, pour reprendre les mots de Jean Morency cités plus haut, au fondement même des intrigues du roman, mais rien de tout cela ne s'avère tragique puisque les protagonistes ne portent pas ces héritages comme un boulet au pied. C'est ce qui leur permet de prendre leur destin en main et de porter un regard réflexif sur leurs origines tout en étant en mesure, au moment propice, de se raconter au travers de celles-ci et d'opérer la tension dialectique entre continuité et projection vers le futur, entre transmission et transgression.

Si le roman ne nous permet pas de conjecturer sur la destinée de Joyce, dont on apprend uniquement, dans les derniers chapitres, qu'elle quitte Montréal pour peut-être se diriger vers la République Dominicaine (voir note 17), il en va tout autrement des deux protagonistes masculins. Le libraire et Noah, au terme de leur parcours, s'inventent en effet un nouveau script identitaire en procédant, dans leur désir d'autonomisation, à un échange de rôle. Le libraire, sédentaire[21], marqué par l'*idem* livresque qu'il a hérité de sa mère[22] et qui l'a amené à «vouer son destin aux milliers de destins empilés sur ces centaines d'étagères» (*N*, 24) finit en effet, à la suite de sa rencontre avec Joyce, par quitter «l'attraction gravitationnelle des livres» (*N*, 317), à troquer les voyages imaginaires pour, comme Joyce, se lancer dans de véritables périples géographiques. À l'inverse, Dickner semble suggérer que Noah, de retour à Montréal en compagnie du petit Simón, endossera probablement, pour reprendre l'expression de Jean Giono, le statut de «voyageur immobile» laissé vacant par son demi-frère. En effet, quelques jours avant de quitter définitivement son emploi, le libraire voit un homme accompagné d'un enfant pénétrer dans la bouquinerie (il ignore qu'il s'agit en effet de Noah et de Simón):

> Je le surprends à jeter un drôle de coup d'œil à notre offre d'emploi.
>
> – Intéressé? demandai-je.
>
> Il secoue la tête. Je me sens d'humeur à insister – comme si, pour une raison mystérieuse, j'étais convaincu que cet homme avait précisément la tête de l'emploi.
>
> – Vous avez tort, c'est le boulot parfait: salaire médiocre, mais beaucoup de temps pour lire.
>
> – J'y songerai, répond-il en souriant. En attendant, vous avez des livres sur les dinosaures? (*N*, 318)

---

21. Il affirme à Joyce que son plus grand voyage aura été de quitter Châteauguay pour Montréal (*N*, 264).
22. La mère du libraire, jadis nomade dans sa jeunesse, s'est installée à Châteauguay à la naissance de son fils et est devenue agente de voyage. À partir de ce moment, affirme le libraire, «elle préférait passer l'été au fond de la cour, les pieds dans la barboteuse de plastique, avec des piles de bouquins. Je crois qu'elle avait fini par préférer les guides de voyage aux voyages eux-mêmes» (*N*, 265).

Le roman se termine sans que l'on sache si Noah acceptera l'offre d'emploi. Néanmoins, cette expédition à la bouquinerie, durant laquelle il achète à son fils plusieurs livres, nous confirme l'intérêt toujours grandissant de Noah pour les histoires inventées et, surtout, le désir de construire une relation père-fils ancrée, non pas dans un rapport purement géographique, mais plutôt au sein d'un territoire imaginaire. Cette inversion des rôles narratifs entre les deux demi-frères réaffirme la profonde intrication des régimes de l'*idem* et de l'*ipséité* puisque, pour chacun des deux personnages, l'autonomisation identitaire s'accomplit au moyen de la réinscription d'un élément (le nomadisme pour le libraire, l'imaginaire livresque pour Noah) *déjà* présent dans leur grande tradition familiale.

Nikolski se présente donc comme un roman d'une grande densité qui traduit on ne peut mieux la théorie ricardienne de l'identité narrative, voire une certaine poétique du personnage romanesque, dont la construction relève, comme le souligne Michel Erman, d'une « distinction entre l'action qui relève de la permanence et celle qui relève de la temporalité, donc du changement[23] ». En donnant vie à des protagonistes qui se racontent, ce premier roman de Nicolas Dickner propose par surcroît une réflexion sur le pouvoir de transformation logeant au cœur de la littérature. L'auteur affirme en effet la primauté des histoires sur celle de la grande Histoire des protagonistes et de leur arbre généalogique, « chose fugace qui fui[t] avec le paysage » (*N*, 37). Devenue caduque, l'autorité aride de ces arbres tombe tranquillement au profit de la fiction et de son indéniable force qui est célébrée, dans *Nikolski*, sur un mode jubilatoire.

---

23. Erman, *op. cit.*, p. 103.

TRANSMETTRE OU TRANSGRESSER LA NORME HISTORIOGRAPHIQUE DANS *LA MÉMOIRE DE QUÉBEC : LES FOSSOYEURS* D'ANDRÉ LAMONTAGNE

JULIEN DEFRAEYE
University of Waterloo

Dans une approche sociologique, le processus de transgression met en relief non seulement l'acceptation d'une norme, mais aussi l'expérience de sa mesure et d'une possible stigmatisation, comme le démontre Pierre Bourdieu dans l'entretien « La transgression gay[1] ». Dans cette tension « contrôle-discipline », également explicitée par les travaux d'Yvon Pesqueux[2], il s'agit de traverser la limite (la marge) pour accéder virtuellement à un illimité (la marginalité) souvent incompatible socialement. Or ce rapport entre norme et transgression est-il pertinent en ce qui concerne les lieux de mémoire[3], fortement stratifiés dans l'histoire ? En 2010, dans son récit s'intitulant *Dans la mémoire de Québec : les fossoyeurs*[4], André Lamontagne explore le passé de Québec par le feu cyclique

---
1. Pierre Bourdieu, *La transgression gay. Entretien avec Catherine Portevin et Jean-Philippe Pisanias*, en ligne : http://www.homme-moderne.org/societe/socio/bourdieu/Btele984.html (page consultée le 4 août 2015).
2. Yvon Pesqueux, *Transgression*, en ligne : https://hal.archives-ouvertes.fr/hal-00509695/ (page consultée le 4 août 2015).
3. Pierre Nora explique : « Un objet devient un lieu de mémoire quand il échappe à l'oubli, par exemple avec l'apposition de plaques commémoratives, et quand une collectivité le réinvestit de son affect et de ses émotions ». Pierre Nora, *Les lieux de mémoire*, tome 1, *La république*, Paris, Gallimard, 1984, p. 7.
4. André Lamontagne, *Dans la mémoire de Québec : les fossoyeurs*, Ottawa, David, 2010, 161 p. Désormais, cet ouvrage sera indiqué par la mention *Les*

qui remodèle le paysage de la ville tout au long du 19ᵉ siècle. Ainsi se dévoile l'écosystème de Québec, de façon panoramique, par ces incendies récurrents que la peinture de Joseph Légaré[5] a su capturer. Parallèlement, l'entreprise du narrateur l'amène à retracer certains éléments de l'histoire oppressive et refoulée de la communauté chinoise au Canada. En tentant de mettre au jour le passé enfoui ou même nié, il est légitime de se demander si le narrateur ne transgresse pas les normes fixées par l'historiographie ou, au contraire, s'il fait figure de passeur culturel et/ou historique en se contentant de confirmer et ainsi de transmettre le récit normatif au lecteur ? Le roman oscille entre l'obsession de Marie, la géographe, pour la toponymie, et le pyromane, parcourant les rues afin de raviver les incendies récurrents qui ont modelé la ville de Québec. Sans revendication précise si ce n'est celle de la voix d'un passé qui veut se répéter, le pyromane reste alors impuni. Dans un premier temps, nous aborderons la transgression du temps collectif du roman *Les fossoyeurs*, avant d'étudier la complexité du défi historiographique et sa métahistoricité. En troisième partie, nous essayerons d'expliciter les limites des concepts de transmission et de transgression.

TRANSGRESSION DU TEMPS COLLECTIF

Le roman *Les fossoyeurs* témoigne de la première diaspora chinoise au Canada, marquée par une discrimination latente tout au long du 20ᵉ siècle. En aval de la forte affluence d'une main-d'œuvre asiatique à la fin du 19ᵉ siècle pour les débuts du chemin de fer du Canadien Pacifique (CP), la taxe d'entrée (*head tax*) fut créée afin de décourager l'immigration chinoise. S'en est suivie une acculturation incomplète de cette communauté, transmission fallacieuse dont il est en partie question chez André Lamontagne. Dans *Les fossoyeurs*, le narrateur qui se dit « je » retourne à ses racines, de Vancouver à Québec, pour « exhumer » le passé

---

    fossoyeurs, et les références seront indiquées par le sigle *LF*, suivi du folio, et placées entre parenthèses dans le texte.
5. Dans cette série de cinq tableaux intitulée « Drames à Québec », notons particulièrement *Le choléra à Québec* (v. 1832) et *L'éboulis du Cap-Diamant* (1841) mentionnés dans le roman d'André Lamontagne (*LF*, 13 et 14).

du grand-père de Rachel, sa voisine chinoise de Vancouver. Lamontagne base ainsi son roman sur une multitude de dualités, notamment spatiotemporelles, entre Vancouver et Québec, entre passé et présent. Selon Linda Hutcheon, cette double chronotopie est caractéristique du récit postmoderne, qu'elle qualifie de « métafiction historiographique » :

> Le terme postmodernisme, quand il s'agit de fiction, devrait, par analogie, se limiter à la description d'une fiction qui est à la fois métafictionnelle et historique par ses échos aux textes et contextes du passé. Dans le but de faire la distinction entre ce monstre de paradoxe et la fiction historique traditionnelle, je le nommerais « métafiction historiographique »[6].

Hutcheon propose ainsi une nouvelle esthétique du roman postmoderne. De son côté, Ansgar Nünning, dans *Von historischer Fiktion zu historiographischer Metafiktion*[7], met en avant un double aspect caractéristique : si l'on part du postulat que toute fiction raconte une histoire et possède une diégèse, le type de roman qu'il qualifie de métahistorique intègre bien deux récits en un. D'un côté, il s'agit d'une fiction, racontée au présent, où un ou plusieurs protagonistes, quasi-anonymes, presque personnages types, se penchent sur un pan de l'histoire, elle relatée au passé. Dans cet effet de presque mise-en-abyme réside le principe de la métahistoire : une histoire personnelle s'offre à l'intérieur de l'histoire collective, et ainsi il y a une transgression de temps. La temporalité dédoublée renvoie, d'une part, à celle de la diaspora chinoise du 19ᵉ siècle et, d'autre part, à la ville de Québec au présent. La stratification de la métafiction historiographique implique ainsi la ville de Québec et son « quartier chinois

---

6. « The term postmodernism, when used in fiction, should, by analogy, best be reserved to describe fiction that is at once metafictional and historical in its echoes of the texts and contexts of the past. In order to distinguish this paradoxical beast from traditional historical fiction, I would like to label it "historiographic metafiction" » (je traduis). Linda Hutcheon, « Historiographic Metafiction : Parody and the Intertextuality of History », P. O'Donnell et Robert Con Davis (dir.), *Intertextuality and Contemporary American Fiction*, Baltimore, Johns Hopkins University Press, 1989, p. 3.
7. Ansgar Nünning, *Von historicher Fiktion zu historiographischer Metafiktion*, Trier, Wissenschaftlicher Verlag, 1995, 392 p.

aujourd'hui disparu, enseveli sous une autoroute[8] » (*LF*, 10-11). Exhumer le passé de Rachel revient alors à transgresser deux temporalités, l'une personnelle, l'autre collective. La métahistoire est de ce fait problématique, car elle est « une réappropriation du temps chronologique [qui se] vers[e] dans un temps "intime" nécessaire à la construction de l'identité et à la transmission de la mémoire[9] ». C'est à travers la convergence d'histoires individuelles qu'émerge ce concept d'histoire collective. Elle se sépare ici en un nombre infinitésimal de récits de vies, de témoignages, de preuves, qui mènent à la création d'un ensemble communautaire, collectif, celui d'une nation, d'une patrie, ou d'un groupe diasporique.

De plus, la trame narrative au présent du récit *Les fossoyeurs* tangue entre deux personnages totémiques et leurs chronotopies propres de manière très nette : les chapitres alternent entre le pyromane et les grands feux de Québec d'un côté, et le narrateur anonyme sinophile de l'autre. La métafiction historiographique se place de ce fait nécessairement en porte-à-faux sur le mince fil entre fiction et recherche. André Lamontagne situe Québec comme une ville modelée par l'histoire, ce qui ressort non seulement des rétrospections récurrentes, parfois redondantes même, appartenant au pyromane et à la géographe Marie, mais aussi impliquant les lieux de mémoire omniprésents tout au long de la narration. L'hybridité se joue ici dans le projet même de Lamontagne, qui transgresse les formes du récit historique.

L'intermédialité[10] joue également un rôle à la métahistoricité des *Fossoyeurs* en se greffant au récit à travers l'œuvre de Joseph

---

8. Bien qu'André Lamontagne ne mentionne que peu d'éléments à ce sujet, le projet de construction de l'autoroute Dufferin-Montmorency a suscité beaucoup de controverse, notamment dans les quartiers affectés, dont certains ont aujourd'hui totalement disparu. Voir Guillaume Gagné, *De l'autoroute Dufferin-Montmorency au boulevard urbain Du Vallon : quels changements ?*, mémoire de maîtrise en aménagement du territoire et développement régional, Université Laval, 2006, en ligne : http://theses.ulaval.ca/archimede/fichiers/23790/23790.html (page consultée le 7 janvier 2016).
9. Anne-Marie Clément, « La narrativité à l'épreuve de la discontinuité », René Audet et Andrée Mercier (dir.), *La narrativité contemporaine au Québec. La littérature et ses enjeux narratifs*, tome 1, Québec, Presses de l'Université Laval, 2004, p. 121.
10. L'intermédialité recouvre plusieurs définitions, démontrant sa complexité. Nous retenons celle de Jürgen Ernst Müller : « Le concept d'intermédialité […] prend en charge les processus de production de sens liés à des interactions

Légaré, peintre québécois du 19ᵉ siècle, dont les tableaux sont au centre de cette narration polyphonique. Le pyromane voue une obsession inconditionnelle à cette série de toiles intitulée « Drames à Québec » (*LF*, 13), que l'on découvre en déambulant dans les différentes salles du Musée national des beaux-arts du Québec. Plus qu'une simple rétrospection narrative, la peinture est également vectrice d'immédiateté chez Joseph Légaré, dans toute l'horreur représentée par les « incendies qui dévastèrent les faubourgs Saint-Jean et Saint-Roch en 1845 » (*LF*, 14) :

> Dans la représentation du quartier Saint-Jean en flammes, des colonnes de feu et de fumée illuminent le spectacle de destruction auquel assistent les citoyens, certains juchés sur les fortifications, les autres entassés dans la rue. Contraste de noir, de rouge, de vert et de noir, le tableau donne l'impression d'un feu d'artifice. (*LF*, 14)

Cette présence (à comprendre dans le sens temporel) est renforcée quelques pages plus loin à la contemplation de l'œuvre par le pyromane, comme si la toile prenait vie :

> C'était plus fort que lui, il voulait revoir les tableaux de Légaré représentant les incendies de 1845. Il concentra sa visite au musée sur ces seules œuvres. Tout comme la première fois, il fut ébloui par la clarté émanant de la main du peintre, par la lumière qu'exhale le drame. Il ressentit un picotement aux yeux comme si la fumée avait traversé la toile pour l'atteindre, mais c'était sans nul doute l'effet d'une nuit sans grand sommeil. (*LF*, 138)

La peinture fixe ou fige une temporalité présente pour qu'elle ne vieillisse plus et ne sombre pas dans le passé : « À l'instar du poète, le peintre est dès lors en mesure de saisir l'instant éphémère où se joue l'enclenchement de la mémoire[11] ». Peindre,

---

médiatiques ». Voir « L'intermédialité, une nouvelle approche interdisciplinaire : perspectives théoriques et pratiques à l'exemple de la vision de la télévision », *Cinémas : revue d'études cinématographiques/Cinemas : Journal of Film Studies*, vol. 10, nº 2-3, 2000, p. 106.

11. François Paré, « *Les fossoyeurs* d'André Lamontagne : stéréoscopie de Québec », Guy Poirier, Christian Guilbault et Jacqueline Viswanathan (dir.), *La francophonie de la Colombie-Britannique : mémoire et fiction*, Ottawa, David, 2012, p. 136.

c'est alors lutter contre l'oubli et contre l'érosion inhérente au temps qui passe. L'utilisation des représentations iconiques de Légaré n'est probablement pas un choix anodin, puisque selon le narrateur, « Légaré occupait une place primordiale dans l'histoire de l'art canadien comme premier peintre paysagiste » (*LF*, 20). À travers la peinture, objet de culture, Légaré crée le paysage naturel et lui donne une représentation qui réussit à perdurer et ainsi à transgresser le temps.

À l'opposé de la trame narrative centrée sur l'histoire de la ville de Québec, les résurgences des traditions chinoises sont multiples et viennent affleurer dans la diégèse par les objets du quotidien et par les pérégrinations du narrateur et du pyromane dans les rues de Québec. Mais ici aussi, le temps semble avoir maquillé cette mémoire :

> La fameuse enseigne du Chinese Nationalist Party, signe d'exotisme dans le Québec de mon enfance, avait disparu. On avait travesti les vitrines du rez-de-chaussée en lieu de mémoire en y déposant des chinoiseries de pacotille, quelques objets qui rappelaient la pratique des pieds bandés et le fac-similé d'un article de journal qui portait sur l'immeuble lui-même. (*LF*, 44)

Les traditions chinoises saupoudrent ainsi la narration sans en être l'objet principal, mais s'il en est une qui ressort, c'est bien évidemment celle des rites mortuaires, tradition qui reste taboue chez les chinois[12] : location d'une fosse pour une durée de sept ans, puis exhumation des ossements par les mêmes fossoyeurs pour les envoyer par cargo en Chine. Les couches d'ossements viennent alors stratifier le temps lors de cette exhumation contre-nature. Cependant, la relation à la mort et aux morts reste une construction culturelle qui dépend du temps, comme le précise Jacques Attali :

---

12. Lamontagne mentionne ce procédé à plusieurs reprises dans *Les fossoyeurs* : tout au long du 20e siècle et à la suite de l'immigration asiatique, pour des raisons financières, certaines communautés chinoises se contentaient de louer des concessions funéraires ou des fosses pour une durée de sept ans à la mort d'un membre de la communauté. Pour les familles les plus aisées, les ossements étaient ensuite envoyés en Chine. Pour les familles défavorisées, les fosses n'étaient que très rarement vidées de leurs ossements, et les corps en décomposition s'empilaient les uns sur les autres.

> Chaque société a son temps propre et son histoire : chacune s'inscrit dans une théorie de l'Histoire et s'organise autour d'une maîtrise du calendrier ; toute culture se construit autour d'un sens du temps ; tout travail de l'homme est pensé comme un temps cristallisé, comme une accélération de celui de la nature [...] Toujours ambigu, il est à la fois source de mort et de vie[13].

Lamontagne n'hésite pas à expliciter cette évolution en ce qui concerne la relation à la mort, du Moyen Âge à nos jours, mais selon le narrateur, « les habitants de Québec vivaient à proximité de leurs morts » (*LF*, 78). Cependant, la mort est bien le point de départ de la narration : « – Père est mort il y a une semaine » (*LF*, 10) nous dit le narrateur, pour paraphraser légèrement les premières lignes de *L'étranger* d'Albert Camus[14]. La mort demeure peut-être la seule certitude dans *Les fossoyeurs* car la notice nécrologique du père de Rachel reste l'unique preuve de son existence, le reste ayant subi le passage du temps. Exhumer la mémoire à travers les archives n'est-il pas au minimum une transgression du temps, sinon une transgression de la mort ? Pour explorer son héritage culturel, si la culture se transmet « verticalement[15] », transgresser les traditions est peut-être l'unique choix de Rachel, personnage complexe coincé entre la remise en question de son héritage culturel et la recherche de son passé. Outre la transgression du temps, il sera utile dès lors d'étudier les enjeux de l'historiographie, intimement liés aux concepts de transmission et de transgression.

TRANSMISSION ET HISTORIOGRAPHIE

Il n'est pas toujours aisé de témoigner de l'histoire officielle de façon objective. Certains même diront que l'objectivité de toute narration, peu importe le lieu et le temps, ou l'école, se détache inévitablement de cette utopie. Mais indéniablement, la métafiction historiographique s'insère dans une réflexion sur un temps qui est

---

13. Jacques Attali, *Histoire du temps*, Paris, Fayard, 1982, p. 10.
14. *L'étranger* commence par cette très célèbre phrase : « Aujourd'hui, maman est morte ». Albert Camus, *L'étranger*, Paris, Gallimard, 1942, p. 9.
15. Olivier Morin, *Comment les traditions naissent et meurent : la transmission culturelle*, Paris, Odile Jacob, 2011, p. 7.

autre, étranger, peut-être même altéré, un rien revisité par le travail d'écriture et la mémoire qui fait si souvent défaut, si elle ne joue pas des tours.

Selon Morin, « on réinvente presque toujours, au moins un peu, ce qui nous est transmis[16] ». Et c'est bien là la problématique sous-jacente de la métafiction historiographique : « des personnages se confrontent rétrospectivement au passé et réfléchissent sur la transmission ou le manque de transmission de celui-ci[17] ». Entre histoire officielle et récits alternatifs, nombreux sont les documents qui tentent de pallier ce possible manque de transmission. Lamontagne intègre nombre de dates et de statistiques qui donnent un semblant de légitimité à son discours, ce qui nous a déjà poussé à questionner cette hybridité générique, entre roman et recherches historiques. Jalonnés à l'extrême de corrélations de dates et de lieux, certains chapitres semblent n'être qu'un prétexte pour nous présenter un pan de l'histoire, à l'instar d'un manuel. Qui plus est, le lecteur déambule dans les rues de Québec aux côtés de la géographe, qui débite une infinité de dates clés de la topographie changeante de la ville de Québec. Les noms de rues, les dates, les anecdotes, s'enchaînent à un rythme soutenu :

> – Il existe une petite côte, peu empruntée, qui relie la rue Lavigueur à la basse-ville. Au XIXe siècle, une femme noire y tenait un bordel très réputé. À l'époque, tout ce secteur du quartier Saint-Jean-Baptiste était un *red district*. Les citoyens se plaignaient des soldats anglais et des marins qui circulaient ivres dans les rues, à la recherche de femmes. Plus tard, pour des raisons de rectitude politique, on a rebaptisé la côte de la Négresse la côte Badelard. (*LF*, 48)

Le lecteur se retrouve inconsciemment happé par le semblant de réel de la narration. Le mélange de repères historiques, d'indices topographiques et de courts récits anecdotiques trompent le lecteur, qui ne remet nullement en question la véracité de ces informations. Au contraire, le processus d'assimilation facilite

---

16. *Ibid.*, p. 11.
17. Birgit Mertz-Baumgartner, « Le roman métahistorique en France », Asholt Wolfgang et Marc Dambre (dir.), *Un retour des normes romanesques dans la littérature française contemporaine*, Paris, Presses Sorbonne Nouvelle, 2010, p. 124.

la création d'une relation de confiance avec le narrateur. Cette sur-documentation de la mémoire ne s'arrête pas aux archives officielles de l'histoire. Le narrateur sollicite également les sources secondaires : le témoignage, le récit de vie, la lettre, qui transgressent la norme de l'historiographie. André Lamontagne propose alors une histoire alternative où certains personnages jouent le rôle de passeurs culturels, à l'encontre de l'histoire officielle. De plus, si la transmission culturelle n'est pas comparable à la transmission des gènes et des virus, une étude de l' « épidémiologie culturelle[18] » révèlerait sûrement l'impossibilité d'une transmission complète ; elle mettrait plutôt l'accent sur une transmission partielle, de biais, à l'image du travail de passeur culturel qui incombe à la géographe ou au pyromane : il est question d'un processus faillible, car non-scientifique, qui vient contrebalancer le poids de l'histoire officielle et le rapport à la norme.

Écrire la mémoire, c'est inévitablement restituer un passé fragmentaire, puisque la mémoire collective officielle se joue dans les archives ; il s'agit peut-être même d'un travail de fragmentation subie, puisqu'il emprunte au processus faillible de la mémoire personnelle. Ainsi, le roman métahistorique, dans son travail de remémoration de l'histoire, apporte « une transmission historique lacunaire et/ou faussée[19] ». Comme le souligne Anne-Marie Clément, « les récits inachevés, lacunaires, sans trajectoire précise, les récits pluriels et contradictoires sont le lot du récit contemporain et viennent attester que raconter bute contre la fragilité même du récit[20] ». André Lamontagne, qui se place indubitablement dans une optique de devoir de mémoire, joue alors le rôle prétendument objectif d'un collecteur de mémoire et de souvenirs, tiraillé entre l'archive officielle et le témoignage personnel. Le rôle du lecteur revient à départager le vrai du faux pour à son tour devenir vecteur de mémoire.

En ce qui concerne la mémoire physique, son omniprésence transparaît non seulement dans les rétrospections récurrentes, parfois redondantes même, du pyromane et de la géographe, mais aussi dans les lieux mémoriels, tout au long de la narration. *Les*

---

18. Dan Sperber, *La contagion des idées. Théorie naturaliste de la nature*, Paris, Odile Jacob, 1996, p. 9.
19. Mertz-Baumgartner, *op. cit.*, p. 129.
20. Clément, *op. cit.*, p. 108.

fossoyeurs se tient résolument en équilibre grâce à un mince fil qui sépare la fiction du discours historiographique, de sorte que la temporalité passée est bien évidemment jalonnée par les lieux de mémoire. Dans la conclusion du roman sous forme d'épilogue, André Lamontagne revient sur cette surreprésentation de la mémoire qui résulte des recherches que le narrateur avait entamées pour Rachel :

> Il me faudrait également dire à Rachel que les lieux de mémoire sont souvent vidés de leur sens, comme cette croix de Malte sculptée dans la pierre du Château Saint-Louis en 1647 et qui décore aujourd'hui l'une des entrées de l'hôtel Fairmount de Québec, aussi appelé Château Frontenac et fréquenté par les touristes américains. À l'inverse, certains lieux voient leur sens dévié ; ils racontent une histoire différente de l'histoire officielle. (*LF*, 145)

Dans cette optique, Lamontagne propose de réfléchir sur le statut donné aux différents lieux de mémoire, mais surtout au sens qui leur est accordé. Soulignons que son approche semble extrêmement pessimiste, tant ces lieux sont décrits comme irrécupérables, soit « vidés de leur sens », soit déviés. L'« histoire officielle », la vraie, comme nous le dit l'auteur, semble avoir été oblitérée au profit de la valeur mercantile des attractions touristiques. Le roman en lui-même paraît tendre vers une dénonciation de cet oubli, comme une tentative de réattribution de la valeur originelle de ces lieux de mémoire. L'écriture de Lamontagne s'avère être ici plus qu'un simple travail de mémoire, car il s'agit au fond d'une lutte pour redonner un rôle mémoriel à ces lieux symboliques qui l'ont perdu : le lieu de mémoire se transforme alors en une mémoire du lieu.

À cet égard, les noms de rues dans lesquelles déambulent la géographe et le pyromane sont mentionnés de façon systématique, tout comme cela se passe dans son tout récent roman découlant de la même série, *Dans la mémoire de Québec : les escaliers*[21]. Mais cette toponymie se révèle être un mensonge, qui vient une fois de plus transgresser le poids de l'histoire et son rapport à la norme, puisqu'elle trahit nécessairement une prise de position

---

21. André Lamontagne, *Dans la mémoire de Québec : les escaliers*, Ottawa, David, 2015, 193 p.

idéologique : « L'histoire et la toponymie étaient toujours du côté des vainqueurs, il le savait bien » (*LF*, 37). Une partie de l'histoire est ainsi obligatoirement radiée du lieu de mémoire : un géocide[22] redondant dans l'histoire, à travers les noms de rues rebaptisées au fil des siècles. Pour ce qui est du quartier chinois, cette mémoire du lieu se voit anéantie pour les besoins de l'urbanisation : « une autoroute a sectionné les artères du quartier » (*LF*, 11). Or, ce n'est pas la seule raison : le pyromane suggère aussi les conséquences d'une cyclicité du feu dans le temps, qui détruit certains lieux de mémoire pour en faire renaître d'autres : l'incendie de Rome sous Néron, celui de Moscou en 1812, ceux de Québec en 1845 et en 1866 et ceux causés par le pyromane, dans un rituel qu'il apparente à un devoir de mémoire. À travers des lieux de mémoire en perdition, comme ces cimetières chinois laissés à l'abandon et le lichen qui recouvrent leurs pierres tombales, André Lamontagne marque-t-il notre condamnation à l'oubli ? Dit autrement, les concepts de transmission et de transgression atteignent ainsi peut-être leur limite.

TRANSMISSION ET TRANSGRESSION : LIMITE DES CONCEPTS

Posons alors le problème en d'autres termes. Entre la transmission et la transgression, l'opposition est-elle nécessaire ? En écrivant *Les fossoyeurs*, Lamontagne « exhume » l'histoire de Québec, qui consiste en un récit qu'il tente de mettre au jour pour rendre justice aux oubliés de l'histoire. Les propos de Dominique Rabaté permettent de préciser la démarche en question, « [é]crire, c'est [...] sauver de l'oubli ceux que l'Histoire a déjà anéantis[23] ». Est-ce un procédé de transmission ou de transgression ? Lamontagne suggère peut-être l'obsolescence de cette dyade à la lumière de son récit ; la transmission et la transgression ne seraient alors plus antinomiques, mais complémentaires. Pour restituer un équilibre à l'intérieur d'une interprétation de l'histoire qui se

---

22. Voir Andrea Moorehead, *Géocide*, Montréal, Le Noroît, 2013, 108 p.
23. Dominique Rabaté, « Figures de la disparition dans le roman contemporain », Asholt Wolfgang et Marc Dambre (dir.), *Un retour des normes romanesques dans la littérature française contemporaine*, Paris, Presses Sorbonne Nouvelle, 2010, p. 69.

veut clairement du côté des vainqueurs, Lamontagne joue avec la notion de résurgence d'éléments tombés dans l'oubli, à travers les lieux de mémoire et la purification des feux explicités par la peinture de Légaré. La mémoire n'est peut-être pas à transmettre ni à transgresser ; elle serait au contraire du pur ressort de la narration, de la reconstruction sous forme de récits, car elle semble se raviver davantage de façon anecdotique, beaucoup plus qu'elle ne le fait à partir de l'histoire officielle rattachée aux lieux soi-disant dédiés à la mémoire, et dont la mémoire a été trompée car biaisée.

Le roman s'inspire de cette zone « écotone » (*LF*, 151) dont est spécialiste le professeur Buillard, biologiste de renom : une zone de transition entre deux écosystèmes : « – Il faut revenir à la lisière, c'est là que tout se joue » (*LF*, 18), nous confie-t-il. Employant un référent métaphorique, celui d'un tunnel dont le sens entre l'entrée et la sortie laisse le lecteur perplexe, il nous est dit que des squatteurs – un groupe dont nous ne savons que très peu – y attendent un événement, quelque chose de significatif : « – Nous ne formons pas une communauté eschatologique. Nous ne nous mettons pas à l'abri d'un cataclysme ou d'une guerre. Mais nous pressentons l'imminence d'un changement radical, d'une coupure. Un cycle tire à sa fin, nous en sommes convaincus » (*LF*, 130). Cette philosophie se résume même dans une citation en espagnol, mise en exergue dans le roman : « *Esta inminencia de una revelación, que no se produce, es, quizá, el hecho estético* » (*LF*, 47). Lamontagne choisit de ne nous livrer qu'une partie de la citation de Jorge Luis Borges, qui plus est en espagnol, ce qui met le lecteur dans une position d'enquêteur. La citation est pourtant tout à fait significative, et recoupe notre analyse des lieux de mémoire :

> La musique, les états de félicité, la mythologie, les visages travaillés par le temps, certains crépuscules et certains lieux veulent nous dire quelque chose, ou nous l'ont dit, et nous n'aurions pas dû le laisser perdre, ou sont sur le point de le dire ; cette imminence d'une révélation, qui ne se produit pas, est peut-être le fait esthétique[24].

---

24. Jorge Luis Borges, *Œuvres complètes*, tome 1, édition critique par Jean-Pierre Bernès, traduit de l'espagnol par Jean-Pierre Bernès, Paris, Gallimard, 2010, p. 108.

Ainsi cette citation, au sens légèrement détourné par Lamontagne, permet de saisir le travail de mémoire amorcé par les squatters de ce tunnel, lieu qui devient ainsi un point de convergence, où une soi-disant révélation est censée arriver. La beauté émerge non pas de la révélation, comme le soutient Borges, mais de cette tendance à la convergence de plusieurs éléments qui sont laissés à l'interprétation du lecteur : les bribes fragmentaires de mémoire, les couches de l'histoire, mais encore ? Les concepts de transmission et de transgression de la mémoire seraient ainsi surannés.

Dans son analyse de *Les fossoyeurs*, François Paré nous donne une piste de réponse face à ce non-respect du devoir de mémoire qui semblerait venir d'une distanciation du sujet même, victime de son environnement égocentrique :

> Pour André Lamontagne, chaque individu est responsable d'une amnésie qui, bien qu'elle dépasse toutes les limites de la subjectivité et de l'individualité, a pour source l'histoire du sujet lui-même. Incapable de se rattacher à la tradition, notre monde actuel n'en est pas moins responsable des processus d'occultation dont le sujet sidéré est à la fois le spectateur et la scène[25].

La notion d'individu prend un statut ambivalent en l'occurrence, étant à la fois acteur et spectateur de ce phénomène de perte de mémoire. Les exemples en sont évidents, à savoir l'effacement du quartier chinois de Québec par la construction d'une bretelle d'autoroute. L'enjeu du roman, c'est la responsabilité de l'homme qui est mise en cause, notamment à travers l'indifférence à l'égard de la vie de cette communauté chinoise oubliée : « Mémoire et oubli semblent former le récit diglossique du passé[26] ». Dans cette optique, la seule issue semblerait non seulement de concilier les notions de transmission et de transgression, mais de les dépasser : « en grec ancien les mots "amnistie" et "amnésie" sont deux variantes du mot "oubli" » (*LF*, 126), comme s'il fallait nécessairement oublier – du moins en partie – pour tendre vers un équilibre, provisoire et toujours à repenser, entre oubli et mémoire. Au final, la discipline historique est une forme d'oubli stratégique.

---

25. Paré, *op. cit.*, p. 146.
26. *Ibid.*, p. 141.

Les fossoyeurs reste un projet transgressif en soi, s'inscrivant dans un équilibre générique entre fiction et roman historique, et affublé d'une intermédialité occasionnelle. Il transgresse non seulement le temps, mais, par son penchant historiographique, joue avec les limites mêmes des concepts de transgression et de transmission. Lamontagne fait contrepoids au récit normatif en essayant de redonner de l'aplomb à un pan oublié de l'histoire que les manuels officiels ne retranscriront probablement pas. Il faut alors transgresser un minimum l'histoire officielle pour déterrer la vérité. Lamontagne plaide pour l'inclusion de la liberté retrouvée dans le récit comme moyen de pallier l'histoire, et montre que le concept de mémoire reste aléatoire. Celle-ci évolue selon sa propre volonté, comme il le démontre dans des lieux de mémoire vidés de leur sens, et sa résurgence s'offre à l'œil attentif dans les strates du temps qui affleurent un peu partout à Québec, dans ses cimetières délaissés ou dans ses quartiers à l'abandon autant que dans les escaliers entre la basse-ville et la haute-ville, dépeints dans *Dans la mémoire de Québec: les escaliers*. Pour qui Lamontagne, natif de Québec, exhume-t-il le passé de Québec depuis son poste d'observation à Vancouver? Avant tout pour son lectorat, mais probablement davantage pour les habitants de Québec, obligés de tenir compte de multiples strates de souvenirs tellement proches et lointaines qu'ils ont tendance à en oublier certaines. Pour le romancier, «[l]'exil aiguise la mémoire et dilue le souvenir[27]».

---

27. Lamontagne, *Dans la mémoire de Québec: les escaliers*, op. cit., p. 11.

D'UNE FEMME À L'AUTRE : LA TRANSMISSION DE LA MÉMOIRE DE L'ESCLAVAGE DANS *LE LIVRE D'EMMA* DE MARIE-CÉLIE AGNANT

LEAH GRAVES
Western University

Pendant longtemps, l'histoire de l'esclavage n'a pas tenu compte des femmes de la diaspora africaine et par conséquent celles-ci ont souvent été réduites au silence. Les colonisateurs ne se sont nullement préoccupés dans leurs écrits des traumatismes chez des esclaves exploités sur les plantations, sans parler de passer sous silence l'expérience féminine. Ils ont plutôt présenté une version partielle de l'Histoire, phénomène auquel la conteuse dans *Le livre d'Emma* (2001)[1] de Marie-Célie Agnant fait souvent allusion. Cependant, malgré cette tentative de masquer la vérité, le souvenir des événements vécus ne s'est pas estompé : grâce à la transmission intergénérationnelle des histoires et des témoignages, la mémoire des femmes esclaves demeure toujours vivante. D'après Trinh T. Minh-ha : « les premières archives ou bibliothèques du monde furent la mémoire des femmes[2] », car pendant des siècles, ces esprits ont conservé une foule de récits que les colonisateurs ont tus ou refusés de révéler. Transmis de bouche à oreille, d'une femme à une autre, ces souvenirs ont pris la forme d'un legs testamentaire qui permet

---

1. Marie-Célie Agnant, *Le livre d'Emma*, Montréal, Éditions du remue-ménage, 2001. Désormais, les références à cet ouvrage seront indiquées par le sigle *LE*, suivi du folio, et placées entre parenthèses dans le texte.
2. « [T]he world's earliest archives or libraries were the memories of women » (je traduis). Trinh T. Minh-ha, *Woman, Native, Other : Writing Postcoloniality and Feminism*, Bloomington, Indiana University Press, 1989, p. 121.

aux femmes de la diaspora africaine de s'assumer: en perpétuant une histoire mémorielle, elles arrivent à relater leurs expériences de leur propre point de vue et à encourager les nouvelles générations à découvrir leur passé. Mais qu'est-ce qui arrive lorsque la génération descendante ne peut plus maintenir cette tradition orale, lorsque le poids des souvenirs devient insupportable chez celles qui les conservent en mémoire?

Écrivaine d'origine haïtienne qui vit actuellement au Québec, Agnant crée avec *Le livre d'Emma* le récit d'une femme contemporaine qui, racontant l'interminable histoire de ses ancêtres issus de l'île de Grand-Lagon dans la Caraïbe, sombre dans la dépression car elle est héritière des traumatismes remontant à leur esclavage. Ce récit se raconte dans un institut psychiatrique à Montréal où Flore, une interprète, intervient pour traduire les paroles d'une patiente d'origine antillaise, Emma Bratte, le personnage principal. Accusée du meurtre de sa fille Lola, Emma rejette la langue française, une langue qu'elle connaît très bien, mais à laquelle elle préfère substituer le créole, associé à son passé antillais. Le médecin a donc recours aux services d'une interprète pour transcrire les longs monologues d'Emma et pour découvrir les motifs à la base de l'infanticide. Mais Flore, la narratrice autodiégétique, se rend rapidement compte qu'Emma a plutôt besoin d'une intermédiaire non pas pour traduire ses anecdotes personnelles et collectives, mais pour s'assurer que celles-ci soient enfin entendues et perpétuées par une autre femme d'origine antillaise. En effet, à la suite de plusieurs sessions passées avec Flore et forte d'une intimité partagée avec une compatriote, Emma décide de lui transmettre sa mémoire: «Tu as apporté quelque chose de frais dans ma vie. [...] C'est pour t'en remercier que je te lègue les vies de [mes ancêtres]. Je suis sûre que tu en tireras quelque chose» (*LE,* 105-106). Plus de deux cents ans d'expériences traumatisantes jusque-là indicibles se sont alors transmises par le truchement d'Emma[3], conteuse par excellence, dont les échanges avec Flore constituent des moments de grande intensité, non seulement en raison de l'effort déployé

---

3. Bien que cette protagoniste ne précise pas les dates de sa chronologie familiale, le lecteur déduit que la première femme de sa lignée est arrivée à la Caraïbe vers la fin du 18e siècle, avant l'abolition de l'esclavage (1804). Emma confirme cette date approximative en constatant qu'elle quitta l'île «près de deux siècles après l'arrivée de [son] aïeule Kilima» (*LE,* 158).

pour raconter cette mémoire collective enfouie, mais aussi parce que cela révèle les effets nuisibles que ce devoir de mémoire impose aux générations subséquentes.

En nous penchant sur les théories de la mémoire telles qu'élaborées par Maurice Halbwachs dans *La mémoire collective*[4], et par Pierre Nora dans *Les lieux de mémoire*[5], nous éluciderons en premier la manière dont la transmission de la mémoire sert de contre-mémoire à l'Histoire transcrite par les colonisateurs. Dans un deuxième temps, à l'aide des écrits de Cathy Caruth sur le traumatisme, *Trauma: Explorations in Memory*[6] et *Unclaimed Experience: Trauma, Narrative, and History*[7], nous engagerons une réflexion sur l'effet néfaste que la transmission d'un passé esclavagiste pourrait avoir sur les descendantes d'esclaves, porteuses de cette mémoire collective.

LA MÉMOIRE COLLECTIVE COMME «CONTRE-MÉMOIRE»

Dans *La mémoire collective*, Maurice Halbwachs postule que la mémoire est une fonction complexe, à la fois individuelle et collective (*MC*, 35). Selon ce théoricien, la mémoire individuelle est propice à générer des attitudes particulières basées sur les expériences de l'individu; elle fait donc partie du cadre de la personnalité. Par exemple, en transmettant sa mémoire du passé à Flore, Emma évoque les expériences qu'elle a eues en tant que femme antillaise vivant aujourd'hui au Québec. Mais la protagoniste participe aussi au partage des souvenirs du passé esclavagiste de son pays d'origine. Bien qu'elle n'ait pas vécu les horreurs de l'esclavagisme, elle transmet les histoires que

---

4. Maurice Halbwachs, *La mémoire collective*, Paris, Presses universitaires de France, 1968, 205 p. Désormais, les références à cet ouvrage seront indiquées par le sigle *MC*, suivi du folio, et placées entre parenthèses dans le texte.
5. Pierre Nora, «Entre mémoire et histoire», *Les lieux de mémoire*, Paris, Gallimard, 1997, 1652 p. Désormais, les références à cet ouvrage seront indiquées par le sigle *LM*, suivi du folio, et placées entre parenthèses dans le texte.
6. Cathy Caruth, *Trauma: Explorations in Memory*, Baltimore, John Hopkins University Press, 1995, 277 p.
7. Cathy Caruth, *Unclaimed Experience: Trauma, Narrative, and History*, Baltimore, John Hopkins University Press, 1996, 154 p.

ses aïeules lui ont apprises. Halbwachs explique :

> D'une part, c'est dans le cadre de sa personnalité, ou de sa vie personnelle, que viendraient prendre place ses souvenirs : ceux-là mêmes qui lui sont communs avec d'autres ne seraient envisagés par lui que sous l'aspect qui l'intéresse en tant qu'il se distingue d'eux. D'autre part, il serait capable à certains moments de se comporter simplement comme le membre d'un groupe qui contribue à évoquer et entretenir des souvenirs impersonnels. (*MC*, 35)

C'est en ce sens que Halbwachs maintient qu'il est impossible de dissocier la mémoire individuelle de la mémoire collective, car les deux types de mémoire s'interpénètrent. Les souvenirs d'Emma, par exemple, diffèrent de ceux de ses aïeules, car presque deux siècles les séparent. Pourtant, visant à rappeler les événements vécus dans les plantations, Emma s'appuie sur la mémoire de ses ancêtres. Dans ce sens, tout comme le suggère Halbwachs, les membres du groupe – ou dans ce cas, les femmes de la lignée – ont besoin les unes des autres pour se souvenir. En transmettant la mémoire, les femmes de la lignée d'Emma gardent vivants les souvenirs de l'esclavage et elles s'assurent que toutes ces histoires se perpétuent à l'encontre du discours colonial.

Apportant des nuances à la question, Halbwachs précise qu'il existe des mémoires d'un ordre autobiographique et d'autres relevant d'un ordre historique. Selon lui, la mémoire autobiographique est synonyme d'une mémoire intérieure et personnelle, car il s'agit de la vie et des pensées d'un individu. La mémoire historique, par contre, est une mémoire se situant à l'extérieur d'une expérience personnelle vécue ; elle se rapprocherait d'une mémoire sociale basée sur une représentation du passé de manière générale (*MC*, 37). Dans le contexte du présent article, retenir seulement la mémoire historique – ou en d'autres termes l'Histoire – pose problème, car celle-ci est souvent retenue et transcrite par le groupe dominant et patriarcal qui propose une vision impérialiste de l'esclavage, tout en raturant « la vraie histoire » (*LE*, 22), à savoir celle vécue par les femmes esclaves maltraitées lors de la période coloniale. D'ailleurs, la mémoire historique – bien qu'Halbwachs admette que cette expression ne soit pas bien choisie, puisqu'il s'agit de deux termes opposés –

n'est pas une « mémoire », mais « des séries de dates ou des listes de faits » (*MC*, 38) enregistrées dans les documents officiels. Selon Halbwachs, ces documents « ne nous présentent en général qu'un tableau bien schématique et incomplet » (*MC*, 44) ; ils ne révèlent nullement une vérité absolue, mais nous amènent à avoir « une conception singulièrement étroite » du passé (*MC*, 44). La mémoire collective, par contre, celle qui enveloppe les souvenirs individuels ou autobiographiques, demeure une histoire vivante projetée par les membres d'un groupe social. La mémoire collective se constitue à partir des individus qui interagissent les uns avec les autres, et de ce fait elle « nous en présenterait un tableau bien plus continu et dense » (*MC*, 37). Halbwachs maintient ainsi que la mémoire collective : « est un courant de pensée continu, une continuité qui n'a rien d'artificiel, puisqu'elle ne retient du passé que ce qui en est encore vivant ou capable de vivre dans la conscience du groupe qui l'entretient » (*MC*, 70). Selon cette notion, la transmission de la mémoire aide ainsi à préserver les pensées et les valeurs authentiques d'une culture, tandis que l'Histoire écrite ne fournit qu'une perspective fixe et incomplète de cette mémoire.

Dans *Les lieux de mémoire*, le théoricien Pierre Nora constate lui aussi que l'Histoire ne représente qu'une perspective du passé et que l'acte du passage à l'écriture met fin non seulement à la continuité de la mémoire, mais aussi aux sentiments et aux souvenirs intimement liés à ce passé :

> La mémoire sourd d'un groupe qu'elle soude, ce qui revient à dire, comme Halbwachs l'a fait, qu'il y a autant de mémoires que de groupes ; qu'elle est, par nature, multiple et démultipliée, collective, plurielle et individualisée. L'histoire, au contraire, appartient à tous et à personne, ce qui lui donne vocation à l'universel (*LM*, 25).

Selon Nora, la mémoire est ainsi « un phénomène toujours actuel, un lien vécu au présent éternel » (*LM*, 25). Pourtant, il explique qu'à cause du déclin des traditions dans certaines sociétés, on a commencé à préserver la mémoire sous forme fixe, c'est-à-dire dans les « lieux de mémoire » tels que les musées, les archives, les monuments et l'écriture. En présentant la problématique de ces lieux, Nora maintient que les vestiges historiques deviennent des lieux fixes qui ne représentent qu'une vision partielle du passé.

La mémoire collective par contre demeure un moyen fluide et vivant pour la transmission de l'histoire. Afin d'étayer sa position, Nora présente une série d'oppositions qui mettent en évidence la différence entre le passé vécu et le passé écrit :

> Mémoire, histoire : loin d'être synonymes, nous prenons conscience que tout les oppose. La mémoire est la vie, toujours portée par des groupes vivants et à ce titre, elle est en évolution permanente, ouverte à la dialectique du souvenir et de l'amnésie […]. L'histoire est la reconstruction toujours problématique et incomplète de ce qui n'est plus. (*LM,* 24-25)

Dans le contexte de cet article, les « lieux de mémoire » proposés par Nora font allusion aux textes rédigés par des instances officielles qui, fortes de leurs acquis linguistiques et culturels, ont manipulé l'histoire en présentant seulement une perspective unidimensionnelle. À ce titre, Emma fait souvent référence aux « livres rédigés à l'envers par les petits Blancs » (*LE,* 29) et elle a même tenté d'écrire une thèse pour y répondre[8]. Selon elle, l'histoire présentée par les colonisateurs n'offrant que leur version des plantations a eu pour résultat d'assourdir les expériences chez les esclaves. En d'autres termes, l'histoire officielle retenue n'a aucun lien intime au passé vécu, tandis que la mémoire collective des esclaves renferme une « vérité vraie » (*LE,* 155).

La tradition de transmettre la mémoire n'est donc pas uniquement un passe-temps des femmes appartenant à la lignée d'Emma, il s'agit d'un moyen légitime de témoigner du passé et de s'approprier l'histoire de l'esclavage qui a été, selon Emma, « tronquée, lobotomisée, excisée, mâchée, triturée puis recrachée en un jet informe » (*LE,* 22). À cet égard, il convient de reconnaître que la révision de l'Histoire dominante n'est pas un thème inédit dans les études post-esclavagistes : plusieurs ouvrages mettent l'accent, comme le fait *Le livre d'Emma,* sur la manière dont les « grands livres » (*LE,* 23) ne reflètent pas suffisamment bien les perspectives de l'esclavage, surtout celle des femmes. Dans *Time Passages : Collective Memory and American Popular Culture,* par exemple, George Lipsitz explique que les femmes de la diaspora africaine

---

8. Suite à ses études universitaires en Haïti, Emma est allée ensuite en France, où elle a passé des années à rédiger une thèse de doctorat au sujet de l'esclavage : elle a effectué des recherches sur la vie des femmes africaines (*LE,* 41).

« se trouvent souvent reléguées en marge des récits rédigés par les membres des groupes dominants[9] ». De la même manière, Toni Morrison constate que les Afro-Américains, hommes et femmes, furent longtemps marginalisés et qu'on leur interdisait de partager leurs propres expériences de l'esclavage[10].

Les récits d'Emma, quoique fictifs, revêtent donc une importance inestimable puisqu'ils servent de « contre-mémoire » (*TP*, 212), une forme de résistance à la culture patriarcale et coloniale dominante. D'après Lipsitz, « la contre-mémoire se tourne vers le passé pour récupérer les histoires cachées et exclues des récits dominants [...] la contre-mémoire exige la révision des histoires existantes en offrant de nouvelles perspectives sur le passé[11] ». Autrement dit, en transmettant la mémoire de ses aïeules, Emma peut représenter une perspective méconnue de l'esclavage selon la perspective des victimes, s'assurant ainsi que les « vraies » histoires de cette période soient racontées.

Les chansons représentent un moyen important permettant de transmettre cette contre-mémoire assourdie. Grâce aux paroles de celles-ci, les conteuses peuvent faire entendre leurs sentiments en même temps qu'elles exposent les horreurs de l'esclavage. L'expérience de Kilima, la première de la lignée de femmes, nous offre un excellent exemple de cette transmission de la contre-mémoire. À travers une chanson « sauvée des cales des négriers » (*LE,* 128), Emma raconte le parcours difficile de son arrière-grand-mère bantoue qui, à un très jeune âge, a été « arrachée des bras de sa mère Malayika, puis vendue aux négriers » (*LE*, 131). Kilima a vécu, par la suite, dans la plantation Comte, située sur l'île de Saint-Domingue. Là-bas, Cécile, une vieille femme de la plantation,

---

9. « [O]ften find themselves relegated to the margins of the narratives fashioned by members of dominant groups » (je traduis). George Lipsitz, *Time Passages: Collective Memory and American Popular Culture*, Minneapolis, University of Minnesota Press, 1990, p. 212. Désormais, les références à cet ouvrage seront indiquées par le sigle *TP*, suivi du folio, et placées entre parenthèses dans le texte.
10. Toni Morrison, « The Site of Memory », William Zinsser (dir.), *Inventing the Truth: The Art and Craft of Memoir*, Boston, Houghton Mifflin, 1987, p. 91.
11. « Counter memory looks to the past for the hidden histories excluded from dominant narratives [...] counter-memory forces revision of existing histories by supplying new perspectives about the past » (*TP,* 213) (je traduis).

l'a adoptée comme sa propre fille et lui a chanté cette chanson à maintes reprises pour l'apaiser :

> *Kilima changu kidogo,* ma petite colline
>
> *Kitu changu kidogo,* ma petite chose
>
> *Mtoto mdogo,* ma toute petite enfant
>
> *Inakua usiku,* la nuit arrive
>
> *Wewe malayika wangu,* mon ange gardien. (*LE,* 128-9)

Cependant, comme le souligne Patrice Proulx, malgré ses efforts pour réconforter et pour protéger Kilima, Cécile n'est pas capable de sauver la petite du travail éreintant qui l'attend dans les champs de canne à sucre[12] ni de la violence que lui impose son maître. Une nuit, le propriétaire de la plantation et deux de ses amis tentent de violer Kilima. Cécile, afin de protéger la jeune fille de douze ans, poignarde le maître, mais sa tentative de sauver Kilima se retourne contre elle et elle finit par perdre les membres supérieurs et inférieurs : « Elle l'enfonça jusqu'au manche dans le dos du comte [le propriétaire de la plantation], qui s'affaissa. Les deux autres se saisirent de Cécile, lui tranchèrent les mains et les pieds » (*LE,* 156). Quant à Kilima, on lui coupe le bout du nez, « une mutilation qu'on réservait principalement aux femmes » (*LE,* 156). À la suite de cet épisode tragique, Kilima décide de s'enfuir de la plantation comme une marronne[13] pour vivre dans les mornes. Elle « baigna la plantation d'essence, et elle y mit le feu » (*LE,* 156), emmenant Cécile et d'autres esclaves avec elle.

C'était Mattie, une cousine d'Emma, qui lui avait enseigné cette chanson africaine et Emma l'offre dès lors à Flore. Ainsi, grâce aux descendants de Kilima qui continuent à partager les paroles de sa chanson, les véritables histoires des femmes esclaves restent toujours vivantes. En fait, l'expérience de Kilima vit toujours en chaque femme qui considère la transmission de cette chanson ainsi que sa signification comme manière d'élargir la connaissance de l'esclavage et de la sauvegarder de l'oubli : « l'histoire de Kilima est la vérité vraie, il n'est pas de silence

---

12. Patrice J. Proulx, « Bearing Witness and Transmitting Memory in the Works of Marie-Célie Agnant », *Québec Studies,* n° 39, 2005, p. 48.
13. Le terme marron désigne un esclave qui décide de s'enfuir de la plantation pour vivre librement dans les montagnes.

pour la faire taire, pas de silence qui parviendrait à l'effacer de nos mémoires» (*LE,* 155). De cette façon, l'Histoire retenue et transcrite par les colonisateurs est juxtaposée à l'histoire orale d'Emma, qui, en présentant une perspective intime sur l'esclavage, contribue à construire la contre-mémoire de cette période. En transmettant les expériences de ses aïeules à Flore, Emma propose une nouvelle version de l'Histoire, une version parallèle qui représenterait mieux la culture des colonisés, ainsi que la vie intérieure des femmes.

LES EFFETS NÉGATIFS DE LA MÉMOIRE TRAUMATIQUE

En dépit de sa capacité de s'approprier une version de l'histoire qui a été négligée au cours des siècles derniers, le devoir ancestral de transmettre la mémoire n'est pas toujours une expérience positive. En effet, au cours de ses monologues, Emma présente des histoires de l'esclavage dont la trame douloureuse continue d'obséder les différentes femmes de la lignée. Cette expérience envahissante du passé coïncide avec la théorie de la mémoire traumatique proposée par Cathy Caruth qui définit le trauma dans les termes suivants : « [Le trauma est] une expérience bouleversante d'évènements soudains ou catastrophiques où la réaction à l'évènement se produit d'une manière souvent répétitive, différée et incontrôlable sous forme d'hallucinations ou d'autres phénomènes intrusifs[14] ». Ce phénomène est éprouvé d'abord par les aïeules qui, en survivant aux atrocités commises sur les bateaux négriers et dans les plantations, furent les premières victimes de l'esclavage. Chez Kilima, par exemple, la mémoire des expériences traumatiques endurées s'avère si douloureuse qu'elle décide de se noyer : « Un jour, tout en blanc vêtue, elle entra dans l'océan et ne revint plus jamais » (*LE,* 156).

Quant aux générations descendantes qui n'ont pas vécu directement les horreurs de l'esclavage, celles-ci intériorisent cette mémoire meurtrie qui leur est transmise. Sur le plan de l'énonciation, Emma ne peut pas transmettre la mémoire par le

---

14. « [Trauma is] an overwhelming experience of sudden or catastrophic events, in which the response to the event occurs in the often delayed and uncontrolled repetitive appearance of hallucination and other intrusive phenomena » (je traduis). Caruth, *Unclaimed Experience, op. cit.,* p. 11.

biais d'une longue narration suivie, mais sous forme de retours en arrière parcellaires. Caruth explique à cet égard que la nature fragmentaire des histoires résulte du fait que la mémoire n'est pas totalement intégrée à la conscience; l'expérience – même transmise – reste trop traumatique[15]. Il n'est donc pas étonnant que la structure du récit comporte – au moyen des analepses, des fragments et des répétitions – tous les éléments qui renforcent la notion d'une mémoire traumatique. En observant par exemple la manière dont Emma se réfère souvent aux mêmes images, Flore remarque que la protagoniste « n'a fait que décrire, encore et encore, ce qu'elle appelle le bleu de Grand-Lagon » (*LE,* 19). Elle exprime à maintes reprises sa fascination pour le bleu, une couleur qui, à ses yeux, symbolise à la fois la folie, la peau noire et la traversée de l'océan par les bateaux négriers (*LE,* 8). Ces répétitions obsessives, qui signifient l'attachement profond aux événements traumatisants du passé, empêchent la protagoniste de progresser et dans la narration des expériences de ses aïeules et dans sa propre vie.

D'ailleurs, pendant qu'elle essaie de tout raconter, Emma coupe souvent le fil de son récit à cause d'un sentiment d'accablement : « Je suis fatiguée, c'est vrai, mais j'ai encore beaucoup à te dire » (*LE,* 81). À un autre moment donné, la fatigue revient et Emma interrompt son récit. Flore observe : « À ce point du récit, Emma semblait si exténuée [...] Elle se sentait si affaiblie qu'elle accepta de prendre mon bras pour regagner son lit » (*LE,* 118). La conteuse s'épuise à raconter les histoires de ses ancêtres. Relater cette mémoire douloureuse fait en sorte qu'Emma doit souvent se reposer afin de pouvoir continuer son récit du passé. En fait, Flore raconte que les séances avec Emma, souvent sporadiques et imprévisibles, dépendaient entièrement de la capacité de la patiente à partager ses histoires : « nous dûmes patienter plus d'une semaine avant qu'Emma ne se remette à nous parler » (*LE,* 126). Comme le signalent Bessel van der Kolk et Onno van der Hart, il n'est pas rare que les victimes du traumatisme répriment les souvenirs de leur expérience, de sorte que souvent « la mémoire traumatique est trop lente[16] », la douleur de la vérité trop lourde à

---

15. Caruth, *Trauma: Explorations in Memory, op. cit.,* p. 152.
16. « [T]raumatic memory takes too long » (je traduis). Onno van der Hart et Bessel van der Kolk, « The Intrusive Past: The Flexibility of Memory and the Engraving of Trauma », Caruth, *Trauma: Explorations in Memory, op. cit.,* p.163.

supporter, à transformer en paroles compréhensibles. Les pauses autant que les répétitions chez Emma témoignent du grand effort requis pour raconter cette mémoire douloureuse et refoulée de l'esclavage.

Enfin, de la même manière que les événements racontés se répètent dans le récit d'Emma, on remarque que certaines scènes elles-mêmes se reproduisent chez des descendantes. En se référant à l'ouvrage *Au-delà du principe du plaisir* de Freud, Caruth évoque ce phénomène, c'est-à-dire le fait de revivre une expérience similaire sous une forme altérée: «Freud s'interroge sur la manière particulière et parfois étrange dont les événements catastrophiques semblent se répéter pour ceux qui les vécurent[17]». Bien qu'Emma ne fasse que transmettre des histoires issues de l'esclavage, il est intéressant de remarquer que des événements lointains continuent à se reproduire au point de structurer le *vécu présent* de la protagoniste. À cet égard, la scène la plus significative qui resurgit dans *Le livre d'Emma* est le meurtre de Lola, la dernière de la lignée de femmes. On sait d'ores et déjà qu'Emma a passé des années à travailler sur sa thèse doctorale. Elle comptait y exposer les dessous inconnus de l'histoire officielle de l'esclavage: «Et moi, je voulais écrire ce livre qui, lorsqu'on l'ouvrirait, jamais plus ne se refermerait» (*LE,* 159). Pourtant, lors d'une deuxième tentative de soutenir sa thèse, le jury a rejeté la thèse en invoquant «un manque de cohérence» (*LE,* 65). De cette façon, Emma reçoit cette décision comme le refus d'entendre sa voix ainsi que celle de ses aïeules:

> Juste une femme à la peau bleue, à la peau sans une once de lumière, pour qui l'existence ne doit être que rêves [...] N'est-ce pas la même chose qu'ils ont pensé lorsqu'ils ont rejeté ma thèse ? Qui est-elle pour prétendre écrire à son tour l'histoire ? Que veut-elle prouver ? De quel droit ? (*LE,* 116).

Ayant vécu avec la douleur de ses ancêtres esclaves et victimes de discrimination dans le monde moderne, Emma décide de protéger sa propre fille des injustices qui l'attendent en abrégeant le fil de sa vie: «Pour cela Lola devait mourir [...] Comme moi, Lola était condamnée» (*LE,* 162). Cet infanticide

---

17. «Freud wonders at the peculiar and sometimes uncanny way in which catastrophic events seem to repeat themselves for those who have passed through them» (je traduis). Caruth, *Unclaimed Experience, op. cit.,* p. 1.

rappelle justement l'expérience de son aïeule, Kilima, et l'histoire de l'esclavage en général. Dans le pénultième chapitre du roman, on se rend compte qu'après s'être enfuie de la plantation Comte, Kilima « donna naissance à une fille qu'elle tente de noyer, puis elle perdit la raison » (*LE*, 156). Bien que Kilima n'ait jamais mis fin à sa lignée, il y a tant d'autres femmes qui, pendant l'esclavage, l'ont fait. Effectivement, plusieurs femmes ont tué leur progéniture pour que leur rejeton n'ait pas à endurer les conditions inhumaines de l'esclavage. Étant donné que l'enfant était obligatoirement héritier du destin de sa mère, comme on l'observe dans les articles douze et treize du *Code noir*[18], il n'est pas surprenant d'apprendre que les femmes aient adopté différentes façons d'avorter ou de refuser la maternité pendant l'esclavage. Dans *Slave Women in Caribbean Society*, Barbara Bush explore « la possibilité que les conditions de l'esclavage aient réduit la volonté et la capacité des femmes à faire des enfants ou que ces conditions aient peut-être même conduit à des moyens de limitation des naissances telles que l'avortement, la contraception et l'infanticide[19] ». Elle maintient en d'autres termes que les femmes ont délibérément choisi de ne pas avoir d'enfants : l'infanticide permettait à leurs enfants de se soustraire à l'inéluctabilité d'une vie servile. De façon tragique, c'est en raison d'un tel geste barbare que, près de deux siècles après la fin de l'esclavage, Emma se retrouve dans un hôpital psychiatrique.

Chez Emma, l'acte de transmettre la mémoire de ses aïeules s'avère être en somme un devoir, un fardeau, qui, loin de l'émanciper, la condamne à l'inertie : au lieu de lui donner le goût de la vie, le fait d'être dépositaire de cette mémoire collective pousse Emma à tuer sa propre fille et à se donner la mort. Dans le dernier chapitre, le docteur MacLeod informe Emma qu'aucun procès ne serait intenté concernant le meurtre présumé de Lola, sa fille. De cette façon, Emma, qui avait préparé sa propre défense, se trouve réduite au silence encore une fois. Dans l'aval de cette annonce, la protagoniste décide tout de même de se suicider en

---

18. Publié à Paris en 1685, *Le code noir* est un recueil d'édits, de déclarations et d'arrêts concernant la traite des esclaves qui furent expédiés vers l'Amérique.
19. « [T]he possibility that the conditions of slavery reduced women's desire and ability to have children or may even have resulted in conscious forms of limitation such as abortion, contraception and infanticide » (je traduis). Barbara Bush, *Slave Women in Caribbean Society, 1650-1838*, Bloomington, Indiana University Press, 1990, p. 138.

se noyant dans la rivière, rejoignant ainsi son arrière-grand-mère Kilima et tous ceux et celles qui sont morts dans les bateaux négriers. Habillée en blanc, comme sa grand-mère, Emma commence ainsi son voyage sur «la route des grands bateaux» (*LE*, 160). La reprise de cette scène et le lien qu'elle permet de tisser entre sa propre vie et celle de Kilima révèlent qu'Emma n'a jamais réussi à se libérer des traumatismes de ses ancêtres: «Elle vivait dans leur ombre, proie de leur fantôme» (*LE*, 54). Au fond, Emma ne pouvait continuer à perpétuer cette tradition de transmettre la mémoire parce qu'il lui était insupportable de cultiver un passé si douloureux. En racontant ses histoires personnelle et collective, elle avait pour dessein de garder la mémoire vivante. Pourtant, en revenant sur les plaies vives et inguérissables de ses ancêtres, raconter lui devient impossible et mène à son suicide.

Dans *Le livre d'Emma*, Agnant soulève des aspects contradictoires de la mémoire de l'esclavage: d'une part, elle révèle le besoin crucial de transmettre cet événement traumatique, mais d'autre part, elle dévoile des effets nuisibles de cet effort de transmission qui continuent à peser sur les femmes aux 20e et 21e siècles. La question se pose donc: comment faire face à la mémoire authentique de celles et de ceux touchés par l'esclavagisme tout en la transmettant aux générations subséquentes? À cause de cette notion problématique suscitée par le personnage d'Emma, ce roman contemporain révèle que le rôle de l' «*oralituraine [sic]*[20]» s'impose plus que jamais. Comme on l'a vu, la mort d'Emma et celle de sa fille – les dernières gardiennes d'un passé vivant – menace d'anéantir la mémoire de la lignée entière. Pourtant, en écoutant les paroles de la conteuse, Flore, interprète et destinataire d'Emma, est garante du fait que la «vraie» histoire de l'esclavage ne se perdra pas. En s'adressant à Emma, Flore note dans son cahier: «J'écris [...] pour que vive à jamais ta voix, toi que personne n'a jamais écoutée. J'écrirai jusqu'à ta dernière goutte de haine, et ta voix [...] résonnera jusqu'à la fin des temps» (*LE*, 35).

---

20. Redéfinissant le concept de l' «*oraliturain*» de Patrick Chamoiseau et Raphaël Confiant – l'écrivain capable de préserver l'oralité d'une histoire dans son écriture – Renée Larrier propose un équivalent féminin, ce qu'elle nomme l' «*oralituraine*». Voir Renée Larrier, *Francophone Women Writers of Africa and the Caribbean*, Gainesville, University Press of Florida, 2000, p. 18.

Soucieuse de perpétuer la mémoire d'Emma, Flore devient en effet l'une de ces *oralituraines*, une écrivaine qui, à l'instar de la conteuse traditionnelle, joue un rôle significatif dans la sauvegarde et la transmission de la mémoire culturelle. Flore se charge de transcrire la mémoire d'Emma, créant à sa manière un « lieu de mémoire », et à la différence des intervenants coloniaux de l'Histoire officielle, le lecteur sait qu'elle s'efforce de garder intacts la voix authentique de la conteuse ainsi que tous les éléments oraux de son récit. En écrivant son « livre d'Emma », Flore propose un moyen inédit afin de conserver la mémoire de l'esclavage selon des attributs de sa culture créole. De cette façon, Flore s'assure que la vie d'Emma et de celles venues en aval d'elle ne tombent pas dans l'oubli. Adoptant une stratégie similaire en « fictionnalisant » la transmission orale de la mémoire, Agnant présente l'esclavage selon une perspective féminine et, ce faisant, contribue à édifier une version revue et corrigée de l'histoire des femmes antillaises.

GOÛTS ET DÉGOÛTS CHEZ NANCY HUSTON ET CHEZ YING CHEN

Pamela V. Sing
Faculté Saint-Jean, Université de l'Alberta

Parmi les nombreux facteurs ayant présidé à l'évolution et au dynamisme actuel des littératures issues de l'Amérique francophone, l'apport des écrivains venus d'ailleurs constitue un domaine d'investigation particulièrement riche. En témoigne, entre autres, la quantité d'encre qu'a fait couler depuis les années 1980 la catégorie littéraire cernée par les termes « écriture migrante » et « écriture transculturelle ». Il s'agit là de textes littéraires traducteurs de l'expérience de l'immigration et de l'exil, c'est-à-dire d'un sujet errant qui, tout en faisant face à la nécessité de s'adapter à la vie et aux pratiques culturelles associées à l'espace d'accueil, porte en lui le souvenir de la vie et des pratiques culturelles associées à l'espace dit « d'origine ». Celui qui vit l'expérience sur le mode de la perte peut sentir qu'il occupe un *no man's land*, soit un angoissant espace de l'entre-deux caractérisé par la hantise, sinon la nostalgie d'un passé irrécupérable, tandis que celui qui la vit sur le mode du gain peut avoir le sentiment d'acquérir une double appartenance. Quels que soient les sentiments éprouvés par le sujet migrant à l'égard de sa situation, certains affects, certains souvenirs associés à la vie d'avant son déplacement continuent de marquer son imaginaire.

Selon l'historienne Luce Giard, l'un des trois co-auteurs, avec Michel de Certeau et Pierre Mayol, de *L'invention du quotidien*, « ce qui subsiste le plus longtemps comme référence à la culture d'origine concerne la nourriture, sinon pour les repas quotidiens, du moins pour les temps de fête, manière d'inscrire dans le retrait du soi l'appartenance à l'ancien terroir[1] ». Aussi l'acte de se rappeler un aliment ou un plat donné, sa récolte ou son achat, sa préparation, sa présentation ou tout autre aspect touchant à sa consommation peut devenir « un véritable discours du passé et le récit nostalgique du pays, de la région, de la ville ou du village où l'on est né[2] ». Il en ressort l'importance non tant des propriétés de l'aliment ou du plat remémoré, mais plutôt de l'usage qu'on en fait.

Nous mangeons pour nous nourrir, mais il s'agit d'une pratique quotidienne qui est aussi une activité humaine sociale et ritualisée. Comme nous investissons cette pratique de significations socioculturelles, affectives, symboliques et identitaires, elle s'avère un espace de compréhension, un lieu de lecture de pratiques et d'imaginaires sociaux. C'est le point de vue adopté par Roland Barthes lorsqu'il soutenait en 1957 que le vin français n'est pas que du vin, mais plutôt

> une substance de conversion, capable de retourner les situations et les états, et d'extraire des objets leur contraire : de faire, par exemple, d'un faible un fort, d'un silencieux, un bavard. [...] Il] détient des pouvoirs en apparence plastiques. [...] Pour le travailleur, le vin sera qualification, facilité démiurgique de la tâche (« cœur à l'ouvrage »). Pour l'intellectuel, il aura la fonction inverse : le « petit vin blanc » ou le « beaujolais » de l'écrivain seront chargés de le couper du monde trop naturel des cocktails... le vin lui ôtera de son intellectualité ; par le vin, l'intellectuel s'approche d'une virilité naturelle...[3]

Quatre ans plus tard, Barthes ajoute que le vin français est l'une de « ces substances pléthoriques [qui] sont aussi des institutions. Et ces institutions impliquent fatalement des images, des rêves, des tabous, des goûts, des choix, des valeurs.[4] »

---

1. Luce Giard, « Arts de nourrir », Michel de Certeau, Luce Giard et Pierre Mayol, *L'invention du quotidien*, tome 2, *Habiter, cuisiner*, Paris, Gallimard, 1994, p. 259.
2. Joëlle Bahloul, « Nourritures juives », *Les Temps modernes*, n° 394, 1979, p. 387, cité dans Giard, *ibid*.
3. Roland Barthes, *Mythologies*, Paris, Seuil, coll. « Points », 1957, p. 75.
4. Roland Barthes, « Pour une psycho-sociologie de l'alimentation contemporaine », *Annales. Économies, sociétés, civilisations*, vol. 16, n° 5, 1961, p. 978.

Il en découle les deux questions principales motivant notre étude : Qu'en est-il de la représentation de la nourriture dans la littérature produite par les écrivains migrants et qu'est-ce que cela révèle au sujet de la transmission ou de la transgression? En substituant au terme «institution» employé par Barthes celui de «tradition», qui vient du latin *traditio*, qui désigne non pas une chose transmise, mais «l'action de transmettre[5]», je soutiendrai avec l'anthropologue Gérard Lenclud que «[d]e manière très générale, on peut dire qu'est traditionnel [...] ce qui passe de génération en génération par une voie essentiellement non écrite, la parole en tout premier lieu mais aussi l'exemple[6]»; que ce qui est transmis est doté «d'un contenu socialement important, culturellement significatif» (*T*, 113); et que «[l]'utilité en particulier d'une tradition est d'offrir à tous ceux qui l'énoncent et la reproduisent au jour le jour le moyen d'affirmer leur différence et, par-là même, d'asseoir leur autorité» (*T*, 115).

Or, tandis que la «différence» évoquée dans la phrase précédente concerne le désir du sujet migrant de se distinguer par rapport à la culture d'accueil, les romans retenus dans cet article thématisent la différence identitaire en rapport avec la culture d'origine, ce qui ne manque pas d'infléchir le concept de transmission et ses questions connexes. Dans *Cantique des plaines*[7] de Nancy Huston, ouvrage qui traite de la province natale que l'auteure associe avec l'éloignement de sa mère, les pratiques alimentaires attribuées à cette région servent des fins d'ordre identitaire, mais sur le mode du rejet. Contrairement à la pratique alimentaire des migrants à laquelle se réfère Giard par conséquent, celle que Huston construit dans son roman ne saurait présenter une source de réconfort et de stabilité, parce qu'elle s'investit de sentiments ambivalents et *ergo*, de tensions. Quels seraient les effets d'une telle représentation troublée sur le concept de transmission?

---

5. Jean Dubois, Henri Mitterand et Albert Dauzat, *Dictionnaire étymologique et historique du français*, Paris, Éditions Larousse-Bordas, 2000, p. 774.
6. Gérard Lenclud, «La tradition n'est pas ce qu'elle était... Sur les notions de tradition et de société traditionnelle en ethnologie», *Terrain*, n° 9, 1987, p. 112. Désormais, les références à ce texte seront indiquées par le sigle *T*, suivi du folio, et placées entre parenthèses dans le texte.
7. Nancy Huston, *Cantique des plaines*, Actes Sud/Leméac, 1993, 271 p. Désormais, les références à cet ouvrage seront indiquées par le sigle *CP*, suivi du folio, et placées entre parenthèses dans le texte.

Querelle d'un squelette avec son double[8] de Ying Chen, quant à lui, met en scène deux protagonistes obsédés tous deux, chacun à sa façon, par la nourriture. Or, puisque Chen tient à minimiser l'aspect référentiel de l'univers romanesque, ses personnages parlent d'aliments qui ne sont associés à aucune culture en particulier. De quelles façons l'intention d'universaliser le discours alimentaire affecterait-elle le concept de transmission et que cela aurait-il à dire au sujet de l'humanité ? Je chercherai quelques éléments de réponse à ces questions en identifiant qui, dans les deux romans à l'étude, consomme, prépare ou convoite quels mets ou quelles pratiques alimentaires et ce, dans quel espace et dans quelle circonstance, de quelle façon et dans quel but. Ces données seront ensuite considérées comme les éléments constitutifs d'« un système de communication, un corps d'images, un protocole d'usages, de situations et de conduites[9] ».

NANCY HUSTON OU LE CONSTAT D'UNE CULTURE ORIGINAIRE INSIPIDE

Parmi les écrivaines « de » l'Ouest canadien, l'une des plus renommées est Nancy Huston. Née à Calgary en 1953, abandonnée par sa mère lors du divorce de ses parents lorsqu'elle avait 5 ans, Huston est allée avec son père vivre aux États-Unis vers l'âge de 15 ans, puis à l'âge de 20 ans, elle s'est établie définitivement à Paris. Huston écrit en anglais et en français. La représentation de son Alberta, qu'elle l'écrive en anglais ou en français, se base sur le souvenir qu'elle, en tant que résidente de Paris depuis 42 ans, a construit à partir de l'expérience qu'elle sent avoir vécue de 1953 jusqu'aux années 1960, et aussi sur l'expérience qu'elle a vécue vers le début des années 1990 lorsqu'elle y est retournée, avec sa famille, pour se refamiliariser avec la province avant d'écrire *Plainsong*. Il s'agit là de l'ouvrage qu'elle a réécrit en français sous le titre *Cantique des plaines*, roman pour lequel elle a été le

---

8. Ying Chen, *Querelle d'un squelette avec son double*, Montréal, Boréal, 2003, 162 p. Désormais, les références à cet ouvrage seront indiquées par le sigle *QSD*, suivi du folio, et placées entre parenthèses dans le texte.
9. Barthes, « Pour une psycho-sociologie de l'alimentation contemporaine », *op. cit.*, p. 979.

récipiendaire du prix littéraire du Gouverneur général en 1993 (dans la catégorie roman et nouvelle de langue française).

Dans un texte publié en 1995, Huston a caractérisé la culture canadienne comme une version «diluée, quelque peu britannisée, de la culture américaine», et a opiné qu' «à l'intérieur du pays assez fade qu'est le Canada, l'Alberta est une province particulièrement fade[10]». En outre, elle a déclaré sans ambages que le cri de cow-boy *Yahoo!* est «la seule et unique contribution distinctive de [sa] ville à l'histoire de l'humanité» (*DR*, 255). Se demandant de quoi on se réclame en s'identifiant fièrement comme Canadien[11], elle a pensé à quatre possibilités dont deux sont d'ordre alimentaire: le saumon fumé et le sirop d'érable (*DR*, 238). Faisant du camping en Alberta, elle préparait à sa famille ce qu'elle appelle «la nourriture de base de l'Amérique du Nord [... à savoir] steaks, hamburgers, crêpes, épis de maïs, saucisses, etc.» (*DR*, 242). Dans les restaurants, remarque-t-elle, le trait saillant des menus est la variété des plats ethniques présentés pêle-mêle. Pourquoi? Parce qu'il n'existe rien de «spécifiquement albertain. Cela n'existe pas et n'existera sans doute jamais[12]» (*DR*, 243).

Il est curieux qu'Huston ne fasse pas mention de l'aliment qui est un symbole incontestablement puissant de l'identité albertaine: le bœuf. La géographe Gwendolyne Blue a affirmé

---

10. Nancy Huston, *Désirs et réalités. Textes choisis 1978-1994*, Actes Sud et Leméac, coll. «Babel», 1995, p. 200. Désormais, les références à cet ouvrage seront indiquées par le sigle *DR*, suivi du folio, et placées entre parenthèses dans le texte.
11. D'après l'anthropologue Annie Hubert, l'attribution d'un plat dit national est un fait du regard des étrangers et la recherche d'un plat national est une activité associée aux migrants voulant retrouver «les goûts qui rassurent, qui sécurisent, les substances et les techniques familières qui font du bien à l'âme». Annie Hubert, «Le plat national existe-t-il?», *Revue des sciences sociales*, n° 27, p. 10.
12. Dans «La mosaïque arrogante», Huston avoue que lorsqu'elle avance, sur un ton sarcastique, que le Canada n'a pas de culture propre, c'est uniquement son ignorance de ce qu'elle sait est bel et bien «une culture» qui fait qu'elle «déclare – catégorique, lointaine, arrogante à [s]on tour: "y a pas"». Huston, *Nord perdu* suivi de *Douze France*, Arles/Montréal, Actes Sud/Leméac, 1999, p. 85. Dans «Les autres soi II», un autre chapitre du même ouvrage, Huston décrit la femme qu'elle s'imagine être si elle était restée en Alberta et ce faisant, associe deux aliments à son soi imaginaire: «des steaks [grillés] au barbecue» et des «muffins». *Ibid.*, p. 113.

que l'efficacité des campagnes de publicité de la commission de commercialisation du bœuf a fortement marqué l'imaginaire albertain de sorte que les composantes de l'image «classiquement albertaine» sont le bétail, les ciels sans fin, les terres de ranch, les montagnes, les hommes et les femmes cow-boys et l'iconographie des ranches, voire le bœuf en est venu à symboliser les beautés géographiques, l'esprit d'indépendance, bref, les valeurs sociales de la province[13]. L'analyse du discours alimentaire dans *Cantique des plaines* montrera que cet aliment y joue un rôle d'autant plus important qu'il n'est mentionné que deux fois.

L'ALBERTA IMAGINAIRE : GOÛTS ET DÉGOÛTS

Le protagoniste de *Cantique des plaines*, Paddon Sterling, est le grand-père de la narratrice Paula. Né en 1900 et décédé juste avant la fin du 20e siècle, son histoire permet de rendre compte de celle de l'Alberta. Pour Paula, le récit de cette histoire est problématique dans la mesure où, assise à sa table de travail à Montréal, elle doit le reconstituer à partir d'innombrables notes d'ordre autobiographique, mais souvent illisibles que son aïeul lui a laissées, ce qui l'oblige non seulement à faire un travail d'interprétation, mais aussi à deviner, voire à inventer des détails afin de produire un récit cohérent. Ce faisant, elle dialogue avec son défunt grand-père en s'exprimant à la première personne au singulier et en le tutoyant. La mise en texte de deux subjectivités distinctes, mais intimement interreliées[14] donne l'impression que Paddon est en quelque sorte l'alter ego de Paula, l'Autre qui gît au fond d'elle et à qui elle adresse la parole sur le mode à la fois affectueux et distancié. Plus d'une fois, Paula dit le mal qu'elle a à tirer Paddon du vide, autrement dit, à imaginer un Alberta intéressant, haut en couleur (*CP*, 19, 21, 68). Le discours

---

13. Gwendolyne Blue, «If It Ain't Alberta, It Ain't Beef: Local Food, Regional Identity, (Inter)National Politics», *Food, Culture, and Society*, vol. 11, n° 1, 2008, p. 69-85.
14. Voir à ce sujet Pamela V. Sing, «Stratégies de spatialisation et effets d'identification ou de distanciation dans *Cantique des plaines*», Marta Dvorak et Jane Koustas (dir.), *Vision, division: l'œuvre de Nancy Huston*, Ottawa, Presses de l'Université d'Ottawa, 2004, p. 63-74.

alimentaire révèle non seulement jusqu'à quel point elle y réussit, mais aussi ce que les traditions ont d'opprimant.

NOURRITURES D'ENFANCE

Le psychologue français Matty Chiva affirme que pour l'enfant, être nourri, « c'est bien plus que l'apaisement d'une sensation désagréable ; c'est aussi la création d'un lien affectueux, l'occasion de regards, de sourires, de chaleur, l'expérience vécue d'une complicité dont le souvenir perdure[15] ». Pour l'enfant qu'était Paddon, au contraire, les repas équivalaient à des moments de discipline pendant lesquels sa mère lui apprenait à dire le bénédicité, à beurrer son pain parcimonieusement et surtout, correctement, et à mâcher consciencieusement, la bouche fermée. Que toute notion de plaisir ou de tendresse en soit exclue est communiqué par la mention, au sein de la même phrase, que, maniaque de la propreté, la mère de Paddon s'assure aussi que le garçon se lavait les mains six fois par jour, qu'il s'abstenait de « tripoter son zizi » (*CP*, 29) et qu'il se lavait les dents avec du sel. Du reste, puisque son père insistait pour que le garçon finisse tout ce qu'il y avait dans son assiette et que sa mère manquait lamentablement de savoir-faire et d'imaginaire, le garçon « redoutai[t] les heures de repas » (*CP*, 29). Plus souvent que non, il avait affaire à « une de ces concoctions dont les grumeaux farineux [lui] répugnaient, le plus souvent de la bouillie d'avoine ou des pommes de terre » (*CP*, 29-30). Au chapitre des desserts, le répertoire maternel comptait trois possibilités, ce qui n'était ni inhabituel à l'époque, ni traumatisant en soi, mais en adressant le récit au grand-père qu'elle tutoie, Paula nous oblige à partager le dégoût attribué au jeune Paddon :

> Parfois pour le dessert Mildred faisait du riz au lait ou, pire, du tapioca ou pire que tout, du pain perdu avec de vieilles croûtes sèches devenues pâteuses à force de tremper dans du lait et de bouillir avec du sucre et, assis tout seul à table après que les autres

---

15. Matty Chiva, « Le goût : un apprentissage », Claudie Danziger (dir.), *Nourritures d'enfance. Souvenirs aigres-doux*, Paris, Autrement, coll. « Mutations/Mangeurs », nº 129, p. 165.

étaient partis, tu fixais ton assiette haineusement de tes yeux brûlants et ton ventre se soulevait. (*CP*, 30)

Comme si tout cela ne suffisait pas pour dysphoriser les repas d'enfance, on punissait sévèrement le garçon s'il refusait de se plier au régime familial. Si Paddon levait le nez sur un plat de pommes de terre, son père lui assenait des coups à la tête « qui résonnai[en]t dans [s]es oreilles jusqu'à ce qu'il s'endorme le soir » (*CP*, 30). Si le garçon dédaignait le « tas de purée » dans son assiette, le père lui « plantait » le visage dans le plat en maintenant la pression jusqu'à ce que Paddon ne puisse plus respirer (*CP*, 30).

À l'enfance marquée par l'insipidité des aliments et plats féculents préparés par la mère, succède une adolescence pendant laquelle l'emportent les goûts du père. La narratrice s'attarde brièvement sur cette période de la vie de son grand-père et de plus, la caractérise par rapport à un seul aliment, qui acquiert une importance emblématique. Il s'agit du bœuf, plat albertain par excellence selon Gwendolyne Blue.

La scène évoquée dans le paragraphe ci-dessus, qui apparaît vers le début du roman, montre que John Sterling peut être violent. Au fur et à mesure du roman, il appert que la violence est son trait de base. Deux séquences représentatives subséquentes en convainquent le lecteur. Lorsque Paddon a moins de 2 ans, il assiste à une scène atroce décrite en détail : quatre hommes, dont son père, s'occupent du marquage des vaches du ranch Sterling (*CP*, 87). La narratrice met en relief la douleur infligée aux bêtes d'une part – le jeune enfant voit une vache « se tordre en beuglant » (*CP*, 87) – et d'autre part, la façon dont le père confirme son statut de maître absolu : c'est avec le sourire aux lèvres qu'il applique contre la hanche droite de la vache « le fer incandescent rougeoyant grésillant » (*CP*, 87). Paula enchaîne avec la description encore plus brutale de la scène dont témoigne Paddon « nettement plus tard » (*CP*, 87), soulignant ainsi que la violence paternelle n'est pas réservée au bétail. Il s'agit de la nuit où sa mère annonce à son père qu'elle est à nouveau enceinte et qu'elle veut l'enfant. Ivre et furieux parce qu'il ne veut pas avoir à nourrir « encore une bouche » (*CP*, 88), John Sterling donne toute latitude à sa colère : portant encore ses bottes de cow-boy, il donne de violents coups de pied à sa femme jusqu'à ce qu'elle fasse une fausse couche.

Le lien entre l'homme, le bétail et la tyrannie brutale ainsi établi, une seule référence d'ordre alimentaire suffit pour nous faire comprendre le legs identitaire que le père souhaite transmettre à son fils. Lorsque Paddon atteint l'âge de la puberté, son père, décidé à le transformer « en ce qu'il considère comme un homme, à savoir une star de rodéo [...] flanquait, chaque soir, sur [son] assiette de gros morceaux de viande sanguinolente » (*CP*, 130). Le déroulement de ces repas est confié à une ellipse, tandis que les étapes de son initiation au métier de cow-boy méritent une dizaine de pages. Chaque stade de son initiation se termine par un échec, depuis les fins d'après-midi que Paddon passe avec son père au corral auprès des cow-boys du ranch, lesquelles laissent le garçon « meurtri » (*CP*, 131), jusqu'au jour où, pour fêter le douzième anniversaire de Paddon, son père l'amène à « la gigantesque fête de cow-boys et d'Indiens » (*CP*, 167) qu'est le *Stampede* de Calgary. La soirée se termine brusquement lorsque le corps de Paddon rejette le total de l'expérience dans « un jet de vomi » (*CP*, 173). À partir du surlendemain, lorsqu'il comprend que Paddon est allergique aux chevaux, le père se lave les mains de l'avenir de son fils. Force est de conclure que l'aïeul de la narratrice n'est pas un Albertain « typique ». On peut imaginer que, jusque-là, Paddon a consommé les repas de carnivore préparés par le père, mais sans doute à contrecœur et que, par conséquent, on ne saurait dire de lui qu'il « est ce qu'il mange ».

UNE PARENTHÈSE IDYLLIQUE

L'unique espace de bonheur pour le jeune Paddon est sur la propriété de son oncle Jake et de sa femme Millie, située dans la région nordique de Peace River Junction, là où la famille Sterling passe ses vacances d'été. À tous les points de vue, l'endroit se trouve aux antipodes du « ranch aride » (*CP*, 85) familial situé dans « l'Alberta du Sud » (*CP*, 120). Contrairement au sud, le nord revêt le caractère d'une « jungle » paradisiaque. Le jardin qui, aux yeux du garçon, est « à coup sûr un des plus grands de l'univers » (*CP*, 85), abonde de légumes que la narratrice prend plaisir à identifier, énumérant ainsi des « concombres et haricots, laitues et cardons, petits pois et pois de senteur, potirons et pommes de terre, [... de] minuscules carottes orange vif [... et de] la rhubarbe » (*CP*, 85-

86). Il n'est pas indifférent que le jeune Paddon adore manger les carottes, surtout sans les avoir lavées : il se réjouit de l'occasion d'enfreindre la règle d'or concernant la netteté et la propreté dictée par sa mère[16]. Et il est tout aussi significatif qu'avec Jake, Paddon adore partir à la pêche et, sur le chemin de retour, cueillir des groseilles ou des bleuets de la Saskatchewan avec lesquels la tante Millie ferait peut-être une tarte ou bien encore, cueillir des framboises. Les passages concernant la rhubarbe et les framboises sont parmi les plus sensuels du roman :

> [...] vous vous contentiez de cueillir des framboises pour votre seul plaisir coupable et égoïste, les détachant de leurs couronnes vertes d'un geste léger et rapide pour ne pas les écraser et faire de taches, les sentant rouler dans votre paume puis dans votre bouche, acides et douces, cueillant déjà impatiemment les suivantes [...]. (*CP*, 85)

> [...] mieux encore, la rhubarbe dont tu arrachais les feuilles pour la manger crue, assis sur le perron à tremper les longues et raides tiges rose-vert dans une tasse de sucre en poudre et à exulter tandis que, dans un crissement de dents et un giclement de salive, les deux goûts exacerbés sucré et acide se livraient joyeusement bataille dans ta bouche. (*CP*, 86)

« Acides et douces » ou « sucré et acide », les deux aliments méritant une description poétique et détaillée sous la plume de Huston soulignent l'appréciation de Paddon pour les choses complexes, *ergo* intéressantes de la vie, ce qu'il ne retrouve pas auprès de ses parents sur le ranch Sterling. C'est dire que le premier groupe auprès duquel Paddon devrait avoir formé ses liens sociaux les plus intimes, des liens d'appartenance, l'oblige à reconnaître sa propre différence. Il ne partage pas leurs goûts et à force de passer ses deux premières décennies sur terre en leur compagnie, n'a pas développé un appétit pour la vie.

---

16. Un exemple représentatif au moment où le garçon, âgé alors de 8 ou 9 ans, ôte ses chaussures avant d'entrer dans la cuisine « pour éviter une réprimande maternelle », et apprend aussitôt que c'est à son tour d'essuyer la vaisselle. Lorsque, cinq minutes plus tard, il met le torchon sur son épaule, sa mère l'admoneste en lui rappelant que « personne n'a envie de manger dans des assiettes qui ont été en contact avec [les microbes de] ses cheveux » (*CP*, 127-128).

UNE VIE MENÉE SANS GRAND APPÉTIT

À vingt-deux ans, Paddon devrait être dans la fleur de l'âge, mais même éloigné du foyer familial – il est alors étudiant à l'Université de l'Alberta –, l'habitus familial qu'il a toléré pendant son enfance et son adolescence continue de dicter ses attitudes et son comportement alimentaires. Il a intégré des légumes à son répertoire, mais le jeune homme est de toute évidence aliéné de son propre corps et cherche à satisfaire ses appétits uniquement pour ne pas en être harcelés. Par conséquent, il y réussit, mais sans plaisir, sans imagination et sans savoir-vivre. Plutôt que de vivre sa vie, il la subit :

> Ton régime était exactement aussi austère et répétitif que tes amours, affirme Paula. Deux fois par jour tu ouvrais des boîtes de conserve ; une fois par semaine tu descendais au centre-ville pour fréquenter les tristes corps las et parcheminés des putes indiennes, passant tes nuits de samedi dans la puanteur de la bière artisanale [...], puis t'éloignant le dimanche matin avec un frisson de dégoût [...] le ventre tremblant de faim et de honte et le pénis recroquevillé entre tes cuisses [...] parfois tu vomissais et remarquais ensuite la façon dont ton vomi sur le trottoir évoquait une protestation verbale, avec des points d'exclamation. Maïs ! Semblait-il dire, ou bien : haricots à la sauce tomate ! Tout ce que tu avais mangé, tout ce que tu avais cru ingérer et assimiler était revenu te narguer silencieusement : Regarde, disait ton vomi, décidément tu ne sais rien faire, pas même digérer ta nourriture. (*CP*, 38-39)

Le récit du rejet corporel des aliments, ces composantes du monde extérieur qui ne lui ont procuré aucun plaisir pendant toute son enfance – à moins de se trouver dans le nord avec son oncle Jake – fait écho à son envie de rejeter l'identité sociale imposée par la société. Le ton méprisant de la narratrice, d'autant plus humiliant qu'elle prétend donner la parole au vomi de Paddon sans employer des guillemets traduit bien l'impuissance du jeune homme face au modèle social.

À vingt-cinq ans, Paddon épouse Karen, une «jeune et grande et agile Suédoise» (*CP*, 95) auprès de qui il continue d'«évoluer» dans un cadre semblable à celui de sa jeunesse aux points de vue de l'ordre, de la propreté, de la religiosité et du manque de stimulation intellectuelle. C'est dire que sa vie manque toujours de piment. Aussi les passages du roman traitant de sa vie de couple n'incluent-ils qu'une seule phrase au sujet de l'alimentation, laquelle décrit de façon itérative et elliptique les soupers familiaux : « Karen vous appelait tous à table et murmurait furtivement le bénédicité et la journée était presque terminée, et tu n'approchais pas du corps de ton épouse pendant la nuit » (*CP*, 49-50). Que le statu quo se maintienne au cours des années est souligné dans un passage où, après avoir raconté la fête du quatre-vingtième anniversaire de Paddon, Paula lui explique – car n'oublions pas qu'elle raconte l'histoire de son grand-père en lui adressant la parole – que si elle ne l'a plus revu après la fête, c'est à cause des manies insupportables de Karen, dont « son interminable bénédicité dominical au cours duquel, sur les fines tranches de rosbif rose découpées au couteau électrique, la sauce coagulait en refroidissant » (*CP*, 253).

NAVETS ET THÉ BRÛLANT

Marié depuis onze années et un quart, Paddon ouvre une parenthèse dans sa vie le jour où, à la demande de sa femme, il sort faire des courses. Chargé de chercher « peut-être des navets, peut-être des carottes, des patates ou des choux [et] une livre de saindoux si possible » (*CP*, 56-57), il va au marché où, un peu à l'écart des éventaires de légumes, il a le coup de foudre pour celle qui deviendra la femme de sa vie, Miranda, une Métisse peintre. « Elle attrape ton regard, et tu attrapes le sien, vos regards se fondent l'un dans l'autre et tu t'arrêtes net » (*CP*, 57), raconte Paula. La peinture que Paddon aperçoit dans les cheveux de cette femme et la chaleur sensuelle de son rire évoquent en lui le sentiment que son « corps se remet à exister » (*CP*, 58). Il choisit les navets qu'il a promis à Karen, les fait peser et les paie pour aussitôt se laisser amener jusqu'à l'appentis que Miranda habite avec sa fille Dawn, partie passer le week-end chez son père. Bien que « la température à l'intérieur connote la pauvreté aussi impérieusement que le quartier alentour, » et qu'il y règne un suprême désordre, aux yeux de Paddon, cette « pagaille » est « enivrante » (*CP*, 58). Ensemble, ils boivent du thé brûlant pour ensuite explorer, aimer et habiter le corps l'un de l'autre. À partir du moment où l'intensité, la sensualité et l'intelligence de Miranda font partie de l'univers de Paddon, celui-ci ne se sent plus exilé : « Elle te ramène chez toi », résume Paula (*CP*, 59).

Paddon quitte l'appentis de Miranda à la fin de la matinée. « Tu te sens extrêmement proche de Karen à marcher vers elle avec ton nouveau corps, extrêmement tendre et protecteur à lui apporter les navets » (*CP*, 59-60). Ces navets, en fin de compte, s'investissent d'un réseau de significations qui révèlent la complexité des relations humaines et l'attitude de la narratrice envers la province natale de son auteure. Que Karen ait chargé son mari d'aller chercher des légumes et qu'il ait accepté de le faire, laisse entrevoir certains aspects éthiques de leur couple, dont la présomption de compétence, le respect et la division souple des tâches. Le fait que Paddon ait choisi des navets, aliment des pauvres, parce que répandu et peu coûteux, rappelle la situation socioéconomique du pays et le statut peu privilégié de son couple, mais la valeur symbolique du navet rend autrement significatif son choix. La fadeur de son goût évoque la caractéristique principale attribuée au Canada et qu'incarne, selon Huston, sa province natale, et par conséquent aussi, moult aspects albertains racontés dans le roman, dont la conversation de Karen et forcément aussi les jours et les nuits passés en sa compagnie.

> [C]omme elle était allergique à toute forme de conversation sérieuse [...] chaque fois qu'un invité était sur le point de parler avec passion ou intensité, Karen assassinait son émotion en lui décochant une idée reçue [...] réduisant sans appel les tragédies et comédies particulières à des platitudes générales. (*CP*, 254)

Dans cette perspective, l'achat des navets au moment du coup de foudre que Paddon a eu pour Miranda et le fait qu'il les apporte à son appentis où il boit du thé « brûlant » et fait l'amour passionnément avec elle avant de les apporter à Karen, le cœur empli de tendresse, suggère que bien qu'illicite, sa fréquentation de la Métisse l'ouvre au monde et ce faisant, le transforme en un homme meilleur. En même temps, le légume semble symboliser que l'homme qui l'a choisi parmi tous les légumes étalés au marché, *est* donc un navet au sens argotique du mot, soit un niais, un imbécile, ou qu'il a du sang de navet, expression familière voulant dire lâche, pusillanime. Seule sa fréquentation de la Métisse le sauve de la médiocrité, tout comme si la transformation romanesque de l'histoire de l'Alberta devait faire abstraction du rôle qu'y avaient joué les Autochtones, l'attitude de l'auteure envers son protagoniste pourrait se résumer en l'interjection populaire de jadis, « des navets ! », dont l'équivalent actuel serait « mon œil ! », expression de refus mêlé de mépris[17]...

DANS L'OMBRE DU « STEAK »

Miranda et Paddon formant un couple inscrit d'emblée sous le double signe des navets et du thé brûlant, la narratrice n'évoque la question des repas pris ensemble que pour affirmer l'esprit d'union qui caractérise leurs relations : « Vous ne vous retrouviez pas pour faire l'amour mais vous faisiez l'amour entre autres choses et toutes ces choses étaient de l'amour, y compris le sommeil les repas les confidences [...] » (*CP*, 114). En revanche, lorsqu'il s'agit d'évoquer certaines réalités autochtones, Paula les fait valoir en recourant au mode intime que permet le thème alimentaire. Le premier exemple apparaît la fois où Paddon arrive à l'appentis à l'heure du déjeuner – un moment inhabituel pour ses visites – Dawn, fille de Miranda, en train de « mâchonn[er] un sandwich au salami » (*CP*, 76) manifeste son mécontentement et ne fait aucun effort pour engager la conversation. La nourriture dans cette séquence souligne l'intimité de l'ambiance familiale que l'homme perturbe d'une part, mais d'autre part, sert à dévoiler le statut socioéconomique inférieur des Autochtones au moyen de leur alimentation. Certes, le salami n'aurait pas fait partie de l'habitus alimentaire des Autochtones à l'époque, mais vraisemblablement, dans l'esprit de Huston, il s'agit d'associer le personnage avec une charcuterie bon marché tel le *baloney* nord-américain, dérivé de la mortadelle[18]. Le salami est effectivement un aliment à haute teneur de gras et de sodium.

---

17. Voir à ce sujet, le site en ligne du Centre national de ressources textuelles et lexicales : http://www.cnrtl.fr/lexicographie/navet (page consultée le 15 février 2016).
18. Dans son roman *La traversée des sentiments*, Michel Tremblay écrit ceci au sujet de cet aliment : « Maria pose devant sa fille une assiette de petits chapeaux

La seconde référence alimentaire surgit dans une séquence où Paddon et Miranda sont assis à table, en train de fumer une pipe. Rentrant de l'école, Dawn se blottit contre sa mère et lui dit qu'elle a faim. Miranda se lève et lui sert alors des flocons d'avoine avec du sucre roux (*CP*, 146) et ensuite, « sans prévenir » (*CP*, 146) raconte à Paddon le jour où son père a été battu à mort. La référence alimentaire est encore une fois un signe de la pauvreté économique dans laquelle vivent les deux personnages autochtones – il s'agit en l'occurrence de flocons qui, cuits, donneraient du gruau – mais puisque la narratrice précise que c'est le « goûter préféré » (*CP*, 146) de la jeune fille, elle sert aussi à illustrer les liens d'affection qui attachent Miranda à sa fille. De plus, la façon dont Miranda passe sans heurt de Paddon à sa fille, puis de sa fille à Paddon montre que celui-ci s'est intégré dans l'espace réunissant mère et fille ; mais avant tout, la seconde transition, juxtaposant la préparation d'un goûter au récit de l'attaque brutale de son père souligne que la violence subie par les Autochtones ainsi que les innombrables pertes et ruptures entraînées par des actes racistes font partie de leur vécu quotidien.

Les significations évoquées par les références alimentaires précitées se confirment dans deux autres séquences où l'alimentation constitue un thème important. La première, racontée par Miranda au sujet des écoles résidentielles, révèle, entre autres, la mauvaise alimentation imposée aux enfants. L'énumération – « du porridge, et des patates et du pain au lieu de viande... » (*CP*, 111) – rappelle les mets que, enfant, Paddon devait supporter et que, jeune père de famille pendant la crise économique, il voyait sa femme servir à leurs enfants. C'est à lui qu'appartient la seconde séquence. Fort de la version autochtone des efforts déployés par le gouvernement dans le but de coloniser les tribus indigènes des Prairies et d'autant plus touché par le traitement infligé aux Autochtones que ceux-ci sont forcés à consommer des aliments infects lui rappelant sa propre enfance, Paddon décide en juin 1942 d'en faire part à ses élèves : il démythifie le personnage du père Albert Lacombe, missionnaire oblat que l'Histoire officielle de

---

de baloney, ce plat de pauvres que Rhéauna aime tant mais qu'elle-même a toujours trouvé dégoûtant. C'est une recette que préparait sa propre mère, Joséphine, quand l'argent venait à manquer et qu'il fallait bien trouver un moyen de nourrir son mari et ses quatre enfants. Peu dispendieux et bourratif. » Michel Tremblay, *La traversée des sentiments*, Leméac/Actes Sud, 2003, p. 15.

l'Ouest canadien considère comme un grand héros. Pour ce faire, Paddon raconte que la stratégie adoptée par le gouvernement dans le but de forcer « les Blackfeet » à se mettre à l'agriculture consistait à les affamer et que le père Lacombe y a joué le rôle de complice :

> Lacombe était resté là à regarder les Blackfeet dépérir de faim puisque le gouvernement [...] leur envoyait du bacon au lieu du bœuf, leur envoyait moins de farine, de moins en moins de farine, encore moins de farine cette année-ci que l'année précédente, jusqu'à ce que les adultes n'aient plus que des écureuils et des souris à se mettre sous la dent, puis des chiens et des chevaux, puis les carcasses des bêtes qu'ils trouvaient pourrissant sur la prairie, tandis que les enfants se tordaient par terre après avoir avalé des panais sauvages toxiques.
>
> Et quand les étudiants blackfeet ne supportant plus de voir souffrir et mourir leurs familles, se mirent à déserter l'École catholique industrielle à High River en 1885, ce fut encore le père Lacombe qui recommanda au gouvernement de menacer de couper leurs rations aux parents non coopératifs. Il valait mieux avoir le ventre vide et l'âme soumise au Christ que la panse pleine de viande de bison et aucun sens de la décence.
>
> Et lorsque après toutes les promesses faites et bafouées et refaites et rebafouées, le Canadian Pacific Railway avait tracé son projet de ligne en plein milieu de la réserve blackfoot et envoyé des milliers de bûcherons et d'arpenteurs [...] ce fut encore le père Lacombe qui débarqua, chargé de pots-de-vin sous forme de sucre et de farine et de thé et de tabac [...]. (*CP*, 261-262)

La traduction en termes alimentaires d'un chapitre méconnu de l'histoire albertaine le ramène à un niveau accessible, voire personnel pour tous, de sorte que l'injustice infligée aux Autochtones est non seulement comprise rationnellement, mais aussi ressentie émotivement, sinon viscéralement. La substitution du bacon au bœuf suggère le refus de considérer les Autochtones comme des membres à part entière de la province. Le récit concernant le missionnaire oblat confirme qu'il occupe une place importante dans le discours sociohistorique dominant, mais l'angle sous lequel Paddon brosse son portrait souligne on ne peut plus explicitement que ses accomplissements par rapport au projet national ont été néfastes pour les peuples autochtones des Prairies. En contribuant à « annuler » la différence autochtone de l'équation « canadienne », il a contribué à l'aplanissement, au sens de l'uniformisation de l'Ouest.

La narratrice de *Cantique des plaines*, force est-il de reconnaître, voit et fait voir la vie de son grand-père et partant, la province natale de Huston, sous l'angle d'une insipidité à la fois « ennuyeuse » et dégoûtante. L'aliment identitaire albertain par excellence, le bœuf, se distingue crûment des autres composantes du discours alimentaire; il n'apparaît en rapport avec Paddon Sterling qu'une seule fois. Faisant abstraction de son goût, la narratrice l'associe plutôt au père violent et macho de Paddon et décrit le plat que ce père sert chaque soir à son fils, dans le but de le rendre viril, au moyen de deux adjectifs péjoratifs, « gros » pour qualifier les morceaux et « sanguinolente » pour qualifier la viande (*CP*, 130). On peut conclure que le fils mange le plat servi par le père, mais sans pour autant développer les traits escomptés. La seconde fois que le bœuf est mentionné, c'est sur le mode du manque, pour souligner le genre de privations que le gouvernement a infligées aux Autochtones dans le but de s'approprier leurs terres. Il en découle le lien intime entre l'aliment emblématique de l'Alberta et les forces qui, en éliminant les altérités, ont fait de la province un espace homogène, sans aspérités, en un mot, « fade ». S'en distinguent deux espaces clairement identifiés comme étant non albertains : le nord de la province, représenté comme un lieu où il fait bon manger, mais dont la gastronomie à base de légumes, de fruits et de poisson ne correspond nullement aux images classiques de la province, et l'appentis de Miranda, lieu où il fait bon vivre, tout court, mais comme la communauté dont est issue la Métisse, cet espace est voué à la disparition. Aussi faut-il conclure que la narratrice de *Cantique des plaines*, qui, comme Nancy Huston, fait un retour par l'écriture dans un espace culturel auquel elle se sent à la fois intimement liée, mais aussi aliénée, métaphorise le caractère problématique de ses rapports au dit espace en les traduisant sur le plan alimentaire. Paula s'avère bel et bien familière avec l'habitus alimentaire albertain, mais en en représentant les plats traditionnels sous un angle péjoratif, elle les investit d'une valeur identitaire « altérante ».

YING CHEN : QUI CHANGE DE PAYS
CHANGE D'IDENTITÉ ALIMENTAIRE

L'écrivaine Ying Chen accorde une signification importante au discours alimentaire dans plusieurs de ses romans, mais c'est *Querelle d'un squelette avec son double* qui nous intéresse, car il est structuré selon un système binaire semblable à celui de *Cantique des plaines* et ce, tout en problématisant les rapports de ses protagonistes aux traditions alimentaires.

Auteure de douze livres, dont dix romans, un recueil d'essais et un essai épistolaire, Ying Chen est originaire de Shanghai, c'est-à-dire issue d'une culture dans laquelle la cuisine et l'alimentation revêtent une très grande importance. Dans « Carnet de voyage en Chine », le premier chapitre de son recueil d'essais intitulé *Quatre mille marches*[19], Chen révèle qu'en s'installant au Québec en 1989, elle a découvert l'impossibilité de retrouver les plats shanghaïens familiers, ce qui a entraîné l'apparition soudaine d'un moi qui n'était plus gourmand. Et l'écrivaine de prétendre que les denrées alimentaires privées d'histoire, de liens vitaux avec un contexte sociohistorique collectif particulier, ne pouvaient stimuler ni son appétit ni son imagination et que son écriture s'en est trouvée affectée. Huit ans plus tard, en 1997, lors d'un séjour dans sa ville natale, Chen a retrouvé sa gourmandise, mais seulement le temps de son passage :

> Mes amis de là-bas [au Canada] croient que je n'ai pas de défaut, parce que je ne bois ni ne fume, et ne manifeste aucun faible pour les sucreries. Et effectivement, en vivant dans le Nord où je ne trouve pas de petits goûters shanghaïens, j'ai l'impression d'acquérir une seconde nature, une sagesse ascétique qui consiste non seulement à me nourrir le plus sainement du monde, mais aussi à écrire avec précision et sobriété, parce que ma provision de vocabulaire est aussi pauvre que celle des goûters. […] Mais à peine arrivée dans cette ville, je recommence à faire des folies. Il m'est très difficile de résister au parfum du vinaigre de riz qui plane jusque dans la rue, annonçant un restaurant où l'on sert des

---

19. Ying Chen, *Quatre mille marches*, Montréal, Boréal, 2004, 126 p. Désormais, les références à cet ouvrage seront indiquées par le sigle *QM*, suivi du folio, et placées entre parenthèses dans le texte.

rouleaux, des raviolis, des nouilles et des soupes, préparés [...] d'une manière qui me réconforte au plus profond de moi, presque maladivement, et me donne la sensation de me retrouver dans un berceau, sans plus de force pour me relever. [...] Il faut que j'avale. Mon estomac est ces jours-ci rempli de choses trop grasses, trop salées. [...] J'en suis heureuse, d'autant plus que [...] nous resterons seulement quinze jours dans cet endroit où l'esprit et le corps doivent se débattre fort pour ne pas sombrer. (*QM*, 31-32)

Ensuite, en 2003, Chen a écrit dans « En tant que moi », le dernier essai de *Quatre mille marches*, que son lien avec la Chine étant d'ordre « anodin, quotidien, affectif et intime, [la seule évocation du] souvenir du fumet des sauces [et] du parfum des petites gourmandises [...] peut [l]'émouvoir jusqu'aux larmes, agissant comme la madeleine de Proust » (*QM*, 121). Or, si dans l'univers intime de l'auteure, le paradigme alimentaire associé au pays natal réactualise une époque et une manière d'être et de faire et que son deuxième roman en fait écho[20], il en va autrement dans son cycle de « romans ténébreux sur le temps, l'espace et les instincts » (*QM*, 26) qui ont pour narratrice et protagoniste « une femme de nature ambiguë qui raconte des vicissitudes désencadrées du temps et de l'espace » (*QM*, 97).

QUERELLE D'UN SQUELETTE AVEC SON DOUBLE

Querelle d'un squelette avec son double[21] est le deuxième ouvrage de la série que Chen qualifie de « ténébreuse » ou de « fantomatique ». Les traits principaux de cette série sont la

---

20. Dans *Les lettres chinoises*, roman où il s'agit d'alimentation ou de restaurants à tout le moins quinze fois, Yuan, Shanghaïen immigré à Montréal, est l'auteur de cette phrase significative : « Ce qui me rend toujours fier de notre culture, c'est bien cette simplicité dans la façon d'aborder les choses, cette capacité de faire des goûters délicieux à partir de presque rien, ce courage de survivre et même de bien vivre dans le désert du destin, cette quête jamais relâchée de la beauté de la vie, cette délicatesse toujours présente malgré la misère quotidienne. » Ying Chen, *Les lettres chinoises*, Montréal, Leméac, coll. « Babel », 1998, p. 84-85.
21. Ying Chen, *Querelle d'un squelette avec son double*, Montréal, Boréal, 2003. Désormais, les références à cet ouvrage seront indiquées par le sigle *QSD*, suivi du folio, et placées entre parenthèses dans le texte.

faible référentialité, un penchant marqué pour la réflexion et une thématique axée sur l'expérience de l'exilé pris dans un espace de l'entre-deux, c'est-à-dire imparfaitement ancré dans la culture d'accueil, parce que hanté par sa culture originelle, mais conscient que pour lui, cette culture originelle n'existe plus. « L'épouse de A. », narratrice commune à tous les ouvrages de la série, raconte à la première personne sa vie scandée en deux, l'une vécue auprès de son mari archéologue, A., et l'autre, auprès de quelqu'un de son passé.

Dans *Querelle d'un squelette avec son double,* Mme A. raconte la journée où elle doit préparer le dîner du soir lors duquel elle et A. recevront des invités. Elle a commandé des mets à un traiteur, mais il lui reste à aller commander un gâteau comme dessert, à la pâtisserie d'en face. Il s'agit là d'une mission on ne peut plus éprouvante, car elle se trouve retenue chez elle par les paroles d'une voix qui lui arrive de sous les décombres. Il y a eu un tremblement de terre et la personne à qui appartient la voix demande que Mme A. l'aide à s'extirper du tombeau qu'elle n'a pas choisi (*QSD*, 9). Elle prétend être la jumelle, l'âme sœur, voire le double de Mme A., celle qui la « complète ». En l'écoutant parler, il arrive à Mme A. de penser qu'il s'agit peut-être de « la dame [qui] sortait de la pâtisserie » (*QSD*, 134) un jour où Mme A. s'y dirigeait. Sa provenance incertaine s'avère son trait essentiel.

En alternant les paroles de Mme A. et celles de l'Autre[22], le roman se divise en quarante-trois monologues, dont vingt-deux, y compris ceux de l'ouverture et de la clôture, constituant un peu plus que la moitié du roman, appartiennent à l'Autre. Celle-ci, tout en interpelant Mme A., affirme passionnément ses goûts, penchants et désirs, notamment dans le domaine alimentaire. Mme A., en revanche, a aussi peu d'appétit pour la nourriture que pour la vie dans l'ici-maintenant. Il n'est donc pas surprenant qu'elle ne prépare pas le repas, mais le commande, et que tout en affirmant « qu'il y aura beaucoup de bonnes choses à manger », elle n'anticipe pas de s'en délecter, mais commente qu'« [i]l suffit d'avoir de l'appétit » (*QSD*, 122), voire que lorsque le traiteur livre « un tas de boîtes blanches » remplies de nourriture, elle constate que « [d]es plats, même bien cuits, semble émaner une odeur de la terre et du sang » (*QSD*, 128).

---

22. Dans le texte de Chen, les paroles de l'Autre paraissent en italique.

L'ÉPOUSE DE A. ET SON OBSESSION POUR LA PÂTISSERIE

Dès son premier monologue, Mme A. fait clairement comprendre que si elle réussit à se rendre à la pâtisserie d'en face, où elle a l'intention de commander le gâteau qu'elle servira comme dessert accompagnant le dîner, cela voudra dire qu'elle ne flotte plus entre l'univers « réel », où elle forme un couple avec son mari et celui, mystérieux et incertain, où elle forme un couple avec l'Autre. Il en ressort la valeur uniquement symbolique du discours alimentaire minimaliste attribué au personnage[23].

Tout en reconnaissant que la pâtisserie est un lieu de vie et de bonheur pour autrui et que « Ce sont des gens bien, les pâtissiers, et importants » (*QSD*, 76), Mme A. avoue n'avoir ni appétit, ni envie, voire constate avec consternation que la fumée émanant de la maison écroulée de l'Autre capte son attention plus que « l'odeur suave des douceurs émanant de la boutique d'en face et affluant ici par la fenêtre, [lui] rappelant l'indicible bonheur de vivre » (*QSD*, 65). Elle n'en tâche pas moins de faire naître en elle la gourmandise, l'attirance pour des gâteaux, mais en vain :

> La porte de la pâtisserie est grande ouverte, sans doute exprès pour qu'une odeur épicée et laiteuse envahisse la rue entière, annonçant les irrésistibles petites douceurs, promettant la satisfaction totale, du palais à l'estomac, et le repos des nerfs. Depuis que A. et moi avons emménagé ici, en face de cette boutique, je ne connais plus la sensation de faim. L'odeur de la farine ingénieusement traitée et sortant toute chaude du four me nourrit amplement. (*QSD*, 10)

> En plus de la lumière, ce qui compte encore un peu pour moi, ce serait peut-être, à un degré moindre, le parfum de la farine fermentée, même si, hélas, je n'ai pas faim. (*QSD*, 68)

> Le bonheur est si proche. [...] Il ne manque qu'un gâteau pour bien remplir ma journée, pour réussir la soirée. [... L'entreprise des pâtissiers] me serait bénéfique, leurs produits me donneraient

---

23. Dans le but de traiter d'une question d'envergure humaine, sans égard pour une culture particulière, Chen a choisi comme objet fétiche une pâtisserie dont la racine étymologique veut dire « nourriture » et dont on ne connaît que la nature farinée et sucrée.

de la rondeur, en tout cas en théorie, si je faisais un peu d'effort. (*QSD*, 76)

À force de penser à la course à faire chez le pâtissier, Mme A. en devient obsédée, ce dont en témoignent ses dix-neuf références à l'établissement[24], tantôt comme « la pâtisserie », tantôt comme « la boutique d'en face » et parfois, comme « chez le pâtissier ». Quant au gâteau qu'elle a l'intention de commander comme dessert pour le dîner et auquel Mme A. « songe douloureusement » (*QSD*, 88) et sans répit, mais qu'elle a du mal à aller commander, elle s'y réfère environ treize fois[25] : deux fois pour affirmer que « les gâteaux[26] » de la pâtisserie sont réputés et une fois pour postuler que le pâtissier et sa femme doivent approuver sa préférence pour « leur produit » (*QSD*, 105). Les dix autres références servent à marquer les différents moments de son va-et-vient entre les deux univers qu'elle est en train d'agencer. Au moment même où elle croit être devenue trop « diminuée » pour pouvoir aller accomplir sa tâche chez le pâtissier, elle réussit, mais de peine et de misère, à s'y traîner[27]. Lorsque, enfin, elle se trouve au comptoir de la pâtisserie, elle semble penser qu'il s'agit à la fois d'une victoire et d'une capitulation : « Un tablier couvert de farine s'agite maintenant devant mes yeux. Un drapeau blanc. Un gâteau, je murmure, un grand, s'il vous plaît » (*QSD*, 105). L'effort qu'elle vient de déployer lui cause un malaise et des gens de la pâtisserie doivent la raccompagner chez elle où, en l'asseyant dans son jardin, « On me rassure, avec beaucoup de douceur dans la voix, le gâteau arrivera bientôt » (*QSD*, 111).

Force est de reconnaître que l'attitude de l'épouse de A. concernant la nourriture, aussi bien en général qu'en rapport avec le repas qu'elle doit organiser pour les invités de A., ainsi que la difficulté qu'elle éprouve à l'égard de la commande du gâteau métaphorisent la complexité de l'expérience du sujet migrant ayant envie et besoin de s'adapter à la culture d'accueil. Aussi

---

24. *QSD*, 10 (deux fois), 12, 25, 57, 65, 66 (les pâtisseries), 76, 83, 84, 92, 93, 102 (deux fois), 103 (deux fois), 104, 131, 134 et 137.
25. *QSD*, 19, 57, 68, 75, 76, 84, 105, 111, 113, 129, et 145.
26. *QSD*, 101 et 137.
27. L'épouse de A. prétend vivre depuis des siècles et avoir mené différentes vies, mais sa fragilité semble moins liée à son âge qu'à un malaise existentiel indéfinissable.

les questions qui la préoccupent s'avèrent-elles fondamentales. Manger, c'est affirmer son appartenance au monde. La convivialité, dans son acception alimentaire, affirme son appartenance à un groupe social. Bien jouer son rôle d'hôtesse, finalement, c'est affirmer son identité socioculturelle. Comment composer à la fois avec le besoin d'établir des liens avec la culture adoptive et l'attachement ressenti pour la culture d'origine, *ergo* pour le moi qui appartient à la culture d'origine et qui semble voué à ne plus avoir voix au chapitre. Il en découle l'urgence des supplications de l'«Autre», le «double» éponyme sur qui plane la menace de la disparition et le fait que Mme A. y soit, malgré elle, sensible.

LES APPÉTITS DE L'AUTRE

Dans la troisième phrase du roman, l'Autre affirme: «*Je ne serai pas à la pâtisserie aujourd'hui*» (*QSD*, 7). Pendant que Mme A. traverse sa crise, l'Autre s'ensevelit progressivement sous la terre et par conséquent, exprime avec de plus en plus d'urgence sa volonté de vivre.

Au départ, l'Autre essaie de convaincre Mme A. de la nature intime de leurs liens en citant les fois où elle se trouvait dans la pâtisserie en même temps qu'elle ou bien que son mari[28]. Initialement, elle se réfère donc à «*cette charmante pâtisserie que je ne me lasse pas de fréquenter*» (*QSD*, 21), mais au fur et à mesure des autres dix mentions[29] de l'établissement et, certes, de l'évolution de sa situation et de son état, elle s'en distance. En affirmant que sa nouvelle situation lui donne l'impression de jouir d'une luxueuse liberté, elle reconnaît notamment que «*le vrai luxe, sans doute, se trouve dans votre pâtisserie remplie de sucreries et de bonnes conversations*» (*QSD*, 46). Sous peu, l'Autre se met à rappeler que tout comme Mme A., elle n'a pas mangé depuis le matin, mais contrairement à celle-ci, elle crie son besoin désespéré d'assouvir sa soif (*QSD*, 42, 88), se lamente qu'il «*ne reste plus grand-chose [...] à manger*» (*QSD*, 61), se plaint du «*goût fade*

---

28. Celui-ci croyait effectivement reconnaître en l'Autre quelqu'un de familier, mais en plus chaleureux, plus terre-à-terre, et il lui arrivait de «*s'attarder dans la pâtisserie*» (*QSD*, 61) les jours où elle y allait.
29. *QSD*, 22, 329, 36, 42, 44, 46, 59 (deux fois), 612, 131.

de la terre » (*QSD*, 61), juge qu'il est «*indécent*» que Mme A. se préoccupe de son gâteau tandis qu'elle, sa sœur, demeure sans rien à se mettre sous la dent, «*pas une miette de quoi que ce soit*» (*QSD*, 62), puis crie qu'elle a faim (*QSD*, 62) pour aussitôt imaginer que des sauveteurs arrivent en portant dans les bras «*des bouteilles remplies de bonnes choses*» (*QSD*, 63). Changeant de tactique, elle s'intéresse au dîner que Mme A. servira à ses invités et lui offre son aide puisque, contrairement à son interlocutrice, elle aime cuisiner:

> *Par exemple, j'excelle dans les marinades. Je sais traiter les viandes. Je ne recule pas devant les choses saignantes. Je n'ai jamais eu aussi faim. Je crois que je consentirais à redescendre dans cette prison si on me tirait de là juste pour manger, pour me régaler une bonne fois pour toutes. Je mourrai tranquille seulement quand j'aurai mangé à ma faim. Comme c'est merveilleux d'avoir un estomac authentique et fragile, de pouvoir manger vraiment, de combler le palais avec toutes sortes de saveurs, d'avoir le plaisir de se remplir sans cesse, de se laisser grossir sans souci. Je regrette d'avoir auparavant trop jeûné pour garder ma ligne, [...]. Désormais je vivrais uniquement pour mon estomac et je me priverais bien de la beauté des lumières, et des stupidités de ce genre.* (*QSD*, 62-63)

L'énumération des talents culinaires de l'Autre révèle qu'elle se spécialise dans la préparation d'aliments de base nutritifs et nécessaires au maintien de la vie et que, plus sa survie paraît douteuse, plus le discours alimentaire chez elle revêt un caractère sensuel.

Dans son dixième monologue, elle observe effectivement que, sur le seuil de la mort, elle redevient «*une matière primitive, strictement physique. La faim, la douleur, la sensualité*» (*QSD*, 80). Ainsi, en entendant les mouvements de l'homme au-dessus d'elle – il gratte, essayant, lui aussi, de sortir de son tombeau – elle évoque l'image de ses mains qui, raisonne-t-elle, doivent être «*presque anéanties*», mais avoue tout de même avoir envie de «*[s]a chaleur mâle*», de la «*vraie chair*». Cet aveu audacieux s'avère le prélude à un acte scandaleux: lorsque des gouttes de sang encore tiède se mettent à tomber, elle les boit goulûment et dit se réjouir «*de cette source inattendue, de cette ultime volupté*» (*QSD*, 89), mais plutôt que de la rassasier, ce «goûter» aiguise sa faim, ce qui fait qu'elle ne tarde pas à réclamer d'abord «*un biscuit, et si possible un peu d'eau [...] un petit biscuit, un jus*» (*QSD*, 100). Ensuite, au moment où, sur terre, Mme A. réussit à se rendre à la pâtisserie, l'Autre raconte un rêve dans lequel A., décapité, c'est-à-dire dépouillé de son côté intellectuel et rationnel, l'a «*assaillie sans façon [...] comme aucun autre n'a su le faire auparavant*» (*QSD*, 108).

Au moment où l'Autre affirme l'état exacerbé de ses appétits, elle en est aux trois quarts de ses monologues. Elle dit alors se nourrir du coton de sa couverture et se désaltérer en buvant ses larmes: «*Vous savez, le coton dans la couverture est aussi comestible! Il suffit de trouver un peu d'eau pour l'accompagner*» et va jusqu'à révéler que «*dans l'extrême nécessité, [...] l'urine aussi est buvable. Mais la mienne ne peut pas me servir à cause de la position dans laquelle se trouve mon corps. Puis, comme j'ai pissé abondamment au moment où je descendais ici, je suis en état de déshydratation critique*» (*QSD*, 125). La dernière fois que l'Autre se réfère à un vrai plat, elle critique le «jeu» de Mme A. qui, tout en soulignant sa différence d'avec les gens de son entourage – dont notamment A. et ses invités – tient à être des leurs. Ainsi évoque-t-elle dans le monologue suivant «*la table de temps en temps entourée des invités de A., couverte de mets délicieux destinés aux vrais intestins*» (*QSD*, 132). En qualifiant de «délicieux» les plats que Mme A. trouve seulement «bien cuits» (*QSD*, 128), l'Autre retrouve momentanément son côté épicurien et parle ainsi de son «repas»:

> *Le coton a passablement bon goût, je le déchire en filets afin de ne pas m'étouffer en avalant [...] Je me dépêche de manger, aussi parce que, tout à coup, je sens un nouvel afflux d'eau dans mes yeux, une source précieuse qui me facilitera d'abord l'ingestion, ensuite la digestion. Mes lèvres reçoivent cette source des yeux comme du bon vin.* (*QSD*, 136)

Ce moment-là ne dure pas, cependant, et la dernière fois qu'elle parle de se nourrir, elle ne peut s'empêcher d'évoquer son corps: «*La couverture est vidée de moitié. Je l'ai mangée tout à l'heure sans réussir à mâcher complètement les morceaux de coton. Une moitié de la couverture est en moi, à mi-chemin entre le cou et les poumons, je pense*» (*QSD*, 143).

En prenant la parole une antépénultième fois, l'Autre affirme avoir perdu la vue et raconte que ses doigts qui ne lui servent presque plus sont couverts de sang et qu'elle « *les suce de temps en temps pour apaiser la soif* » (*QSD*, 152). Sa fin approche. Dans son avant-dernier monologue, elle constate que les fourmis « viennent en foule pour [la] manger [elle, et que s]on corps est maintenant complètement uni à la planche de [s]a table » (*QSD*, 157).

Deux pages plus loin, le drame tire à sa fin : l'épouse de A. et son mari attendent leurs invités qui arriveront d'une minute à l'autre. Les dernières paroles appartiennent cependant à l'Autre qui, entièrement ensevelie dans ce qu'elle appelle « l'obscurité du couloir », regarde Mme A. en qui elle voit un « maigre point blanchâtre [..., un] semblant de chemin ou de lumière, jusqu'au dernier instant » (*QSD*, 161).

L'image d'une femme qui boit le sang d'un autre pour ensuite se nourrir de son propre sang est choquante, mais évoque efficacement l'urgence éprouvée par un moi qui rêve de faire l'impossible, soit de rester en vie, tandis qu'il n'est que le souvenir d'un moi antérieur ou le souhait d'un moi futur possible. Force est de reconnaître que, si le caractère universel du projet socio-esthétique au cœur de *Querelle d'un squelette avec son double* dicte la non-référence à des plats identifiables avec une cuisine spécifique, l'expérience du sujet exilé est efficacement captée au travers du discours alimentaire axé sur l'évocation de deux sentiments : l'indifférence vis-à-vis des plats appréciés par tous sauf Mme A. et le désir vif chez l'Autre de n'importe quoi de comestible ou de buvable, que ce soient ses propres larmes, son propre sang ou bien une couverture de coton.

Au terme de cette étude du discours alimentaire construit dans *Cantique des plaines* et dans *Querelle d'un squelette avec son double*, on peut avancer que chez deux écrivaines qui ont marqué la production littéraire d'expression française au Canada, les traditions alimentaires avec lesquelles elles ont grandi jouent un rôle incontestablement important dans leur imaginaire, mais qu'elles tiennent à les intégrer dans leurs pratiques artistiques uniquement sur le mode transgressif. Chez Nancy Huston qui, au moment d'écrire *Cantique des plaines*, cherchait pour la première fois de sa vie d'écrivaine professionnelle à faire un retour, sur le mode imaginaire, s'entend, dans un espace qu'elle avait jusque-là renié, voire honni pour l'avoir associé à l'abandon maternel, le discours alimentaire s'investit de tensions qui caractérisent les rapports de l'auteure à sa culture première. Aussi l'alimentation du protagoniste dont le récit de vie permet de raconter l'histoire de l'Alberta est-elle représentée de façon à en souligner principalement les aspects insipides et répugnants, mais tout en mettant en relief deux exceptions singulièrement distinctes. La première désigne le nord albertain comme un jardin de Cocagne où le protagoniste se sent aimé, libre et heureux, mais il ne fréquente cet espace que pendant les vacances de sa jeunesse. La seconde affirme subrepticement l'importance capitale du bœuf, l'aliment identitaire de l'Alberta : « subrepticement », car si la narratrice n'utilise les mots « bœuf » et « viande sanguinolente » qu'une seule fois, en revanche, les connotations dysphoriques qui en découlent planent sur le roman entier. Il en ressort qu'à travers *Cantique des plaines*, Nancy Huston affirme le caractère inébranlable de ses rapports affectifs à sa culture première, mais sans pour autant valoriser cette culture première. Le discours alimentaire permet de souligner que l'auteure cherche à dire sa différence non pas vis-à-vis des membres de sa culture adoptive, mais vis-à-vis de sa culture première. Dans le but de souligner que son « attachement » à sa province natale n'en est pas un au sens affectif du terme, Huston construit une image alimentaire de l'Alberta qui non seulement va à l'encontre de l'identité que la province s'est autodésignée, mais de plus déconstruit le mythe selon lequel les goûts associés à la culture première occupent une place d'honneur dans l'esprit et la mémoire du sujet migrant.

Ying Chen, pour sa part, ne fait aucune mention dans *Querelle d'un squelette avec son double* de plat spécifique ni à sa culture d'origine, ni à aucune autre culture en particulier. À travers la fétichisation d'une nourriture de luxe sucrée « générique[30] », le « gâteau » qui occupe tant l'esprit de l'épouse de A., Chen évoque le rôle social qu'il revient à la femme mariée de jouer afin d'appuyer son époux, tandis que le manque d'appétit de Mme A. ainsi que

---

30. À travers les paroles de Yuan dans *Les lettres chinoises,* Chen fait savoir que dans son imaginaire, le mot « gâteau » n'évoque pas forcément un aliment du répertoire chinois : dans le but de persuader sa fiancée demeurée à Shanghai des attraits de sa ville adoptive, le jeune homme l'assure que dans les rues de Montréal, elle trouvera « plus de gâteaux occidentaux que tu adores... ». Chen, *Les lettres chinoises, op. cit.*, p. 110.

l'indifférence, sinon le dégoût qu'évoquent les plats qu'elle sait être appréciés par les gens de son entourage, traduisent la difficulté pour le sujet migrant de vivre dans l'ici-maintenant tant qu'un ailleurs-autrefois continue à l'habiter. Quant aux aliments après lesquels languit l'Autre, le double de Mme A. coincé sous les décombres et subissant un ensevelissement progressif, soit un simple biscuit, du jus, un peu d'eau, ils n'ont rien de traditionnel, mais expriment son désir de continuer d'exister. Lorsqu'elle en arrive à se nourrir du sang de celui qui pourrait être le père de son enfant, de ses propres larmes ou d'une couverture, l'ardent désir de ne pas disparaître devient fou, grotesque, insupportable. Pour le sujet migrant en train de s'adapter à la culture d'accueil, permettre que le moi nouveau en émergence l'emporte sur un moi antérieur est inévitable, mais la perte d'une partie de lui-même évoque des sentiments à vrai dire indicibles. En subvertissant les représentations habituelles, sinon traditionnelles de divers thèmes d'ordre alimentaire, dont ceux concernant le goût inné chez les êtres humains pour les aliments et plats sucrés, les plaisirs de la convivialité, le manque de goût d'une couverture de coton et, *last but not least*, le tabou attaché à la consommation du sang d'un congénère, Chen transgresse les frontières entre le conventionnel et l'inattendu. Ce faisant, elle investit son texte d'une intensité qui traduit et interroge de façon affective l'expérience du sujet migrant.

Gérard Lenclud affirme qu'« il n'y a pas [...] de table rase dans l'ordre de la culture. Tout changement, si révolutionnaire puisse-t-il apparaître, s'opère sur fond de continuité, toute permanence intègre des variations » (*T*, 113). Cela étant, il est frappant de noter que ce sont peut-être les aspects transgressifs de *Cantique des plaines* et de *Querelle d'un squelette avec son double* qui font que les deux romans sont en voie de faire partie du canon littéraire du Canada francophone.

LA TRANSGRESSION COMME ENJEU DE LA DISSIDENCE ET DE LA VIOLENCE

LA POSTÉRITÉ DU BLASPHÈME DANS *TROU DE MÉMOIRE* D'HUBERT AQUIN

Dominic Marion
CRILCQ/Université de Montréal

L'expression « Révolution tranquille » renvoie au Québec des années 1960, soit à l'époque où un renouveau social se serait opéré sans violence, comme une rupture historique que le sang n'aurait pas eu à sceller. De la « Révolution tranquille » à la « Révolution québécoise » (expression que Jean-Christian Pleau est revenu penser en interrogeant Hubert Aquin et Gaston Miron[1]), surgit en revanche un fond de violence que la collectivité québécoise a toujours difficilement assumé comme tension à l'œuvre au sein de son histoire.

Si le *Refus global* critiquait avec vigueur un « attachement arbitraire au passé[2] » reconnu comme trait de la suffisance canadienne-française, la génération suivante a entrepris de mettre en œuvre le désir proclamé par le manifeste de 1948. C'est avant tout en réinventant la langue et en déliant en elle le débit d'une littérature nationale que le nom du Québec est devenu promesse d'une postérité pouvant se fonder sur d'autres bases que celles du repli identitaire condamné par les Automatistes. Tous deux parus en 1965, le numéro de la revue *Parti pris* intitulé *Pour une littérature québécoise* et le roman *Prochain épisode* d'Hubert Aquin tendent le portrait d'une culture qui cherche à rompre avec le passé afin de mieux regarder vers l'avenir.

---

1. Voir Jean-Christian Pleau, *La révolution québécoise. Hubert Aquin et Gaston Miron au tournant des années soixante*, Montréal, Fides, 2002, 270 p.
2. Paul-Émile Borduas *et al.*, *Refus global*, Montréal, Mithra-Mythe, 1948, p. 1.

Chez Aquin, l'avenir demeure néanmoins brouillé par un acte que la nation québécoise aurait encore à accomplir afin d'advenir à elle-même – c'est là le « prochain épisode ». Dans son premier roman, cette violence révolutionnaire est figurée sous les traits du meurtre à accomplir, celui d'un agent des forces contre-révolutionnaires qui maintiennent le Québec dans sa situation colonisée. Or, le narrateur échoue à inventer le dénouement victorieux où il parviendrait à tuer l'homme qui le sépare de son destin historique.

Publié en 1968, *Trou de mémoire* reprend la parole là où le narrateur de *Prochain épisode* échouait. À partir de ce pont jeté entre les deux romans, il est possible de lire le meurtre de Joan Ruskin comme une mise à mort symbolique de l'autorité du fédéralisme canadien sur la conscience québécoise. Amante anglophone du révolutionnaire québécois Pierre X. Magnant, Joan meurt en provoquant chez ce dernier une écriture logorrhéique, qui constitue une importante part de la narration du roman. D'abord consolidée autour d'un fantasme de toute-puissance, cette écriture se révélera cependant être nourrie par un complexe d'impuissance. Magnant affrontera cette impuissance dans la transgression d'un autre interdit fondamental : il violera Rachel Ruskin, la sœur de sa première victime. Je me donne ici pour mandat de montrer de quelle manière ce meurtre et ce viol tracent les contours d'une transgression fondatrice, susceptible de transmettre à la nation québécoise une lecture de sa propre histoire qui serait apte à assumer la position historique de la violence.

Soucieux de solidifier le tissu commun où peuvent se nouer les deux concepts qui balisent l'argument principal de cet ouvrage collectif, je propose de lire dans *Trou de mémoire* la conception d'une transmission dont la continuité prend acte de la violente rupture propre à la transgression. À partir d'une fiction qui lève le voile sur les déterminations psychiques de l'héritage culturel québécois, la représentation de la transgression nourrit ma réflexion comme une pierre d'achoppement, sur laquelle se bute l'hypocrisie politique d'une collectivité qui tend trop souvent à refouler la violence de son histoire.

Je m'appuierai principalement sur les travaux de Robert Richard et Jacques Cardinal afin d'interroger les différents narrateurs de *Trou de mémoire*. Se prolongeant dans le sillage de la psychanalyse lacanienne, ces deux lectures placent l'œuvre romanesque d'Aquin sur une scène d'énonciation capable de rendre compte de la consistance signifiante propre à l'inconscient. Dans son ouvrage *Le corps logique de la fiction*[3], Richard a mis à jour deux strates sémantiques dont la critique n'avait jusqu'alors pas tiré les conséquences : il y montre comment la logique fantasmatique aquinienne se noue autour d'un héritage à la fois *catholique* et *cosmopolitique*, prenant en cela le contre-pied de la lecture qui insiste sur le profil nationaliste d'Aquin.

S'intéressant à la transmission du nom propre, Cardinal a quant à lui cerné l'impasse narrative et historique constitutive de l'écriture d'Aquin[4]. Faisant communiquer le sujet de l'écriture aquinienne et le Sujet-Nation québécois, Cardinal met en lumière une narration qui se débat contre l'emprise politique et symbolique du Canada sur le Québec : juridiquement oblitéré par la contre-signature du Canada, le Québec serait advenu en tant que nom pour ainsi dire *impropre*, car incapable de rendre discernable le désir qui attache le Sujet-Nation à son héritage culturel.

Ces deux lectures rendent sensible la présence chez Aquin d'une Loi – au sens lacanien du terme – incarnée par le nom du père. Si Cardinal insiste sur le ratage qui caractérise la transmission aquinienne de cette Loi, Richard parle de la violence transgressive concomitante à la Loi du Père comme d'un invariant auquel toute communauté se mesure. C'est la rencontre de ces deux points de vue qui me pousse à repenser la manière dont le texte d'Aquin figure le rôle *fondateur* de la transgression au sein du procès de transmission de l'héritage culturel.

À partir de ce regard analytique, les hypothèses ici défendues s'assemblent comme une contribution à l'étude de ce que Jean-Marie Apostolidès nomme « l'inconscient des groupes historiques[5] ». Ces hypothèses s'inscrivent dans l'horizon d'un point de vue *phylogénétique*, celui que Freud a développé lorsqu'il s'intéressait moins au développement de l'individu qu'à l'évolution psychique de l'espèce humaine sur de longues périodes historiques.

---

3. Voir Robert Richard, *Le corps logique de la fiction. Le code romanesque chez Hubert Aquin*, Montréal, L'Hexagone, coll. « Essais littéraires », 1990, 134 p.
4. Voir Jacques Cardinal, *Le roman de l'histoire. Politique et transmission du nom dans* Prochain épisode *et* Trou de mémoire *de Hubert Aquin*, Montréal, Éditions Balzac, coll. « L'univers des discours », 1993, 187 p.
5. Jean-Marie Apostolidès, *L'exécution du testament de Sade*, Montréal, La Compagnie à numéro, 2014, p. 6.

Dédiée aux manifestations des contraintes psychiques qui se maintiennent dans le temps et président ainsi au développement de la psyché individuelle, l'étude de l'inconscient des groupes historiques réfléchit aux conditions de possibilités du lien social. L'*Essai de psychanalyse du lien social* publié en 1993 par Jacques André s'avère une importante contribution récente à ce champ de recherche[6]. Tâchant d'élucider la valeur fondatrice des interdits du parricide et de l'inceste au sein de la théorie freudienne sur l'origine du lien social, l'introduction de ce livre jette les bases d'une approche pratique, qu'André appliquera ensuite aux discours et aux événements de la Révolution française.

L'enjeu critique dont procède mon propos enchaîne sur ce désir d'élucidation des liaisons qui déterminent les particularités de l'inconscient collectif d'un groupe donné. C'est dans cette lignée théorique que j'approche le texte d'Aquin comme une intervention symbolique préoccupée par des contenus latents dans l'héritage culturel du Québec. Si l'écriture romanesque d'Aquin présente une force de figuration captive de certaines déterminations psychiques propres à l'inconscient collectif québécois, elle touche aussi à des contenus que toute communauté doit affronter afin de se constituer socialement. C'est dans cette mesure que je lis cette écriture comme une manifestation de l'inconscient de l'histoire du Québec.

Quant au rapport entre le matériau littéraire et l'histoire, je le conçois dans le sillage de la posture herméneutique avec laquelle Marcel Hénaff lit Sade : « Le texte est toujours déjà l'histoire même, soit ce lieu où elle s'éprouve, s'interroge, s'expérimente […]. La fiction fonctionne comme l'inconscient de l'Histoire et chaque texte comme son rêve transcrit[7] ». Lue sous cette lumière, la fiction aquinienne scelle l'assomption de la valeur psychique de la transgression dans le lien qui se tisse entre la constitution du lien social et les processus de transmission de la culture.

---

6. Jacques André, *La révolution fratricide. Essai de psychanalyse du lien social*, Paris, Presses universitaires de France, coll. « Bibliothèque de psychanalyse », 1993, 243 p.
7. Marcel Hénaff, *Sade. L'invention du corps libertin*, Paris, Presses universitaires de France, coll. « Croisées », 1978, p. 18.

FONDER L'INTERDIT PAR LA VIOLENCE

Dans les deux premiers romans publiés par Aquin, le meurtre apparaît comme le point de pivot à partir duquel la narration croit pouvoir se libérer de l'emprise de l'autre sur son destin. Pour le narrateur de *Prochain épisode*, ce meurtre reste impossible à réaliser: même lorsque H. de Heutz/Carl von Ryndt/François-Marc de Saugy est à sa merci, le narrateur se laisse méduser par le discours de son interlocuteur et ne parvient pas à tirer sur la gâchette. Cardinal parle de cette confrontation paralysante comme d'une « captation imaginaire au champ de l'Autre[8] ». Le sujet se méprend là sur la finitude de l'autre, lui accordant une toute-puissance à la mesure de sa propre impuissance. Fantasmant une position de maîtrise absolue, le sujet ne voit pas que l'identité du Maître est elle-même oblitérée par une autre contre-signature, la reconnaissance internationale étant une condition nécessaire de la souveraineté d'une nation. Confondant l'autre avec l'instance symbolique où se joue la différence nominale – soit l'Autre – le sujet oscille entre son fantasme de toute-puissance et l'abattement. Il manque à reconnaître que la transmission du nom implique la *castration*, concept freudien que Lacan développe à travers ce qu'il nomme le *clivage du sujet*, soit une division interne au sujet, où ce dernier renonce au fantasme d'une unité psychique et corporelle inaltérable. Le sujet aquinien méconnaît la fonction structurelle de ce renoncement, ce qui a pour effet de brouiller le lieu symbolique où le nom du père pourrait venir inscrire son héritage.

Trou de mémoire affronte cette emprise de la loi de l'Autre en accomplissant le meurtre censé libérer le Sujet-Nation. Scène originaire de la fiction, le meurtre de Joan Ruskin par P. X. Magnant figure un événement révolutionnaire qui veut rejouer la violence fondatrice. Cardinal lit *Trou de mémoire* comme la recherche d'une *katharsis* susceptible de purifier le sujet de la souillure qui le hante depuis la Conquête. Cette souillure provient du tombeau paternel, que le sujet ne parvient pas à refermer: « Tragique, en effet, la conquête qui a vu la défaite du père et son cadavre putrescent joncher le sol de la représentation politique, encrypté dans la

---

8. Cardinal, *op. cit.*, p. 38.

monumentalisation du vainqueur[9] ». Le meurtre de Joan Ruskin s'orchestre comme un souhait : celui de refermer le tombeau du père et de mettre un terme au deuil infini qui hante le Sujet-Nation.

On sait que pour Lacan, il n'y a de père que mort ; c'est-à-dire que la figure du Père ne s'articule comme Loi que lorsque le corps de chair du père a cédé la place à l'autorité symbolique de son nom. Porteur d'une mort non symbolisée, le père aquinien fait sans cesse retour, tel un spectre qui revêt diverses formes : « Le conquis, confiné à l'attente visqueuse, se suicide sans dérougir et se ranime sans cesse, fatigué à la longue de tuer ce qui est mort en lui[10] ». Cette présence morte-vivante dans l'esprit du conquis pourrait bien se rapporter à la figure d'un père mal symbolisé, dont le visage ne réussit pas à se distinguer clairement de celui du père étranger, violent conquérant de l'histoire du sujet. Aux prises avec cette condensation du père et de l'étranger victorieux, le sujet aquinien demeure fasciné par l'instance symbolique que son discours endeuillé cherche à liquider, mais qu'il ne parvient pas à distinguer clairement de son propre désir.

Stigmate psychique de la Conquête, ce désir de mort peut déterminer divers choix d'objets, qui souvent manifestent une attirance où l'amour se teinte d'élans d'agressivité refoulée. Le regard que le narrateur Magnant porte sur le cadavre de Joan s'avère particulièrement révélateur de cette ambivalence. Amante anglophone vivante, Joan promet au désir de Magnant une issue qui pourrait l'affranchir de son attachement mortifère à l'ouverture du tombeau paternel. Mais, comme dans un cauchemar, l'objet du désir subit une métamorphose lorsque la langue parlée par Joan rappelle que cet amour est partagé avec une femme liée culturellement au père conquérant. Si le texte d'Aquin figure le pouvoir symbolique sous des traits féminins, ce pourrait bien être parce que la position de l'ennemi qu'il fallait abattre est devenue *désirable*. Joan ne coïncide bien évidemment avec la figure d'aucun père ; cependant Magnant cherche par ce meurtre à réinventer le dénouement de la bataille des plaines d'Abraham, afin de conquérir, cette fois, la

---

9. *Ibid.*, p. 102.
10. Hubert Aquin, *Trou de mémoire*, Montréal, Bibliothèque québécoise, coll. « Littérature », 1993 [1968], p. 39. Les références à ce roman seront désormais indiquées par le sigle *TM*, suivi du folio, et placées entre parenthèses dans le texte.

position du vainqueur. Victime émissaire d'un sacrifice dont l'enjeu concerne la transmission du nom du père, le corps de Joan devient le champ de bataille d'une scène de fondation fantasmée par la narration.

Le texte d'Aquin actualise sous les yeux du lecteur l'assomption du fondement de l'interdit le plus fondamental : la fiction s'occupe de *mettre à mort afin d'établir l'interdit du meurtre*. Lorsque Magnant parle du crime comme de « l'acte asocial numéro un » et qu'il affirme en même temps qu'il « se trouve le fondement même des sociétés » (*TM*, 92), se dessine une réminiscence explicite de l'essai final de *Totem et tabou*, où Freud développe une hypothèse de Darwin. La société aurait été fondée par l'association des fils chassés par le père, après que ceux-ci se seraient ligués pour l'assassiner. Le clan des frères venu remplacer la violente domination du père au sein de la horde originaire, Freud parle de cette société naissante comme d'une entité reposant sur une *complicité dans le crime commis en commun*[11]. Magnant partage cette conception du fondement criminel de toute société :

> Mon crime parfait me lie désormais à Joan dont j'ai voulu, me dirait un procureur de la couronne d'épines, me débarrasser ! Mais la justice ne comprend rien à rien ! Né au crime, je suis condamné à agir selon la loi de concurrence qui régit implacablement la performance meurtrière en régime de type capitaliste. […] Le crime, l'acte asocial numéro un, se trouve le fondement même des sociétés : son interdiction crée l'ordre, de la même façon que la légitimité d'un régime ne peut se fonder que sur la conjuration de son propre renversement. Le crime innerve les bienséances qui font les villes et provoquent, du même coup, la recrudescence de ce qu'elles combattent. (*TM*, 91-92)

Si l'interdiction du crime crée l'ordre au même titre qu'un régime politique se fonde en déployant la violence qui assure son autorité,

---

11. « La société repose à présent sur la co-culpabilité dans le crime commis en commun, la religion sur la conscience de culpabilité et le repentir qui s'y attache, la moralité en partie sur les nécessités de cette société, pour une autre part sur les pénitences exigées par la conscience de culpabilité ». Sigmund Freud, *Totem et tabou. Quelques concordances dans la vie d'âme des sauvages et des névrosés* [1912-1913], *Œuvres complètes XI. 1911-1913*, Paris, Presses universitaires de France, 1998, p. 365.

c'est que *seule la violence peut fonder l'interdit*. Dans un ouvrage où il lit Aquin sur la même table que Dante et Sade, Richard pense le nœud consolidateur de la collectivité comme « une loi qui ne peut être représentée que sous la forme de sa propre transgression[12] ». Geste fondateur aussi bien du récit que du lien social désiré par Magnant, le meurtre de Joan se donne comme une *performance de l'interdit*.

Or, force est d'admettre que cette scène de fondation échoue à recouvrir l'abîme où le désir du sujet aquinien s'enlise. Pour Freud, la complicité fondatrice de la société l'est sous les traits religieux d'une culpabilité qui traduit l'intériorisation effective de la loi. Fondateur du lien social, l'interdit du meurtre se rapporte dans l'inconscient à la figure du père assassiné. En tant que symbolisation de la violence du père, la formation du surmoi permet que la violence n'ait pas à être physiquement perpétrée afin que le sujet observe la contrainte de la loi. C'est l'autorité d'une telle loi qui fait l'objet du fantasme fondateur de Magnant : « en tuant Joan, j'ai engendré l'histoire d'un peuple sevré de combats et presque mort de peur à force d'éviter la violence » (*TM*, 97). Projetant sa souveraineté dans un fantasme démiurgique – « Je suis le tout-puissant » (*TM*, 23) – la parole de Magnant n'incarne toutefois la plénitude que pour sentir le sol manquer sous ses pieds. Sitôt le meurtre commis, la maîtrise qu'il se promettait de toucher lui échappe : « Joan m'habitait déjà ; je réincarnais ma victime, j'étais possédé » (*TM*, 77). Voulant bannir l'intrusion de l'autre dans son désir, Magnant commet un meurtre qui incarne la loi d'une violence non sublimée, le laissant aux prises avec un cadavre qu'il porte en lui comme le signe d'un héritage trouble.

Rejouant le montage imaginaire d'une identité qui ne parvient pas à assumer sa défaillance originaire, le sacrifice de Joan appelle la répétition mortifère de la transgression :

> Maintenant que Joan témoigne froidement (sans m'inculper toutefois) de mon crime, je sens bien que je suis parvenu à un niveau de vie supérieur et que désormais, préparé à cela par une soif avide de transformer, je ne puis qu'agir en récidiviste et tendre toute situation future à son point d'éclatement. (*TM*, 92)

---

12. Robert Richard, *L'émotion européenne. Dante, Sade, Aquin*, Montréal, Éditions Varia, coll. « Philosophie », 2004, p. 34.

Là où le meurtre de Joan ne fonde que d'une manière ambiguë la souveraineté fantasmée par Magnant, la réinstauration de l'impasse constitutive du sujet aquinien appelle la récidive. Renouant avec une scène de fondation qui se délite chaque fois que le sujet la foule, cette impasse voue l'écriture de Magnant à une rhétorique blasphématoire :

> j'écris au niveau du pur blasphème [...] Joan est morte, mais cela n'est qu'un début... C'est comme une préface laconique à la martingale d'attentats et de crimes que je projette de faire. Tout se passe sous le signe du blasphème et de l'action. Par l'action matricielle de la parole, l'action passe à l'action. (*TM*, 59-60)

Si Magnant aborde selon une certaine équivalence l'action révolutionnaire et le blasphème, c'est que son désir se structure selon une dynamique essentiellement négatrice. Devant la persistance de l'impasse identitaire où il s'abîme, le sujet aquinien conjure la tentation du suicide en réactivant la négation, ce qui lui octroie une certaine consistance, fût-elle fugace.

LE SACRE DU BLASPHÈME

L'ultime transgression fondatrice mise en scène dans *Trou de mémoire* procède d'une *contrainte de répétition* qui ne va pas sans rappeler la voie ayant mené Freud vers la pulsion de mort[13]. Le viol de Rachel Ruskin par Magnant contient le germe à partir duquel le roman actualise sa position dans l'histoire du Québec. Sœur de Joan Ruskin et enceinte de leur agresseur commun, Rachel Ruskin porte en elle la marque d'une transgression qui se confond avec la promesse d'un héritage. Je me référerai à ce personnage suivant l'usage d'Aquin qui désigne le plus souvent Rachel Ruskin sous le sigle « RR ». Rachel Ruskin expose elle-même le sens de cette désignation : « RR ne sont pas vraiment mes initiales ; c'est en quelque sorte un pseudonyme abrégé dont je me suis affublée et qui n'est pas sans exprimer ma volonté initiale de me situer d'emblée au niveau de la fiction » (*TM*, 139). Personnage se présentant

---

13. Voir Sigmund Freud, *Au-delà du principe de plaisir* [1920], *Œuvres complètes XV. 1916-1920*, Paris, Presses universitaires de France, 1996, p. 273-338.

comme l'indice d'une fiction qui se prend elle-même pour objet, RR assume une maternité qui inscrit dans son corps un héritage de violence.

Le récit maximise l'incidence symbolique de cet enfant à venir. La clôture romanesque de *Trou de mémoire* présente une certaine analogie avec *Prochain épisode*, où le dénouement de la diégèse est repoussé hors des frontières du livre, qui «est tourné globalement vers une conclusion qu'il ne contiendra pas puisqu'elle suivra, hors texte, le point final[14]». Dans *Trou de mémoire*, cette ouverture se confond avec la décision que prend RR de donner la vie à cet enfant et de lui faire porter le nom de ses origines troubles: «Si c'est un garçon, il portera le nom de son père; si c'est une fille, je l'appellerai Joan – oui: Joan X. Magnant» (*TM*, 236). Or, le moment du viol restera pour RR un point d'amnésie: par-delà la conscience initiale de l'événement – «J'ai été violée. Il m'a violée...» (*TM*, 194) – RR ne se souviendra pas à long terme du moment décisif où Magnant l'a fécondée. C'est donc bel et bien sous la forme d'un *trou de mémoire* que la transgression s'inscrit au cœur du legs. Anglophone ayant volontairement «changé de langue» afin de devenir «Québécoise pure laine» (*TM*, 236), RR accueille la postérité d'un désir étranger au sien. Ce faisant, elle assume la défaillance qui tient lieu de scène originaire de la filiation.

La souveraineté de la volonté fécondatrice de RR se décline sur trois plans. Elle est d'abord l'autorité qui reconnaît la paternité de Magnant: il revient toujours à la mère de désigner le père. Mais RR est aussi celle qui ordonne la mort du père. En envoyant son amant Olympe Ghezzo-Quénum au bureau de l'éditeur Mullahy (pour qui Magnant se fait passer depuis son faux suicide), elle détermine une rencontre dont l'issue se scelle par la mort des deux hommes. Cardinal note avec justesse que «si RR assume le nom dans le fils ou la fille de la violence sexuelle, c'est à la condition d'ordonner la scène de la mise à mort du père[15]».

Plus décisif, le troisième plan est constitué par la position de RR en tant qu'ultime lectrice, éditrice et signataire du roman. Après s'être infiltrée dans le bureau de l'éditeur afin d'intervenir

---

14. Hubert Aquin, *Prochain épisode*, Montréal, Bibliothèque québécoise, coll. «Littérature», 1995 [1965], p. 89.
15. Cardinal, *op. cit.*, p. 160.

clandestinement dans le dossier que le lecteur du roman découvre au fil de sa lecture, c'est en effet elle qui détient la dernière lecture et qui écrit la conclusion du livre après la mort de tous les autres protagonistes : « En lisant ce livre, je me suis transformée : j'ai perdu mon ancienne identité et j'en suis venue à aimer celui qui, s'ennuyant follement de Joan, est venu jusqu'à Lagos pour en retrouver l'image » (*TM*, 236). Survivant dans le lien de sang qui unit Joan à sa sœur, cette image est pourchassée par un homme avide de donner une proie à son désir blasphémateur. C'est en quelque sorte *par accident* que Magnant fonde la lignée qui pourra lui survivre : la profanation du corps féminin par le viol n'implique aucun désir de fécondation. Le fait que la voix narrative de Magnant disparaît à la fin du roman appuie ce déplacement du désir, dont l'autorité passe du père profanateur à la mère. À RR seule revient la souveraine liberté d'assumer le désir sauvage de cette paternité. En reconnaissant comme sien l'enfant du viol, elle met en œuvre le désir de fondation qui animait Magnant. L'amour que RR a développé pour le père mort correspond par ailleurs très explicitement à l'intériorisation de la violence paternelle. L'enfant à naître promet ainsi l'avènement de la Loi du Père, d'abord figurée par la violence de Magnant, de qui RR dit qu'il « poursuivait l'ombre de la femme tuée par l'auteur d'un roman inachevé et que j'achève, en ce moment, tandis que mon ventre est tout plein de son enfant » (*TM*, 237). Le désir qui la lie à cet enfant incarne une alternative à l'impasse qui brouille la voix surmoïque de la narration.

      S'il semble acquis que le type sadique aquinien éprouve ce que Lacan a nommé « jouissance de la transgression[16] », les narrateurs masculins paraissent quant à eux persuadés de la jouissance du corps féminin qui subit cette transgression. Recueillant son amante traumatisée, Ghezzo-Quénum pense d'emblée : « RR est une femme et, sans doute, a-t-elle joui d'être pénétrée par un homme – et cela, même si c'était sous contrainte » (*TM*, 197). La « narcoanalyse » (*TM*, 210) à laquelle Ghezzo-Quénum la soumet confirme ensuite cette intuition. Après avoir administré à RR une drogue qui la plonge en « subnarcose » (*TM*, 211) – soit un état où la somnolence n'efface pas totalement la

---

16. Jacques Lacan, *Le séminaire. Livre VII. L'éthique de la psychanalyse*, Paris, Seuil, coll. « Le champ freudien », 1986, p. 229.

faculté de communiquer – Ghezzo-Quénum lui soutire l'aveu du désir qui s'associe pour elle à l'expérience du viol :

> « Il t'a violée, il t'a violée... » et je lui demandais, en murmurant très distinctement tout près de l'oreille : « Comment étais-tu ? couchée ou debout ? Essaie de te souvenir... Comment cela s'est-il passé ? Et lui... comment se tenait-il ? »... RR s'est mise à articuler quelques paroles confuses ; elle répétait toujours le prénom double de son agresseur... Mais elle le disait avec tellement de douceur que cela me mettait à l'envers ; j'étais tout remué. « Pierre-Xavier, disait-elle, fais-moi jouir moi aussi ; ne sois pas cruel. Je veux que tu me fasses comme à Joan... » (*TM*, 212)

La séance de narcoanalyse se détériore lorsque la volonté de savoir de Ghezzo-Quénum cède aux exhortations de son amante. Cette union charnelle où RR fantasme la présence intime de Pierre-Xavier Magnant rend perméable la frontière entre viol et désir partagé.

Une autre séquence du roman porte clairement cette conviction aquinienne de la jouissance du viol sur la scène de l'inconscient collectif. Surpris par la charge sexuelle de sa passion d'orateur pénétrant la foule, Magnant imagine sa ferveur révolutionnaire comme un viol dont le corps de l'assemblée aurait joui :

> Aussitôt après mon discours, j'ai fui la tribune et la salle, comme terrorisé par l'explosion si soudaine des applaudissements. Je venais de déclencher une sorte de crise violente dans la foule. Le fracas subit de cette jouissance collective m'a fait comprendre que je venais de perpétrer un viol impudique au terme duquel le partenaire multiple a échappé un cri rauque de plaisir. Quand on viole, on ne s'attend pas à l'orgasme de la « victime » ; de là, sans doute, mon comportement de fuyard devant ce magma impersonnel de chair qui m'imposait le spectacle surprenant de son spasme ! (*TM*, 46)

De la jouissance de RR à celle de la foule violée par le discours, l'écriture d'Aquin reconnaît l'autorité transgressive du viol comme un moment fondateur du désir. Cette figuration du collectif à travers la charge charnelle des corps individués se module suivant la notable « indétermination du foyer de l'énonciation[17] » que Richard place au cœur de la dynamique narrative aquinienne. Richard précise sa pensée en écrivant que « le sujet aquinien n'est pas un moi, mais l'infinitisation du *je* dans le *il*, ou encore, dans le *ils*[18] ». Ce sujet collectif projette son énigme structurante dans un « lecteur indénombrable[19] », ultime destinataire – lui aussi collectif – situé hors-texte. Du point de vue de cette trame collective qui supporte la consistance signifiante du texte d'Aquin, le plus important n'est pas que tel corps en particulier soit violé ; l'enjeu que le lecteur affronte consiste plutôt à reconnaître la structure du rapport symbolique que le viol met en scène.

Détournant le dogme chrétien de la consubstantialité du Père et du Fils, Richard parle du « viol collectif » comme de la nécessité pour le Fils de prendre la Mère à partir de la position du Père[20]. Selon la logique du code romanesque utilisé par Richard, la *performance* de cet inceste se présente comme le fondement même de son interdit. Nœud de désir où le blasphème transmet l'interdit qui s'érige sous l'instance psychique du surmoi, l'enfant à venir symbolise ainsi l'intériorisation de la Loi du Père. C'est en ce sens que la représentation du viol dans *Trou de mémoire* traduit la liaison entre la violence de la transgression et la fondation de la Loi. Selon Richard, c'est l'autorité de cette Loi qui ordonne « à RR de se soumettre au viol sous une marquise, viol d'où naîtra un enfant portant le nom-du-père[21] ».

Au lecteur d'Aquin revient la responsabilité de retracer l'écoute déterminée par l'écriture. Le point de vue collectif n'est pas le seul dont le sens se fasse entendre. Sans épuiser le texte d'Aquin, il permet cependant d'aborder ce qui du désir aquinien se lie au destin culturel de la communauté. Ainsi de cet enfant du viol, fruit de la rencontre entre la violence du Père et la reconnaissance de la Mère. L'esprit de transgression qui s'abat sur le corps de RR est soulevé par une portée collective : à l'instar de presque tous les personnages d'Aquin, Magnant occupe simultanément plusieurs positions symboliques. Héritier d'une histoire trouble où la mort

---

17. Voir Richard, *Le corps logique de la fiction, op. cit.*, p. 75.
18. *Ibid.*
19. *Ibid.*, p. 83.
20. *Ibid.*, p. 72. Voir aussi Robert Richard, « La bouche du pendu », *L'autobiographie du monde*, Montréal, Éditions Balzac, coll. « L'Impossible », 1992, p. 118.
21. Richard, *Le corps logique de la fiction, op. cit.*, p. 82.

irrésolue du père hante la scène de la représentation politique, il incarne d'abord la position du fils qui cherche à « faire le deuil du deuil[22] ». Mais sa quête transgressive le mène ultimement à manifester la violence propre au père. Cette évolution engage elle-même l'opportunité d'une symbolisation de la figure du Père dans l'histoire du Québec.

SORTIR DE L'INCESTE NATIONAL

Ainsi se présente dans *Trou de mémoire* l'impératif qui préside à l'avènement du lien social : piliers de l'intrigue, le meurtre et le viol fertilisent le récit d'Aquin comme des litanies de violence fondatrices du pays à venir. Moments-clés de la conscience historique que la fiction cherche à transmettre au lecteur, ces deux nœuds traumatiques condensent une vision de la fondation politique où l'effet de rupture propre à la transgression se donne comme une condition nécessaire à la transmission de l'héritage.

La fiction de ces scènes de violence fondatrice ne peut certes fonder à elle seule l'échéance effective de la loi du Père dans le corps social ; mais son rôle historique revient peut-être à figurer ce qui sépare la collectivité québécoise de sa liberté. Le Sujet-Nation québécois est appelé à faire le deuil de la mélancolique impuissance qui constitue l'attache affective à son histoire irrésolue. C'est en ce sens que Richard pense l'écriture d'Aquin comme une *action*, comme une *intervention* langagière au sein de la communauté québécoise. La stratégie narrative de *Trou de mémoire* cherche à déconstruire la structure d'identification où l'assujettissement à la paternité du Canada ne se confronte qu'à travers le repli sur soi. Le roman figure l'avènement de la Loi du Père en faisant blasphémer la langue maternelle, prenant ainsi ses distances face à l'inceste relatif au désir d'une mère patrie, où se confondent avec nostalgie les noms du Québec et de la France. Magnant imagine cet inceste comme une pratique mortifère et nécrophile lorsqu'il écrit qu'il est forcé de « forniquer incestueusement avec [s]a langue maternelle [...] tour à tour fourrant et étant fourré, car la langue majestueuse et maternelle [...] a un statut de langue morte » (*TM*, 106).

---

22. Cardinal, *op. cit.*, p. 175.

Trou de mémoire remet en jeu les fondations de l'histoire du Québec dans un procès d'ouverture sur le monde, où le pays à venir se projette comme résultat de la violente rencontre fécondante entre les hybridités culturelles. Préoccupée par la position de sa fiction identitaire dans le cadre général des récits occidentaux, la conception du nationalisme qu'on retrouve chez Aquin s'avère aux antipodes d'un nationalisme ethnique : si son œuvre figure l'engluement de l'identité québécoise dans le repli sur soi, c'est précisément pour fonder l'interdit de l'inceste national. La scission constitutive du sujet désirant étant apatride, assumer la défaillance de la scène originaire revient ici à rompre la tentation de l'inceste national. C'est selon cette perspective que l'écriture d'Aquin me semble opérer la *transfiguration* du désir nationaliste en l'ouvrant sur le monde, ainsi que sur la nécessaire détermination de l'autre et de sa signature sur l'identité du sujet.

Il m'importe enfin d'insister sur la position cruciale du lecteur dans ce procès de transmission. Reconnaissant le texte d'Aquin comme répétition de la défaillance originaire, seul le lecteur peut assumer l'assujettissement fondamental du sujet à la Loi du Père et transmettre le nom du Québec comme un nom désirable. Si pour l'auteur ce procès de répétition n'a pas su rompre le deuil qu'il a porté comme une fatalité jusqu'à son propre suicide, le lecteur peut lire *Trou de mémoire* comme un testament désignant la captivité imaginaire dont le roman cherche à se défaire. Ce n'est qu'à partir de là que le procès de transmission du nom propre pourrait définitivement enterrer le fantasme de pureté nationale, qui s'exprime encore dans certaines couches de la culture québécoise par le repli identitaire caractéristique du nationalisme ethnique. Lieu symbolique où les charges affectives liées à l'histoire sont mises à l'épreuve, l'écriture d'Aquin élabore le sens du deuil que la collectivité québécoise est amenée à accomplir afin d'advenir à elle-même comme communauté cosmopolite ouverte sur le monde.

TRANSMISSION DE LA RUPTURE ET RUPTURE DE LA TRANSMISSION DANS *LE CHIEN* ET *UN VENT SE LÈVE QUI ÉPARPILLE* DE JEAN MARC DALPÉ

ISABELLE DAKIN
Université du Québec à Chicoutimi

> toi maintenant
> au moment où tu lis entends
> ma voix la tienne
> peut-être celle d'un tiers
> sœur ou frère[1]

La question de la transmission intergénérationnelle a inspiré la plume de plusieurs auteurs et particulièrement à partir de la seconde moitié du 19e siècle : nous n'avons qu'à penser au projet colossal entrepris par Émile Zola avec l'écriture de la série des Rougon-Macquart, œuvre qui marqua le triomphe du naturalisme. Plus près de nous, l'hérédité et les liens familiaux serviront également de prétexte à la création chez Michel Tremblay notamment, dont les « Chroniques du Plateau Mont-Royal », série composée de six romans, relatent certains événements ayant marqué l'existence de personnages issus de la même lignée. Selon la perspective développée dans la présente étude, la thématique des liens intergénérationnels en littérature, de par leur caractère irréversible, recèle souvent un aspect tragique. En effet, nous ne pouvons nier que l'hérédité entretient certains liens de parenté avec la fatalité selon la définition qu'en donne Johanne Melançon dans son analyse

---

1. Jean Marc Dalpé, « L'âme est une fiction nécessaire », *Il n'y a que l'amour*, Sudbury, Prise de parole, 1999, p. 249.

du tragique dans le roman *Un vent se lève qui éparpille* de Jean Marc Dalpé: «La fatalité est donc une limite à la liberté humaine, ou du moins, pour qu'il y ait tragique, il faut que la fatalité s'exerce malgré la liberté [...]²». Cette «limite à la liberté humaine» prend un sens particulier en regard des liens du sang et d'autant plus lorsque ceux-ci orientent les actions et les choix des personnages.

Les liens intergénérationnels et les difficultés liées à la transmission constituent des thèmes récurrents dans l'œuvre de l'auteur franco-ontarien Jean Marc Dalpé. Il se peut que ces préoccupations littéraires aient une source autobiographique. Comme il le signalait lui-même au public en 1996, à l'aide de diapositives, lors d'une conférence au Collège universitaire de Saint-Boniface:

> Ce que vous voyez ici, c'est l'endroit où je suis né le 21 février 1957, soit l'Hôpital général d'Ottawa. [...] J'commence là parce que aussitôt arrivé en ce monde, mes problèmes d'identité commencent: ma mère biologique m'abandonne. Mes parents biologiques me sont inconnus³.

C'est en insistant sur le fait que ses «problèmes d'identité» sont reliés à l'abandon de sa mère biologique que Dalpé introduit la question des relations familiales défaillantes, thème qui se retrouvera au centre de deux de ses textes. Il concluait d'ailleurs sa prestation sur ces mots qui viennent mettre l'emphase sur son identité trouble de fils adopté: «Oubliez pas que j'suis un bâtard, et que mes parents m'ont abandonné. Qui sait quels crimes j'ai commis? Lesquels je commettrai?» (*CIC*, 248). L'identité et les liens de filiation constituent donc, sans aucun doute, le noyau autour duquel se tissera l'œuvre de cet auteur qui a bien conscience de son statut premier de fils «abandonné». La transgression des interdits, par le biais de l'écriture, deviendra donc la loi du «bâtard», tant sur le plan de la forme, tel que le démontre le mélange des genres

---

2. Johanne Melançon, «La part du tragique dans *Un vent se lève qui éparpille*», Stéphanie Nutting et François Paré (dir.), *Jean Marc Dalpé. Ouvrier d'un dire*, Sudbury, Prise de parole, 2007, p. 117.
3. Jean Marc Dalpé, «Culture et identité canadienne», *Il n'y a que l'amour*, *op. cit.*, p. 238. Désormais, les références à cette conférence seront indiquées par le sigle *CIC*, suivi de la page, et placées entre parenthèses dans le corps du texte.

dans son roman, que sur le plan des thématiques exploitées, parmi lesquelles nous retrouvons le parricide et l'inceste. L'oralité dont est empreinte l'écriture de Dalpé et le franglais qui teinte la langue de ses personnages viennent également appuyer le caractère hybride de l'univers de l'auteur franco-ontarien. Comme le souligne Lucie Hotte dans un article au sujet de l'articulation de la violence dans l'œuvre de l'auteur, « une bonne part de l'art de Dalpé consiste justement à mettre en mot cette incapacité fondamentale des personnages de s'exprimer. La langue de Dalpé, on l'a souvent dit, est une langue bâtarde, mélange de français, d'anglais et de jurons[4] ». Les divers extraits cités dans le cadre de cette analyse nous permettront d'illustrer cette particularité.

Comme le soulignait très habilement François Ouellet dans son analyse de ce qu'il désigne comme « la fiction du bâtard » chez l'auteur franco-ontarien :

> Il y a chez Dalpé une sorte de « point de vue aveugle ». Un point de vue aveugle comme on dit, lorsque nous conduisons en voiture, qu'il y a un angle mort. Des angles morts, il faut se méfier parce qu'il s'y passe quelque chose qu'on ne voit pas, qui nous échappe[5].

Pour reprendre l'expression de Ouellet qui se réfère à Sophocle dans cet extrait, il y a bel et bien des « angles morts » dans les textes de Dalpé et c'est par le biais de ceux-ci que nous retrouvons l'essentiel du propos. En ce sens, limiter notre analyse à un premier niveau de lecture constituerait une erreur. Bien que l'on ne puisse éviter de se pencher sur l'inceste et le parricide – transgressions qui se situent au premier plan dans l'œuvre de Dalpé – il faut également lire entre les lignes de ces interdits mis en acte.

Adoptant cette optique du « point de vue aveugle », nous explorerons les questions de la transmission et de la transgression dans deux textes de Dalpé : la pièce *Le chien* et le roman *Un vent se lève qui éparpille*[6]. Nous tenterons de mieux comprendre la dynamique inhérente aux rapports familiaux telle que retracée à

---

4. Lucie Hotte, « Le cri et la crise : de la violence et du langage dans l'œuvre de Jean Marc Dalpé », Nutting et Paré, *op. cit.*, p. 180.
5. François Ouellet, « La fiction du bâtard chez Jean Marc Dalpé : dire l'homogène », Nutting et Paré, *op. cit.*, p. 228.
6. Jean Marc Dalpé, *Le chien*, Sudbury, Prise de Parole, [1987] 2003, 123 p. ; *Un vent se lève qui éparpille*, Sudbury, Prise de Parole, 1999, 189 p. Désormais, les

l'intérieur de ceux-ci. Comme nous le verrons dans le cadre de l'analyse, la transgression des interdits constitue la résultante des défaillances au sein des relations familiales. À la source de ces défaillances, nous retrouvons la question du tiers. Les réflexions qui suivent seront donc non seulement centrées sur la transmission, mais également sur ce qui perturbe la passation des rôles au sein de la cellule familiale, en l'occurrence, l'absence de tiers.

LE RÔLE DU TIERS DANS LA TRANSMISSION

C'est avec la pièce *Le chien* que l'auteur franco-ontarien amorçait sa plongée dans les abysses des rapports familiaux défaillants : mère cloîtrée dans un rôle maternel exclusif, père violent, fils violenté et, pour finir, fille violée par ce même père. Dans ce contexte, la lignée est condamnée à sombrer dans un gouffre sans aucune possibilité de salut. C'est, du moins, ce que nous laisse croire la fin de la pièce qui se clôt avec le meurtre du père par le fils.

Le retour au foyer familial du fils, Jay, constitue le point central de l'anecdote. La raison derrière le brusque départ de ce fils sept ans auparavant se donne ainsi à lire dans la pièce : « J't'ai fourré une volée v'là sept ans, pis depuis c'temps-là j'ai charrié des briques pis j'ai cloué des clous dans des frettes de moins trente » (*LC*, 33). Les propos de Jay démontrent bien le renversement du rapport de force qui s'est effectué entre le fils et le père ; devenu homme, il a maintenant la capacité de tenir tête à cette figure paternelle brutale. Ce n'est qu'un peu plus loin que nous est dévoilé le motif de cette violente dispute entre le père et le fils : l'incommunicabilité. Le retour de Jay démontre bien sa volonté d'établir un lien avec son père. C'est, du moins, ce que connotent les propos tenus par le fils : « J'suis venu pour faire la paix » (*LC*, 74). Cependant, cette figure paternelle est inapte à établir un dialogue constructif avec son fils, ce qui donne lieu à une relation basée principalement sur les actes violents.

Comme le note Lucie Hotte, « si, surtout dans *Le chien*, la violence est essentiellement physique et non psychologique,

---

références à ces ouvrages seront indiquées par les sigles *LC* et *V*, suivis de la page, et placées entre parenthèses dans le corps du texte.

c'est que les personnages ne maîtrisent pas assez la langue pour pouvoir manipuler ou agresser verbalement les autres. Le père en est l'exemple le plus frappant[7] ». L'extrait suivant, dans lequel le père tente d'exprimer l'émotion qui l'assaille lors de ses excès de violence, en constitue d'ailleurs la preuve : « C'est comme un feu qui s'allume icitte. Ça me brûle dans'poitrine, pis y faut que j'fesse sur quelque chose ou sur quelqu'un pour que ça l'arrête... pour que ça s'éteigne » (*LC*, 89). Un second extrait, dans lequel la mère s'adresse à Jay, nous permet de constater que l'incommunicabilité a également stigmatisé sa relation auprès de cet homme : « Ton père pis moé ça fait vingt ans qu'on s'est pas parlé d'autre chose que des comptes à payer. C'est dur à croire hein ? On dit : ça se peut pas, pas tout ce temps-là, pas juste des comptes !... Ben oui, des comptes pis c'est toute ! [...] » (*LC*, 34). En réponse à ce besoin fondamental de communiquer évoqué par cette figure maternelle, le père exprime sa fermeture au moyen de l'acte violent. Comme le raconte la mère : « J'me suis fâchée un soir que j'avais pris un verre de trop... là, y m'a frappée avant de partir » (*LC*, 35).

À un niveau plus abstrait et universel de réflexion, le père en tant qu'instigateur de « l'inter-dit[8] » et, par le fait même, de l'interdit, en vertu de son rôle contribue à promouvoir l'individuation de l'enfant en mettant en place la relation à trois. Par « inter-dit », Françoise Dolto met l'emphase sur la communication qui doit s'établir entre la mère et le père, échange de paroles qui permet la triangulation des rapports familiaux. Tenu par l'instance paternelle – ou, pour reprendre les mots de Dolto, « l'autre de la mère, le père, le plus habituel élu de la mère » (*F*, 64) – ce rôle de tiers est indispensable à la différenciation. Dans le même sens, pour Pierre Legendre, la notion de tiers est intimement liée à la catégorie du Père. Selon le juriste, cette catégorie du Père

> n'est pensable que si elle est rapportée à sa fonction séparatrice, c'est-à-dire si elle prend place dans une interrogation générale sur l'image fondatrice. Cela fait surgir le concept du Fils. Si l'image

---

7. Hotte, *op. cit.*, p. 182.
8. Nous empruntons ce terme à Françoise Dolto : « C'est lui, cet autre que l'enfant connaît qui, père ou non, sert de père initiateur de l'inter-dit ». Françoise Dolto, *Articles et conférences 5. Le féminin*, Paris, Gallimard, 1998, p. 64. Désormais, les références à cet ouvrage seront indiquées par le sigle *F*, suivi de la page, et placées entre parenthèses dans le corps du texte.

> implique la notion de rapport au semblable, la reproduction généalogique pose la question de ce qui, dans la dialectique père-fils, doit se perdre, faute de quoi père et fils seraient le double l'un de l'autre et l'un pour l'autre[9].

En somme, cette catégorie fait advenir celle du tiers dont la fonction consiste à établir une « hiérarchie » au sein de la généalogie. Toujours selon Legendre, sans cette fonction séparatrice du tiers, « l'impératif de la différenciation serait dès lors radicalement mis en échec, ce qui n'est pas sans poser à nouveau, sous un nouveau jour, le problème de la folie » (*CCL*, 84).

Mais qu'est-ce qu'on entend par « l'impératif de la différenciation » ? La différenciation est garante de la limite. Elle instaure la différence là où il n'y aurait que du « même » au sein de la cellule familiale. « Liée au destin de l'espèce humaine », pour reprendre les mots de Legendre, la fonction de la limite s'articule à partir de l'interdit du meurtre, derrière lequel interdit s'élève celui de l'inceste, plus spécifiquement définit comme « l'enjeu de séparation du sujet » (*CCL*, 154). En regard de ces considérations théoriques, nous sommes en mesure de lever le voile sur ce qui occasionne un défaut de transmission dans *Le chien* : d'une part, l'absence de communication (ou, pour reprendre l'expression de Dolto, « d'inter-dit ») au sein du couple formé par les personnages du père et de la mère et, d'autre part, l'incapacité pour le père d'établir un lien avec son fils, lequel serait garant de l'interdit. C'est d'ailleurs ce lien communicationnel que tente d'établir Jay en effectuant un retour au domicile paternel :

> JAY
>> [...] Tu vas m'parler comme du monde. J'ai pilé sur mon orgueil pour venir te voir, fait que pile sur le tien pis parle-moé comme du monde ! (*Jay débouche les deux bières et en dépose une aux pieds de son père.*) Parle ! (*LC*, 33)

---

9. Pierre Legendre, *Le crime du caporal Lortie. Traité sur le père*, Paris, Flammarion, [1989] 2000, p. 84. Désormais, les références à cet ouvrage seront indiquées par le sigle *CCL*, suivi de la page, et placées entre parenthèses dans le corps du texte.

LE REFUS DU LEGS COMME SYMBOLE DU DÉFAUT DE TRANSMISSION

Toujours en nous inspirant des «points de vue aveugles» qui caractérisent le parcours des personnages dans l'œuvre de Dalpé, nous en venons alors aux questions de la filiation masculine et du legs de la terre et à la façon dont elles s'articulent dans la pièce. Survenue peu de temps avant le retour de Jay, la mort du grand-père paternel – «J'ai enterré mon père aujourd'hui» (*LC*, 34) – amène le père à effectuer une prise de conscience quant à ses défaillances paternelles: il n'a pas pu/su reprendre le legs de la terre qui aurait pu assurer la passation de sa fonction parentale à la génération suivante. Il revendique d'ailleurs son inaptitude à s'en occuper: «Justement, que c'est j'connais là-dedans?...» (*LC*, 59). En fait, le rejet de la terre paternelle est le premier indicateur de son incapacité à assumer la transmission, et c'est là, selon nous, un élément essentiel dans la compréhension de la pièce de Dalpé.

La terre constitue le seul élément qui aurait pu maintenir le lien entre le père et Jay, et ainsi assurer la triangulation des rapports familiaux. Les propos du père vont d'ailleurs en ce sens: «J'aurais voulu qu'on reprenne la terre, la terre de ton grand-père, toé pis moé. La repartir, la rebâtir, revoir des affaires pousser dessus. Avec mes bras. Avec tes bras» (*LC*, 53). Un parallèle pourrait être fait entre cet échec de la figure paternelle dans la transmission et les valeurs familiales revendiquées dans le roman du terroir. Davantage qu'un simple bien qui se transmet de père en fils, la terre symbolise l'appartenance à un territoire, à une culture, à une identité. Le legs de la terre assure, en quelque sorte, la pérennité de la lignée et la transmission de l'identité masculine/paternelle. Bien que quelques décennies séparent *Le chien* de ces œuvres d'ascendance canadienne-française qui servaient jadis à encenser les vertus du terroir et de la vie agricole, Dalpé y exploite néanmoins, avec le personnage du père, la thématique de l'aliénation identitaire découlant de l'interruption du legs de la terre.

Dans ses réflexions *post-mortem* adoptant une allure de prosopopée[10], le grand-père se désole de constater les conséquences de cette rupture dans la transmission : « C'est ben pour dire. Y l'a pas pris. Mon autre gars est mort pis on a vendu lot par lot, jusqu'à celui-citte, mon premier, qu'on a vendu à l'église pour le cimetière. C'est ben pour dire » (*LC*, 60). Particulièrement représentative de la transmission interrompue, l'image de la terre devenue cimetière entre en contradiction avec celle de la Terre mère, symbole nourricier de vie et de transmission. Le père et Jay, dans leur monologue à deux voix, viennent d'ailleurs mettre en lumière un élément important en ce sens : le grand-père et la grand-mère ont été enterrés dans le premier champ défriché par l'aïeul.

PÈRE

    On l'a enterré à matin. Dans le champ qu'y avait défriché. Y nous disait tout le temps ça : « Vous allez m'enterrer dans le champ que j'ai défriché en premier en arrivant icitte. »

    Pause.

    « C'est ben pour dire, qu'y disait, c'est ben pour dire. »

    Pause.

    Pis c'est ça qu'on a fait à matin.

JAY

    Y'est à côté de grand-maman. J'ai passé par là avant de venir icitte. (*LC*, 31)

Cette terre défrichée et ensemencée par le grand-père, sert désormais à ensevelir la génération précédente, ou, en d'autres mots, à enfouir à jamais les racines du père.

---

10. Malgré le fait qu'il est décédé, le grand-père fait sans cesse retour. Ces interventions d'outre-tombe de l'aïeul tout au long de la pièce peuvent être interprétées comme le symbole de la toute-puissance de cette figure paternelle plus grande que nature.

LES RELATIONS DYADIQUES À LA SOURCE
DE LA TRANSGRESSION DES INTERDITS

En refusant d'assumer son rôle d'initiateur de «l'inter-dit», le père vient, par le fait même, invalider sa fonction paternelle. En ce sens, cette figure paternelle défaillante laisse se perpétuer par défaut une dynamique relationnelle dyadique entre la mère et son fils. Alors que pour Legendre la question du tiers est principalement axée autour du rôle du père, elle recouvre un plus large éventail de possibilités pour Caroline Eliacheff et Nathalie Heinich puisqu'elle peut s'associer tant au rôle du père, de la mère que de l'enfant, selon leur point de vue développé dans l'ouvrage *Mères-filles. Une relation à trois*[11]. En somme, le tiers permet d'assurer la triangulation de la relation familiale en y introduisant le concept d'altérité au sein de la dyade parent-enfant. En refusant d'assumer ce rôle, le père vient, par le fait même, invalider sa fonction paternelle. En ce sens, cette figure paternelle défaillante contribue à promouvoir la perpétuation d'une dynamique relationnelle dyadique entre la mère et son fils.

Eliacheff et Heinich parlent «d'inceste platonique» (sans passage à l'acte) pour définir le type de relation mère-enfant semblable à celui qui est illustré dans *Le chien*. Elles définissent ainsi la dynamique inhérente à ce rapport incestueux: «En cas d'inceste platonique, il n'y a que deux places pour trois, et elles ne sont pas interchangeables; aussi l'enfant mis à la place du père occupe-t-il une place qui n'est pas la sienne» (*MF*, 59). C'est effectivement ce qui se donne à lire dans plusieurs extraits de la pièce dans lesquels la mère lutte pour maintenir un lien privilégié avec son fils qu'elle qualifie d'ailleurs comme «le fruit de [ses] entrailles» (*LC*, 25). Gardant jalousement les cartes postales envoyées par son fils pendant son périple, elle défend quiconque de s'interposer entre elle et Jay, comme en fait foi le passage suivant dans lequel elle surprend Céline, sa fille adoptive, en flagrant délit: «J't'avais dit de pas y toucher aussi. C'est mes cartes, pis m'as te les montrer quand moé j'veux! Pis j'veux pas d'espionne dans ma

---

11. Caroline Eliacheff et Nathalie Heinich, *Mères-filles. Une relation à trois*, Paris, Albin Michel, 2002, 412 p. Désormais, les références à cet ouvrage seront indiquées par le sigle *MF*, suivi de la page, et placées entre parenthèses dans le corps du texte.

maison!» (*LC*, 55). Les propos de la mère adressés à Céline nous révèlent l'emprise du rôle maternel sur l'identité de ce personnage, le geste de la jeune fille étant perçu comme une intrusion au sein de la dyade mère-fils. Un peu plus loin dans le texte, nous constatons, une seconde fois, l'incapacité chez la mère de se redéfinir en dehors de son rôle maternel auprès de son fils qu'elle perçoit d'ailleurs toujours comme un enfant. Les impressions partagées avec Céline viennent le confirmer: «Y t'a fait des beaux cadeaux, hein? C'est un bon petit gars. Un bon petit garçon» (*LC*, 90).

Toujours selon Eliacheff et Heinich, «dans l'inceste de premier type père/fille, le tiers exclu est la mère» (*MF*, 382). Effectivement, nous ne pouvons nier que le lien exclusif entretenu par la mère vis-à-vis de son fils Jay se situe en amont de la transgression de l'interdit de l'inceste entre le père et Céline, leur fille adoptive. En s'excluant de la triade père-mère-fille, la figure maternelle contribue à l'instauration d'un rapport incestueux, tel qu'illustré dans la pièce. Racontée en alternance par Céline et le père, cette transgression se donne ainsi à lire:

CÉLINE

(Doucement:) Que c'est tu fais, Pa?

Pause.

PÈRE

Pis sais-tu c'que j'ai fait l'été passé?... A criait... A criait... «Que c'est tu fais, Pa?»

CÉLINE

(Doucement:) Que c'est tu fais, Pa?

Temps.

PÈRE

«Que c'est tu fais?»... pis je l'ai frappée. «Arrête, Pa!» qu'a criait... pis je l'ai refrappée.

CÉLINE

Après ça, pis jusqu'à c'qu'y ait fini, j'ai pus rien dit...

PÈRE

Mais je l'ai refrappée quand même.

Pause. (*LC*, 102)

D'une violence inouïe, ce passage nous permet d'établir un parallèle avec les relations problématiques entretenues tant entre le père et son fils, qu'entre le père et la mère ; encore une fois, cette figure paternelle incapable de communiquer ses sentiments verbalement exprime son impuissance à assumer sa fonction par un recours à la violence.

L'ABSENCE DE FIGURE PARENTALE

Dans *Un vent se lève qui éparpille*, roman publié en 1999 aux éditions Prise de Parole, nous retrouvons à nouveau deux parents adoptifs et Marie, leur fille adoptive qui est en fait leur nièce. D'une forme narrative complexe et caractérisée par une hybridité générique[12], ce roman relate l'évolution (ou, plutôt, la régression) des personnages à la suite du meurtre de Joseph par Marcel, l'amoureux de Marie. Pour reprendre les mots de François Ouellet, « la suite du *Chien*, c'est *Un vent se lève qui éparpille*[13] ». En effet, Dalpé reprend les principaux thèmes exploités dans la pièce : le legs de la terre, l'inceste, le parricide et l'incommunicabilité. Même si nous pouvons repérer plusieurs similitudes avec *Le chien*, les défaillances familiales qui y sont exposées sont cependant différemment articulées. Comparativement à la relation dyadique observée dans la pièce qui a pour résultat de contribuer à l'inceste père-fille, le roman de Dalpé expose une cellule familiale exclusivement composée de fils et de filles. La rupture au niveau de la transmission est donc perceptible à partir des personnages de Joseph et de Rose, les parents adoptifs de Marie. En fait, aucun d'eux n'a la capacité d'endosser la posture identitaire de père ou de mère vis-à-vis de leur fille. Pour bien comprendre la source des défaillances que l'on observe dans ce noyau familial, effectuons un retour sur l'anecdote du roman.

---

12. Jean Morency parle de « flottement générique » pour définir l'écriture de Dalpé dans son roman : « Issu de la poésie monologique, le roman aboutit ainsi au pur discours dialogique, à une forme de théâtre dénuée d'indications scéniques. » Jean Morency, « Écriture romanesque ou écriture dramatique ? Décalages de tons et ruptures génériques dans *Un vent se lève qui éparpille* », Nutting et Paré, *op. cit.*, p. 72.
13. Ouellet, *op. cit.*, p. 228.

À la suite du décès du frère de Joseph, ce dernier et sa femme Rose se voient, en quelque sorte, « imposer » le rôle de parents de substitution auprès de la jeune Marie, leur nièce, alors âgée de 10 ans. Cette adoption implique donc, chez ce couple stérile, une mutation de leurs statuts respectifs de fils et de fille. Comme le notent Eliacheff et Heinich, « le lien biologique entre mère et enfant ne suffit pas pour que la mère endosse son statut sans avoir à céder, elle aussi, sa place d'enfant » (*MF*, 313). Il en va de même pour Joseph, le père adoptif, personnage sur lequel nous reviendrons ultérieurement. Selon Legendre, « il n'est pas subjectivement en place automatique de père vis-à-vis du nouveau venu, il doit conquérir cette place en renonçant à son propre statut d'enfant » (*CCL*, 82). Dans son rôle de figure maternelle, Rose semble exclue d'emblée de la triade familiale ; elle est d'ailleurs nommée « Matante » ou « Tante Rose » par sa fille adoptive tout au long du roman[14]. De son côté, de manière semblable au père dans *Le chien*, la figure paternelle qui évolue dans le roman s'avère incapable d'investir subjectivement son rôle. Quelques années après l'arrivée de Marie dans sa vie, il ressent d'ailleurs une forte attirance physique envers sa jolie nièce, devenue alors jeune fille. Pendant un certain temps, Joseph arrive à échapper à l'emprise de son fantasme incestueux par le biais du travail agricole. Encore une fois, Dalpé exploite la symbolique de la terre comme garante de la limite, tel que nous pouvons l'observer dans le passage suivant :

> [...] il travaillait sans relâche comme un forcené parce que tant qu'il conduisait le tracteur, traçait sillons, répandait fumier, tant qu'il réparait faucheuse, herse, maniait marteau, égoïne, tant qu'il se remplissait la tête de projets et de plans, de mesures et d'angles, du prix des vis, des clous, du prix des deux par quatre, des deux par trois, du plywood, du presswood, du pressboard, il parvenait à oublier, du moins jusqu'au prochain repas, jusqu'à ce qu'elle revienne s'asseoir à sa droite [...]. (*V*, 121)

Perçu comme le seul élément qui aurait été susceptible de permettre au père d'assumer de façon légitime son rôle de tiers dans *Le chien*, le legs de la terre semble détenir, ici encore, une fonction

---

14. La présentation de ce personnage dans la première partie du second chapitre s'effectue ainsi : « Tante Rose : lourd corps de cinquante et un ans enveloppé dans un vieux manteau élimé [...] » (*V*, 67).

de catalyseur au sein des rapports familiaux. Au regard d'une telle hypothèse, il apparaîtrait plutôt improbable que Joseph passe à l'acte avec Marie ; c'est pourtant ce qui se produira... Le roman de Dalpé nous amène donc à requestionner la valeur symbolique de ce legs paternel.

L'INCAPACITÉ DE SE FAIRE PÈRE

Inapte à engendrer sa propre lignée auprès de son épouse, Joseph ensemence une terre vouée à l'abandon. La valeur symbolique traditionnellement rattachée à ce legs devient donc nulle en passant du père au fils stérile, ce dernier étant dans l'impossibilité d'assurer, à son tour, sa transmission. Puisqu'il est incapable d'actualiser son passage au rang de père, nous pourrions affirmer que c'est justement cette stérilité de Joseph qui motive la transgression de l'inceste dans le roman. D'ailleurs, un passage du roman illustre bien l'aliénation de cette figure masculine dans sa posture de fils infertile :

> et même trente ans plus tard, Joseph pouvait encore sentir cette poigne de fer tout comme il pouvait encore entendre cette voix blanche furieuse qui disait «Ça. Ça pis ça. Pis tout ça.» tandis que son père lui montrait bâtiments, champs [...] «Tout c'que tu vois, ça va être à toé! Mais faut que te m'jures!» puis l'agrippant de nouveau, cette fois-ci par le collet «M'entends-tu?» en le tirant vers lui, l'approchant tout près de son visage «Faut m'jurer que tu la quitteras jamais!» (*V*, 159-160)

N'ayant d'autre choix que d'abdiquer face à cette démonstration d'autorité de son propre père, le jeune Joseph a alors juré de ne jamais quitter la terre : « J'te l'jure, Pa. J'te l'jure. » (*V*, 160). Toujours incapable de se défaire de cette «poigne de fer» paternelle plusieurs années plus tard, Joseph est, en quelque sorte, condamné à demeurer stérile sur le plan identitaire : il est et restera à jamais un fils inapte à assurer une fonction paternelle. Comme le note François Ouellet, « le destin de tout père est d'être assassiné par le fils, ou plutôt d'accepter d'être un jour assassiné[15] ». Mais

---

15. Ouellet, *op. cit.*, p. 22.

qu'advient-il lorsque ce père refuse d'abdiquer et de rendre son dernier souffle ? Le destin transgressif de Joseph nous apporte un élément de réponse à cette question. En outre, bien que son union transgressive avec Marie « porte fruit », l'enfant qui naîtra de cette relation dénaturée ne fait en aucun cas de lui un père. Qualifié de « chiot » à quelques reprises dans le roman et de « petit débile » (*V*, 174), le fils de Marie et de Joseph en vertu de ses déficiences constitue l'incarnation ultime de la rupture de la transmission au sein de cette lignée.

La rupture de la transmission, telle qu'elle se donne à lire dans les deux textes retenus de Dalpé, est tributaire de différents facteurs. La complexité avec laquelle l'auteur aborde les relations familiales dysfonctionnelles nous amène à établir un constat : examiner la question des liens de filiation exige d'adopter une approche analytique contextuelle. Dans la pièce comme dans le roman, c'est principalement l'absence de l'élément du tiers qui est à la source des rapports incestueux. En amont de cette impossibilité de triangulation des liens familiaux, apparaît la question du legs de la terre, traditionnellement associée à la transmission intergénérationnelle de la fonction paternelle. Dans un cas comme dans l'autre, ce legs et, surtout, ce qu'il symbolise, demeure source de problème.

Comme nous l'avons constaté, le refus du père de rendre les armes engendre l'impossibilité pour son fils de passer à son tour au rang de père. Dans *Le chien*, le grand-père héroïque, ancien combattant et colonisateur, refait sans cesse surface. La mort est insuffisante à faire taire cette figure paternelle plus grande que nature. Les propos du père de Jay vont d'ailleurs en ce sens : « Mon père, c'tait un homme ! » (*LC*, 48). Jusqu'à un certain point castrante et aliénante, l'image de ce grand-père tout-puissant véhiculée tout au long de la pièce met en lumière l'incapacité pour son fils d'endosser à son tour cette fonction paternelle. En regard de ce fait, le parricide commis par Jay dans la pièce s'avère donc inutile, puisque la véritable figure paternelle reste le grand-père. Selon Ouellet, « tuer le père afin de passer au rang de père, c'est devenir père pour soi-même, mais autre que ce que fut le père : le meurtre symbolique doit permettre au fils de redéfinir sa relation au père, le rapport à la paternité[16]». En ce sens, dans *Le chien*, tout porte à croire que l'impossibilité chez le père de Jay d'endosser son rôle et, ainsi, de redéfinir son rapport à la paternité découle de son incapacité de «tuer» symboliquement son propre père (le grand-père).

Dans *Un vent se lève qui éparpille*, l'échec de Joseph à redéfinir sa relation à son père et à assumer lui-même ce rôle entretient également un lien avec une figure paternelle castrante. En fait, l'incapacité pour ce personnage d'engendrer sa propre lignée auprès de Rose, sa conjointe, dans la maison qui a jadis appartenu à son père pourrait venir appuyer cette hypothèse. Encore une fois, nous sommes en présence d'une image paternelle toute-puissante qui engendre, chez son fils, un blocage d'un point de vue identitaire. Si Jay croyait se libérer en assassinant son géniteur violent et incestueux, Joseph, de son côté, transgressera l'interdit de l'inceste avec sa fille adoptive. Le moyen proposé par ce «fils éternel» pour se rebeller contre la «poigne de fer» de son père pose toutefois problème du point de vue éthique et il s'agit là sans doute d'une considération essentielle que désire explorer l'auteur.

Enfin, il n'en demeure pas moins que la concrétisation de ces actes transgressifs, chez les figures masculines analysées, entraîne non pas une redéfinition du rapport au père, mais bien plutôt une mise en lumière de leur impossibilité de transcender leur identité de fils. Plus largement, nous pouvons constater que cette thématique se déploie dans l'ensemble de l'œuvre de l'auteur. Qu'ils soient dépeints sous les traits de petits criminels, de meurtriers ou encore d'époux violents, les personnages masculins de Dalpé sont majoritairement stigmatisés par cette inaptitude à passer au rang de père.

---

16. *Ibid.*, p. 23

TRANSGRESSIONS ACADIENNES.
L'ENNEMI QUE JE CONNAIS DE MARTIN PÎTRE : ROMAN ET FILM

ROBERT VIAU
Université du Nouveau-Brunswick

Radio-Canada Nouvelles, dernière mise à jour le lundi 16 novembre 1998, 11h54 : Mort de Martin Pître. Un auteur acadien et ancien journaliste du Nouveau-Brunswick, Martin Pître, est décédé subitement dimanche à sa résidence dans le nord-est de la province. Monsieur Pître était âgé de 35 ans. Il avait été journaliste à *L'Acadie Nouvelle*, et travaillait pour la Société des acadiens et acadiennes du Nouveau-Brunswick. Monsieur Pître était lauréat du prix France Acadie 1996 pour son roman *L'ennemi que je connais*. Aucun autre détail n'a été divulgué sur la mort du romancier[1].

---

1. [s.a.], *Mort de Martin Pître,* en ligne : http://ici.radio-canada.ca/nouvelles/18/18618.htm (page consultée le 4 novembre 2014). Martin Pître (23 février 1963-15 novembre 1998) a aussi été très actif au sein de la vie littéraire acadienne. Il est à l'origine de la création du prix littéraire Antonine-Maillet-Acadie Vie et il a fondé le Festival acadien de poésie (la soirée de poésie porte d'ailleurs son nom) qui se tient chaque année à Caraquet. Comme le confirme sa sœur, Marie-Claire Pitre, le romancier n'est pas décédé « à sa résidence. Il s'est enlevé la vie à la croix blanche, près de Tremblay [village situé à 20 kilomètres de route au nord de Bathurst] ». Courriel de Marie-Claire Pitre à Robert Viau, daté le 11 août 2015. Je tiens à remercier Mme Marie-Claire Pitre pour les conseils et renseignements qu'elle a accepté de me faire parvenir au sujet de son frère. Lors de la remise du prix France-Acadie 1998 (que j'ai remporté

L'unique roman de Martin Pître, *L'ennemi que je connais* (1995)[2], est une œuvre qui présente par couches superposées la transgression sous ses différentes formes. Pître transgresse le mythe du village acadien bucolique, transgresse l'image de la famille acadienne traditionnelle, transgresse l'unité de cette société dont la devise est «l'union fait la force», transgresse le comportement sexuel dit normatif, avant d'aboutir dans la transgression finale par la mort. Enfin, il faut ajouter à cela la transgression cinématographique de *Full Blast* (1999), le film de Rodrigue Jean très librement adapté du roman de Pître.

Dans quel but Pître a-t-il écrit ce roman violent, tragique et inquiétant? Celui de dénoncer l'hypocrisie si ennuyeuse de cette «Acadie, *home of the happy*[3]»? Celui de peindre le désespoir de jeunes marginaux ou de choquer le lecteur afin d'apporter des changements dans les mentalités? Dans ce roman, les personnages transgressifs remettent en question les préjugés imposés par leur milieu, se moquent de ce que les bien-pensants respectent et qui ressemble si peu à ce qu'on doit respecter. À cela s'ajoute le désespoir lucide de personnages qui ont décidé que tout n'est qu'apparence et duperie, et qu'ils n'ont plus rien à espérer.

Sous l'influence de cette affliction extrême et sans remède, l'ordre tombe. On assiste à la déroute de la morale traditionnelle et à toutes les débâcles de l'esprit. Le mal creuse l'organisme et la vie comme une douleur qui croît en intensité jusqu'à l'auto-mutilation, jusqu'à la fureur de la destruction. Ce désespoir irrémédiable se métamorphose en attentat de l'homme contre lui-même, en un suicide moral avant d'aboutir à un meurtre et à un suicide physique,

---

pour *Les Grands Dérangements*), le président de l'association *Les Amitiés acadiennes* avait évoqué la mort toute récente du lauréat de 1996, Martin Pître. C'était la première fois que j'entendais parler de cet écrivain singulier que je n'ai jamais eu l'honneur de rencontrer.

2. Martin Pître, *L'ennemi que je connais*, Moncton, Perce-Neige, coll. «Prose», 1995, 125 p. Ce roman a remporté le prix France-Acadie 1996. Désormais, les références à cet ouvrage seront indiquées par le sigle *E*, suivi du folio, et placées entre parenthèses dans le texte. Pître a aussi publié deux recueils de poésie: *À s'en mordre les dents* (1982) et *La morsure du désir* (1993), et un conte pour enfants: *Pommette et le vent* (1995).
3. «L'Acadie, cette demeure des heureux». C'est ainsi que Longfellow qualifie l'Acadie et contribue au mythe d'une Acadie édénique. Henry Wadsworth Longfellow, *Évangéline*, traduction de Paul Morin, Montréal, Bibliothèque de l'Action française, 1924, p. 12.

ultime forme de transgression de l'homme contre lui-même. De ce fait, *L'ennemi que je connais* nous apparaît comme l'une des œuvres les plus noires de la littérature acadienne.

TRANSGRESSION DU MYTHE DU VILLAGE ACADIEN

Le roman ne se déroule pas dans un de ces villages côtiers pittoresques, comme nous a habitués Antonine Maillet, où des pêcheurs sur le pont de leur bateau réparent leurs filets en scrutant «La mer, la mer, toujours recommencée!». Ce vers du poème «Le cimetière marin[4]» nous rappelle que ces villages du nord-est du Nouveau-Brunswick n'ont plus de ressources et qu'ils sont souvent devenus des lieux déserts, désolés, calmes comme un cimetière. L'Acadie contemporaine n'a-t-elle pas tourné le dos à la «mer enjôleuse[5]» de Maillet pour développer ses autoroutes, ses raffineries, sa centrale nucléaire? Maillet elle-même a développé ce thème de l'abandon dans *Emmanuel à Joseph à Dâvit* (1975), de même que Jacques Savoie dans *Raconte-moi Massabielle* (1979), de sorte qu'Évangéline Deusse pourra s'exclamer:

> C'est justement à l'heure que j'avons achevé de replanter, que j'avons fini de payer nos églises et nos écoles, pis achevé de jeter nos trappes à l'eau, qu'ils s'en venont nous dire que la mer est vide et la terre pourrie, et que je serions aussi ben de mouver à la ville dans les shops gouvarnés encore un coup par les Anglais[6].

L'Acadie du *North Shore* n'est-elle pas aux prises avec les ravages du chômage, l'exil de ses travailleurs dans l'Ouest canadien et l'angoisse de ses jeunes face à un avenir peu reluisant? Le roman de Martin Pître se déroule dans une de ces villes, pareille à des dizaines d'autres, «tellement petite au pied d'une montagne, qu'on dirait la miniature d'un trou» (*E*, 7). Ces villes où il ne faut pas s'attarder sont pourtant le lieu de naissance du narrateur – «je date

---

4. Paul Valéry, «Le cimetière marin», *Poésies*, Paris, Gallimard, 1958, p. 100.
5. Antonine Maillet, *Par-derrière chez mon père*, Montréal, Bibliothèque québécoise, 2004 [1972], p. 22.
6. Antonine Maillet, *Évangéline Deusse*, Montréal, Leméac, 1975, p. 48.

d'ici » (*E*, 7) –, qui est pris au piège, incapable de partir, englué dans ses contradictions.

Une première transgression donc, celle du mythe acadien du village « couché au fond d'une vallée fertile », où des gens religieux et paisibles vivent « dans l'amour de Dieu et de leurs semblables », « en paix avec Dieu et avec le monde[7] », tels que les vers d'*Évangéline* l'ont buriné dans l'esprit des lecteurs. Pître, au contraire, décrit une ville « couchée à plat » où « le ciel a l'air de se foutre complètement de ce qui se passe ici », où les jeunes sont « étourdi[s] par le vide » (*E*, 7), où la poussière des jours passait « dans un long et interminable ennui » (*E*, 25). Dans ce décor malsain languissent des adolescents affublés de surnoms : Chico le frisé, Crevette le rocker, Piston le poète, Charles le fils du gérant du moulin et Steph le narrateur autodiégétique. Ce sont des adolescents sans avenir car, comme ils le proclament, « vieillir figurait pas dans nos projets » (*E*, 7).

« Le silence éternel de ces espaces infinis m'effraie[8] » pourraient marmonner les protagonistes dans l'hébétude de leur ivresse. Cette citation de Pascal est pourtant dévoyée ici, car dans ce roman Dieu est mort et l'être humain, perdu dans une double infinité, celle de l'espace et celle du temps, ne trouve pas de réponse aux problèmes de la vérité et de la liberté, n'arrive pas à trouver un sens à l'existence. Confrontés au néant de leur vie, les personnages cherchent des dérivatifs à leur angoisse : la sexualité, la drogue, la boisson. Ils prennent conscience qu'ils ne sont rien et que l'espoir n'est pas possible. Comme Steph le souligne : « Personne choisit d'exister. On se décide seulement à crever » (*E*, 26). Dès les premières lignes du roman, une succession de termes négatifs marquent la noirceur de cet univers : « petite », « couchées », « trous », « plumée », « se foutre », « effondrée », « ouverte », « charrie », « fouillis », « brassée », « étourdi », « s'accrocher », « s'affale », « pendus »…

L'école est rapidement abandonnée puisque « c'était pas payant comptant » (*E*, 11) et le travail au moulin à papier est semé d'embûches et contrôlé par des êtres dangereux, comme ces « sadiques » qui initient les nouveaux en leur enfonçant une cigarette allumée dans le bras afin de vérifier s'ils peuvent « en prendre »

---

7. Longfellow, *op. cit.*, p. 12, 14 et 16.
8. Blaise Pascal, *Pensées*, Paris, Mercure de France, 1976, p. 134.

(*E*, 12) et devenir comme eux des « choses négligeables que l'eau aurait charriées dans un lointain vomi » (*E*, 15).

Dans cette ville glauque et grise, « aux égouts gorgés d'enfances, dans ces rues tordues aux maisons évidées » (*E*, 13), il s'agit tout simplement pour les protagonistes de survivre, de « tenir le plus longtemps possible » (*E*, 10). La ville agit comme une « sangsue » (*E*, 14) qui vide les habitants de leurs forces vives et les condamne à une vie sans but :

> La ville est morte. Les gens n'ont rien d'autre à faire que de s'enterrer lentement. On creuse son trou à la petite cuiller pour se rappeler, à chaque petite bouchée de sel, que ça n'a pas été facile, qu'on l'a méritée, notre paix. (*E*, 67)

Tel un mort-vivant, le personnage principal hante les rues, déambulant sans trop savoir où trouver refuge si ce n'est, par habitude, à la taverne Le Routier. C'est dans cette atmosphère déliquescente, dans la négation de tout possible, que les protagonistes vident des bières et prennent de la drogue, et que « l'Angoisse atroce, despotique,/ Sur [leur] crâne incliné plante son drapeau noir[9] ».

TRANSGRESSION DE LA FAMILLE

Autre transgression, celle de l'image de la famille acadienne traditionnelle. Les romans acadiens nous ont habitués à ces familles nombreuses, trop nombreuses, qui bien qu'elles soient pauvres n'en demeurent pas moins unies, fraternelles et qui rassemblées autour de la maçoune (le foyer) évoquent l'empremier (l'époque d'avant la Déportation quand le monde était meilleur qu'aujourd'hui), racontent des légendes ou jouent de la musique à tout défaire. Dans le roman de Pître, les garçons ont grandi dans des familles éclatées, où les parents absents ou disparus considèrent leur enfant comme un poids mort.

Steph se meut dans une atmosphère familiale où tout est sombre, funèbre, voire tragique. Avec sa mère, toute conversation

---

9. Baudelaire, « Spleen », *Les fleurs du mal et autres poèmes*, Paris, Garnier-Flammarion, 1964, p. 96.

est impossible : « J'ai jamais compris ce qui leur passe par la tête, aux mères, pour devenir pas parlables du moment qu'on vieillit. Elles virent difficiles. Vaut souvent mieux ne rien faire que de se faire dire à tour de bras qu'on ne fait jamais rien de bon » (*E*, 83-84). L'homme qui l'a engendré (peut-on parler ici de « père » ?), toujours saoul, ne s'occupe pas de lui et l'abandonne, « avec l'air de dire "chacun pour soi" » (*E*, 110).

> Je revois encore mon père [...] qui arrivait à n'importe quelle heure, quand il faisait noir, pour me donner des claques dans la face, des coups dans le ventre, qui allait me chercher en-dessous de mon lit même, pour frapper, avec sa ceinture, sur le dos, dans le cou, partout où j'étais trop faible pour me défendre. (*E*, 110)

Lors de l'émeute au moulin, ce père indigne abandonne les grévistes, ce que n'accepte pas son fils : « Il s'en allait ! Lui qui ne me regarde jamais dans les yeux en me parlant. Lui, qui ne m'a jamais serré dans ses bras de cochon de crisse pour me dire quelque chose de doux. Lui, qui était déjà mort dans ma tête, bien avant ce jour-là » (*E*, 110-111). Steph le vise d'un pistolet Luger emprunté à Chico et il s'en faut de peu qu'il ne l'abatte.

Un seul personnage a démontré de l'empathie pour le jeune Steph. Une voisine âgée qui jouait du violon et qui l'accueillait sans poser de conditions lorsqu'il revenait de l'école. Or quatre ans plus tard Steph retrouvera cette femme, qui lui a légué sa maison, « étendue dans la baignoire, le bras ensanglanté, les bouteilles de médicaments flottant sur l'eau comme des toutous en plastique » (*E*, 39). Le vide s'est fait en lui et il a pris conscience des ravages du temps et qu'il est faux de croire « qu'en vieillissant, tout est plus simple » (*E*, 39). L'amour, celui qu'il ressentait pour cette dame, la seule à lui avoir témoigné un peu d'affection, est dès lors intimement lié « à la vérité, à l'impossible mensonge, à la mort » (*E*, 39).

Les familles de ceux que Steph considère comme ses amis ne sont guère plus sympathiques. Piston, « un vrai récidiviste de la déprime » (*E*, 43), toujours drogué, a perdu sa mère, une femme battue, qui a « décampé, à bord d'un dix-huit roues » (*E*, 41) et l'a abandonné « comme une vieille godasse » (*E*, 20). La mère de Crevette a « l'air d'une souris qui marchait debout ». Dès qu'elle voit arriver les garçons, elle s'éloigne au salon « pour nous ficher la paix, comme Crevette le lui avait appris » (*E*, 49). Chico a grandi tout seul et « personne n'a jamais su s'il avait eu un père en chair et en os » (*E*, 92). Charles ne parle plus à son père et n'hésite pas à entraîner ses copains ivres à briser les fenêtres et à démolir le chalet paternel. Tous ces personnages sont en manque d'amour, tous proviennent de familles brisées ou bancales de sorte qu'il n'est guère étonnant qu'ils ne veuillent ni se marier ni avoir « d'enfants qui se demanderaient pourquoi ils sont sur terre. [...] Pour les laisser au pied d'un arbre, comme Piston, ou raidis au bout d'une corde ? » (*E*, 41).

TRANSGRESSION SOCIALE

La division du village acadien, comme l'a délimité Antonine Maillet avec un En-bas avec ses crasseux et un En-haut avec ses notables, est reprise dans *L'ennemi que je connais* avec une rivière qui divise la ville en deux : « D'un bord, ce sont les petits patrons du moulin [...] De l'autre côté, c'est notre monde, comme autant de choses négligeables » (*E*, 15). Mais dans le roman de Pître, tous les jeunes gens, quelle que soit leur classe sociale, sont unis par un profond désespoir et la conviction que le monde est absurde :

> On est conscient de ce qui se passe. On sait qu'on est contrôlé par des vieux qui sont contrôlés par des plus forts mais moins nombreux que l'ensemble des gens ordinaires. C'est la débilité sur toute la ligne. (*E*, 75)

Tous se retrouvent aussi du même côté lorsque les jours d'ennui sont perturbés par une grève. Certes, les travailleurs s'attendaient à une grève, « comme c'est le cas à tous les cinq ans » (*E*, 18), mais ils sont pris de court par la société mère de Chicago qui décrète le *lock-out* et pose des cadenas aux grilles du moulin. Le silence, la tranquillité, l'ennui s'installent dans la ville « comme de la vase lourde. On se serait cru à Pompéï, après le Vésuve » (*E*, 25). Le sentiment de désespoir que ressentent les adolescents, le devient encore plus.

Tout en écoutant *Sunday Bloody Sunday*, devenu l'hymne national syndical, les grévistes observent les briseurs de grève encadrés par la police qui viennent voler leurs emplois. La chanson du groupe irlandais de rock U2, mentionnée à quelques reprises dans le roman (de même que ces autres chansons aux titres emblématiques : *The End* des Doors, *The Wall* de Pink Floyd), s'inspire des événements survenus le dimanche 30 janvier 1972 à Derry, en Irlande du Nord. Au cours du « dimanche sanglant », treize manifestants catholiques pacifiques, dont sept adolescents, ont été abattus par des soldats britanniques. La chanson annonce ce qui va venir : « j'ai compris, ce jour-là, dit Steph, que quelque chose de terrible allait se passer » (*E*, 27). Les adolescents assistent impuissants à la grève qui dégénère en émeute. Ils ont l'impression « d'être parmi les derniers d'une espèce » (*E*, 28) et ils ressentent de la fraternité pour les jeunes Irlandais :

> C'était peut-être U2 et *Sunday Bloody Sunday*. Ça te rappelle que ce ne sont pas les années et les pays qui font la différence quand tu te fais chier. Les jeunes qui ont été tués, le jour du *Bloody Sunday*, en janvier en Irlande du Nord, ils ne savaient pas que c'était pour rien. [...] Les jeunes comme nous, on est comme les jeunes d'Irlande du Nord. Notre cause, c'est la vie de cochon qui n'en finit pas et qu'il faut secouer. (*E*, 101-102)

Le rythme du roman s'accélère dans les dernières pages dans un vortex de violence. Des batailles éclatent entre les « scabs de cochon [...] qui auraient tué leur mère pour dix piastres » (*E*, 78 et 45) et les grévistes. Les magasins font faillite, les employés de la ville entrent aussi en grève de sorte que les déchets traînent dans les rues et que la ville ressemble de plus en plus à un dépotoir : « L'air charriait l'odeur puante des vidanges. Des déchets partout volaient au vent. Les enseignes couinaient en se balançant sous le ciel noirci. Quand on regardait au loin, par le moulin, l'espace était de plus en plus mince entre l'asphalte et les nuages » (*E*, 100). L'avenir est effectivement de plus en plus bouché : la police antiémeute s'en prend aux grévistes, cherche à éventrer les barricades dressées autour du moulin et le tout se termine dans un paroxysme de violence et par la mort de Chico, « couché par terre, le côté du visage ouvert, qui pissait du sang, à côté d'une grenade fumante. Et lui qui ne bougeait plus. L'affolement, la panique, l'odeur insupportable du gaz lacrymogène, la peur, les bruits et les cris, la pluie et le froid » (*E*, 113).

TRANSGRESSION SEXUELLE

Dans *L'ennemi que je connais*, l'amour hétérosexuel est discrédité par l'exemple des parents et les femmes ne jouent qu'un rôle mineur. Certes, Steph a une blonde, une femme plus âgée qui boit « comme un trou » (*E*, 46) et qui a un « fils, qui pourrait être [s]on frère jumeau » (*E*, 69), et qui serait Chico. Mais il ne peut s'agir d'amour. Steph va chez elle « à cause de son caractère féminin » (*E*, 67) et parce qu'elle le soigne. Il est symptomatique que les seules femmes qui soient attirées par Steph sont beaucoup plus âgées que lui et entretiennent une relation maternelle, voire quasi incestueuse, avec le jeune homme.

Parallèlement à la descente aux enfers de la grève se développe vers le milieu du roman le récit des rapports entre Steph et Charles. L'homosexualité est un thème qui émaille l'œuvre de Martin Pître. Comme il l'écrit dans *La morsure du désir* : « c'est que nous sommes tous un peu perdus/ dans l'élan de nos corps [...] alors/ pourquoi devrions-nous n'avoir/ qu'une seule boussole/ qui indique un même nord/ alors que nous cherchons/ tous/ quelque chose de différent[10] ». Et dans le poème « Hors-texte », il ajoute : je suis dans le possible/ en dehors de ce qui existe de l'avis des censeurs[11] ». Pourtant, dans *L'ennemi que je connais*, l'homosexualité demeure un sujet tabou d'autant plus que les personnages sont englués dans une société traditionnelle où prime la virilité et la capacité à « en prendre » (*E*, 12), à « ferme[r] le poing, pis ta gueule » (*E*, 11).

Bien qu'il ait repoussé les avances amoureuses de Charles, Steph avoue que s'il avait pu revivre les événements, il aurait agi autrement. Il aurait sans doute commencé par affirmer : « dites-moi pas ce que je dois aimer » ou par « correct, on va faire du coco, mais en autant qu'on en jouisse » (*E*, 8). Mais il a refusé. Dans cette relation amoureuse où l'un est attiré par l'autre, ce n'est pas le fils

---

10. Martin Pître, « Rose des vents », *La morsure du désir*, Moncton, Éditions d'Acadie, 1993, p. 38.
11. Pître, « Hors-texte », *La morsure du désir, op. cit.*, p. 60. Dans une entrevue, Pître avoue avoir écrit ce poème à la suite du « carnage accompli par un déséquilibré dans un restaurant [parce qu'il] venait d'entendre parler de mesures d'assouplissement de l'armée américaine face aux homosexuels ». [s.a.], « Talent au singulier. Martin Pître : tantôt sensible, tantôt cinglant », *L'Acadie Nouvelle*, 16 novembre 1993, p. 22.

de l'ouvrier qui est attiré par le fils du notable (comme Citrouille pouvait l'être par la Jeune Fille dans *Les crasseux* de Maillet), mais bien le contraire.

Charles questionne Steph du regard, souligne qu'ils se connaissent depuis longtemps, qu'ils s'aiment bien, ce qui l'amène à avouer son amour. Mais Steph est convaincu « de n'avoir rien en commun avec cette histoire » (*E*, 54) et s'éloigne de Charles quand il devient trop insistant. Le refus de Steph engendre une réaction punitive, masochiste. Charles se brûle la main avec le feu d'un briquet. Steph, de son côté, « avale un cap d'acide pour changer de sujet » (*E*, 61), bien que la provocation l'ait excité : « C'était serré dans mon jean. [...] J'étais bandé comme un drapeau de boîte à malle » (*E*, 55). Le non-dit, la difficulté à exprimer ses sentiments, les provocations violentes, le refus de la part de Steph, comme il l'exprime, de « devenir ce que je suis » (*E*, 56), tout joue contre cette relation amoureuse. Pourtant, Charles, désespéré, n'accepte pas la situation :

> C'est moi, ton meilleur ami. Tu le sais très bien, il a dit durement, sans se retourner. Je t'aime, moi. Tu le sais. Je t'ai amené ici pour que tu vois [*sic*] comment c'est en dedans de moi. [...] C'est tout mêlé à cause de toi. On a roulé sur moi avec une bête, les griffes sorties, les yeux crevés. J'ai de la bave dans le ventre, ça remonte dans ma bouche et dans ma tête que je ne sais plus si je braille ou si je fais exprès. Pourquoi tu ne comprends pas ça ? Pourquoi c'est rien que moi qui souffre ? [...] C'est fragile, un gars qui aime. (*E*, 85)

Le roman de Pître marque l'émergence d'une thématique gaie qui, dénonçant l'homophobie à l'œuvre dans la société minoritaire, propose une redéfinition de l'amour. Il signale les limites du désir face au code social et un rêve d'amour qu'il sait d'avance condamné.

TRANSGRESSION ET MORT

La mort dans ce roman (comme celle tragique de l'auteur) colore toute lecture de l'œuvre de Martin Pître. À 19 ans, il avait écrit dans le poème « Noir sur jour » : « et je suis heureux, tellement heureux que j'ai envie de me suicider pour stigmatiser cette odieuse joie dans l'éternité[12] ». Il y a aussi ces autres vers que l'on croirait adaptés de son roman : « depuis longtemps qu'un désir de te voir s'insinue entre mes craintes et ma carcasse d'homme mal affranchi. Depuis ce siècle de taisons-nous pour mieux être, on n'a pu s'entendre réfléchir sur la réalité vitale de la mort suicidaire[13] ». Et dix ans plus tard, il devait terminer son deuxième recueil de poésie par ces vers dans « Mort lente » : « et je prévois trois façons de mourir/ sans toi/ avec toi/ sans doute[14] ».

La mort est une présence ambiguë qui s'impose jusque dans son album pour la jeunesse *Pommette et le vent*. Pommette vit accrochée à son arbre. Elle est heureuse bien qu'elle sache qu'il faudra qu'elle quitte son arbre un jour. L'histoire de Pommette rappelle celle d'un enfant qui hésite à franchir une nouvelle étape. Mais que faut-il entendre par des phrases telles que : « Il faudra bien que tu partes un jour, comme toutes les pommes douces et sucrées ». Dans cet album, le vent qui sent « le sable et les longs déserts » souffle à l'oreille : « Pommette, toi aussi, quand tu seras grande, tu iras au pays des rêves ». À la fin, la pomme mûre « sautera par terre » afin de rejoindre « les autres pommes, sur le sol » qui ont « bien hâte [qu'elle] les rejoigne[15] ».

Dans *L'ennemi que je connais*, la mort ou le désir de mourir ne cesse de s'attacher aux personnages. Les personnages se détruisent par l'alcool ou les drogues, cherchent à se mutiler. Ils sont conscients que « le temps, c'est l'ennemi le plus sournoi [*sic*] qu'on puisse trouver. Quand tu penses qu'il joue pour toi, il est en train de creuser ton trou » (*E*, 78). Il est d'ailleurs important de noter que le poème « L'ennemi » de Baudelaire est reproduit à la fin du roman : « Le Temps mange la vie,/ Et l'obscur Ennemi qui nous ronge le cœur/ Du sang que nous perdons croît et se fortifie »

---

12. Martin Pître, « Noir sur jour », *À s'en mordre les dents*, Moncton, Perce-Neige, 1982, p. 22.
13. Martin Pître, « Ces instants d'éclaboussures cérébrales », *ibid.*, p. 36.
14. Martin Pître, « Mort lente », *La morsure du désir, op. cit.*, p. 97.
15. Martin Pître, *Pommette et le vent*, illustrations de Roméo Savoie, Moncton, Éditions d'Acadie, 1995, [s.p.]. Marie-Claire Pitre me fait remarquer que l'éditeur avait demandé que la fin de l'album soit modifiée pour rendre plus explicite la transformation de la pommette en arbre. Il n'empêche que le texte est troublant : s'agit-il de la mort, d'une métempsychose ou d'une résurrection ?

(*E*, 125). Le roman de Pître est révélateur du spleen baudelairien, de l'angoisse qui étreint le personnage principal quand il constate les ravages du temps et le vide de l'existence. Le roman replace la mort au centre de l'intrigue et remet également en mémoire que malgré les avancées technologiques, elle est toujours là et qu'il faut continuer de vivre avec sa présence obsédante.

Dans les dernières pages, la mort est victorieuse. Abasourdi par l'émeute et la mort de Chico, toujours sous l'emprise du « cap d'acide », Steph donne libre cours à ses pulsions, à cette gratuité immédiate et frénétique qui le pousse à des gestes d'exaspération. Il s'en prend à un *scab* qui l'a suivi dans la maison qu'il a héritée de la dame qui s'est suicidée : « J'ai empoigné son cou et j'ai plaqué mes lèvres contre les siennes. J'ai aspiré ce qu'il y avait de libre en lui » (*E*, 121) avant de l'abattre de deux coups de fusil. Il inverse le rapport de domination. À un *scab* de la compagnie qui asphyxie le village, il aspire à son tour « ce qu'il y avait de libre en lui ». Ce que met en évidence le roman, c'est aussi le fond pulsionnel et libidinal de toute révolte. Dans l'esprit de Steph, la violence de la mort de Chico liée à une grève entretenue par des *scabs* justifie le meurtre comme recours nécessaire, recours ultime de la révolte, tout en liant la mort à la sexualité. Cet acte de tuer ne peut se comprendre sans prendre en compte le plaisir sexuel.

Steph retrouve ensuite Charles. La fureur a poussé Steph à accomplir un assassinat, puis il prend contact avec un amour qui l'inspire, mais ne l'alimentera plus désormais car Charles s'est pendu : « Je l'ai décroché. Il était pendu dans le temps infini. C'était la fin. Je me suis étendu près de lui, comme un chien. J'ai léché ses yeux qui me demandaient encore de l'aimer » (*E*, 121). L'amour est encore une fois en quelque sorte entaché par la jouissance perverse. Steph ne se dérobe pas devant le cadavre malgré le vertige où celui-ci l'entraîne de ses yeux éteints. Il le lave de sa salive dans une dramatisation de la mort, comprise comme un rite d'adieu. Si « le Temps mange la vie », comme le souligne le poème de Baudelaire, l'érotisme lié à la mort devient une tentative de transcender les limites du corps au moment même où les chairs mortes entament le processus de pourriture.

Enfin, plutôt que fuir, Steph se rend au poste de police et prend place devant un policier : « Il va peut-être frapper, sortir un bottin de téléphone, s'il sent l'appel de sa virilité […] Et pour la salle des tortures ? On tourne à gauche ou à droite ? » (*E*, 9 et 23) Il sent qu'il doit «communiquer» avec le policier, mais la mort exige qu'on respecte son silence. Le silence non rompu de Steph vaut toutes les réponses, toutes les interprétations. Meurtre et suicide, nécrophilie et masochisme, les sentiments apparaissent facilement comme morbides de sorte qu'on peut douter de l'étanchéité des frontières entre la maladie et la santé.

Il y a dans ces gestes quelque chose à la fois de victorieux et de vengeur. On sent très bien qu'il ne s'agit pas d'autre chose qu'une immense liquidation. En effet, que reste-t-il à la fin du roman? Crevette est blessé à la tête à la suite de la rixe. Chico a été tué. Charles s'est pendu et Steph a assassiné un *scab*. Le *lock-out* se poursuit, les grévistes sont expulsés du moulin par la police antiémeute, la ville s'enfonce dans une misère dantesque. Steph se retrouve au commissariat de police où il avouera, ou non, le meurtre du *scab* et le suicide de Charles, qui ne sont peut-être que des hallucinations provoquées par le «cap d'acide». Dans ce roman qui s'apparente à une danse macabre qui mêle morts et vivants, il n'y a aucune occasion d'espérer.

TRANSGRESSION CINÉMATOGRAPHIQUE

Full Blast[16] (1999) de Rodrigue Jean se veut une adaptation de *L'ennemi que je connais,* mais ce film se présente davantage comme une transgression du roman original. Comme l'explique Jean: «*Full Blast* n'est pas une adaptation du roman de Martin Pître, mais il s'en inspire tout simplement[17]». Le film se déroule non pas dans une ville encaissée au fond d'une vallée, mais dans un village côtier. Les personnages ne sont plus des adolescents, mais de jeunes adultes dans la vingtaine qui ont connu l'amour, des échecs et des frustrations, mais aussi des joies et des moments de bonheur.

---

16. *Full Blast*, film réalisé par Rodrigue Jean, scénario de Rodrigue Jean et Nathalie Loubeyre d'après le roman *L'ennemi que je connais*, 1999, 95 minutes. Le film a été tourné dans la région de Bathurst. Le film a remporté le prix du Best Canadian First Feature Film au Toronto International Film Festival en 1999 et Marie-Jo Thério a remporté un Jutra en 2001 à titre de meilleure actrice de soutien.
17. Rodrigue Jean cité par Élie Castiel, «Rodrigue Jean: retour aux sources», *Séquences*, n° 206, 2000, p. 33.

Il n'y a pas d'émeute à la suite de la grève, pas d'assassinat, pas de suicide.

Malgré cette absence de sang et de mort, le film a été reçu, comme le souligne Gérald Leblanc, comme un «film de fiction coup de poing[18]». Jean est un des cinéastes francophones les plus marquants et les plus provocateurs. D'après André Habib, il «possède sans conteste une des voix les plus originales, radicales et lucides de la cinématographie québécoise et canadienne[19]». Jean avoue avoir voulu «faire un film brut, sans concession, presque animal, naturel[20]».

L'angoisse existentielle et un sentiment implacable de solitude imprègnent l'univers de *Full Blast*. Les personnages cherchent à y échapper par la violence, la sexualité ou la musique dans un «*beat fin-de-siècle* [sic][21]». Rien ne fonctionne comme ils l'espèrent. Puisqu'ils vivent en vase clos, les personnages s'entrechoquent et s'entrecroisent sans cesse. Piston essaie de rester en relation avec Marie-Jo, la mère de sa fille. Charles dont les parents n'acceptent pas l'orientation sexuelle veut gagner l'amour de Steph. Steph cherche du réconfort dans les bras des personnages qui l'entourent: Rose, une femme plus âgée qui gère le bar du coin et qui habite seule avec son fils Chico (dans le roman, le personnage n'occupe que quelques lignes et il n'y a aucune relation amoureuse), Marie-Jo et Charles. Ces jeunes gens sont tous en quête de bonheur, mais celui-ci reste impossible à trouver. Ils subissent, comme le constate Élie Castiel, «une sorte de vague à l'âme qui les enveloppe dans un carcan qu'il leur est difficile de briser[22]».

Full Blast est un film peuplé de personnages qui rêvent de fuir l'isolement et la détresse de leur région rurale sans y parvenir. Ces jeunes gens ont donc recours à des relations sociales et sexuelles parfois destructrices. Les personnages parlent peu mais s'expriment plutôt par leurs poings ou par leur corps. Ils ont souvent le regard perdu, nostalgique, parfois les larmes aux yeux,

---

18. Gérald Leblanc, «L'Acadie actuelle et ses créateurs», *Tracer un espace culturel*, numéro hors-série de *Liaison*, 2002, p. 8.
19. André Habib, «Une question d'intensité. Entretien avec Rodrigue Jean», *Spirale*, n° 238, automne 2011, p. 45.
20. Rodrigue Jean cité par Castiel, *op. cit.*, p. 34.
21. Élie Castiel, «*Full Blast*: vagues à l'âme», *Séquences*, n° 206, 2000, p. 32.
22. *Ibid.*

et on ressent chez eux le poids de l'absence et de la perte. Ce n'est que par le biais du corps que les personnages de *Full Blast* arrivent à établir des liens. Le désir, que ce soit pour le corps d'une femme ou d'un homme, s'avère l'élément le plus important chez ces âmes perdues. Comme l'explique Jean :

> [...] je suis persuadé qu'à l'instar du roman de Pître, il n'existe pas de hiérarchie au niveau de l'orientation et des pratiques sexuelles. [...] J'aimerais également ajouter que l'orientation sexuelle des personnages du film ne pose pas d'interrogation. La sexualité est une chose parmi d'autres et n'est pas le centre de l'existence de ces personnages. C'est en quelque sorte une manière d'entrer en rapport avec l'autre[23].

Que Steph ait des rapports physiques avec Rose, Marie-Lou ou Charles, cela « ne signifie pas nécessairement que quelque chose de plus solide doive se passer entre eux. Tous deux ont senti un besoin biologique d'exprimer leur désir. [...] Ce sont, conclut Jean, des individus plus raisonnables [que dans le roman et] qui acceptent les contingences de l'existence[24] ». Comme Rose l'explique à Charles au sujet de sa relation avec Steph : « Charles, le monde y vont, puis y viennent. Faut les laisser faire. Un beau gars comme toi, je suis sûre que tu peux trouver quelqu'un qui va t'aimer pour vrai ». Nous sommes loin du paroxysme des émotions de *L'ennemi que je connais*.

Ce qui attire Rodrigue Jean dans les rapports qu'entretiennent les personnages, « c'est leur complexité, d'où émergent les émotions et les sentiments. Ce sont les relations qui fonctionnent à plusieurs niveaux [...]. Je suis séduit [dit-il] par les contradictions, les paradoxes, les situations de rejet et d'attraction[25] ». Jean tisse des relations précaires entre ces personnages désespérés, explorant le désir de l'autre et l'impossibilité d'un rapprochement. Comme l'explique Shana McGuire : « C'est encore par le biais du corps – les caresses ou les coups – que les personnages s'expriment, et leur sexualité n'est

---

23. Rodrigue Jean cité par Élie Castiel, « Rodrigue Jean : retour aux sources », *op. cit.*, p. 34.
24. *Ibid.*
25. Rodrigue Jean cité par Élie Castiel, « Rodrigue Jean : la riche complexité des émotions », *Séquences*, n° 217, 2002, p. 38.

que la manifestation des troubles intérieurs qui les habitent[26] ». Les personnages sont absents, à la recherche d'un quelque chose d'imaginaire qu'ils ne trouveront peut-être jamais. Ce vide est aussi existentiel que physique et les déplacements des personnages contrastent avec leur stagnation intérieure. Comme le constate Jean : « C'est un film sur le vide intérieur, sur la dépossession, la colonisation des âmes. C'est le nouveau désespoir[27] ». Il en résulte un film triste sans véritable rapport avec la tragédie sanglante de *L'ennemi que je connais*.

LA FIN

L'ennemi que je connais ne laisse personne indifférent. L'univers décrit est d'une noirceur désespérante. Dans son roman, Pître prend un village qui dort, un désordre latent et pousse ses personnages jusqu'aux gestes les plus extrêmes à travers le crime, les drogues ou l'émeute. Un désastre social si complet, un tel désordre de l'esprit, agit comme un exorcisme qui presse l'âme et la pousse à bout. Se retrouvent à vif les puissances du désespoir qui transgressent tout ce qui contraint l'individu dans une affirmation d'un « je » qui refuse le mensonge, la veulerie, la bassesse de la société qui l'entoure.

La sensibilité d'écorché de Steph fait en sorte qu'il se révèle allergique à la médiocrité humaine. Il tend toute sa vigueur d'être conscient et jeune à montrer combien peu comptent toutes les barrières qui pourraient lui être opposées. Il n'y a pour lui ni terre ni ciel, mais la force d'un questionnement convulsif qui s'oppose à l'engourdissement de la sensibilité des adultes.

Tous les conflits qui sommeillent, il nous les restitue avec force. Jusque-là tenues en servitude, ces conflits éclatent en des actes hostiles par nature à la vie de l'homme et des sociétés. Le roman bouscule la quiétude des sens, libère l'inconscient comprimé,

---

26. Shana McGuire, « Entre espoir et anéantissement : le cinéma de Rodrigue Jean », Cécilia W. Francis et Robert Viau (dir.), *La littérature acadienne du 21e siècle*, Moncton, Perce-Neige, coll. « Archipel-Aplaqa », 2016, p. 263.
27. Rodrigue Jean cité par Éric Fourlanty, « Voyage au bout de la nuit », *Voir*, 28 février 2002, en ligne : http://yvescape.free.fr/NewYork/Untitled-2.html (page consultée le 12 août 2015).

pousse à une révolte. Arrivés au paroxysme de l'horreur, du sang, des lois bafouées, nous sommes confrontés au vertige du vide. Le dernier acte de Steph apparaît alors comme son propre sursaut d'agonie ou de réveil soudain. Et l'on peut voir pour finir que du point de vue romanesque, l'action de la mort est bienfaisante dans cette œuvre transgressive, car elle vide l'abcès, pousse Steph à se voir tel qu'il est, fait tomber le masque. Tout ce qui est dans l'amour, dans le crime ou dans la folie agit à l'instar d'une thérapeutique de l'âme.

Enfin, après un tel monolithe de rage et de désespoir, où les personnages se tordent comme des suppliciés ou s'abrutissent sous la pesanteur des maux, que reste-t-il sinon le choix que proposait Jules Barbey d'Aurevilly au romancier Joris-Karl Huysmans entre « la bouche d'un pistolet ou les pieds de la croix[28] », autrement dit entre le suicide ou la conversion à un idéal ?

---

28. Jules Barbey d'Aurevilly, « Compte rendu d'*À rebours* », *Le Constitutionnel*, 28 juillet 1884, p. 3. À la fin de son compte rendu du roman *À rebours*, Barbey d'Aurevilly s'adresse à Huysmans et reprend ce qu'il avait déjà dit à Baudelaire près d'un quart de siècle plus tôt. Huysmans choisira les pieds de la croix.

TRANSGRESSION ET TRANSMISSION DANS *IL PLEUVAIT DES OISEAUX* ROMAN DE JOCELYNE SAUCIER

SANDRA BINDEL
Université Lumière Lyon 2

Qu'est-ce que la liberté? Est-on libre d'être, et de se dire, «à l'intérieur de» ou «en marge de»? La dialectique entre transmission et transgression nous permet d'analyser la réponse que Jocelyne Saucier tente d'apporter à ces questions. En ce qui concerne l'œuvre elle-même tout d'abord: la structure du roman et les choix narratifs, en même temps qu'ils inscrivent le récit dans l'histoire de l'Amérique francophone, enfreignent les codes littéraires et redéfinissent le pacte de lecture. Alors que les personnages d'hommes se placent du côté de la transgression, quel rôle tiennent les personnages féminins venant perturber leur vie dans le traitement de la rupture, de la destruction, de la mort? Dans ce contexte, comment l'Art, pictural comme photographique, témoigne-t-il de la fêlure, se fait-il testament et devient-il vecteur de dépassement et de transmission?

Précisons ici que nous retenons dans un premier temps pour les termes de transmission et de transgression l'acception commune (au sens de passation, don, déplacement vers l'autre pour le premier, et de dépassement de la limite, rejet de la norme et de la loi pour le second), et qu'une définition plus précise s'élaborera au fur et à mesure de notre analyse et des apports critiques et théoriques.

STRUCTURE DU ROMAN ET CHOIX NARRATIFS

Il pleuvait des oiseaux, œuvre de fiction dont la toile de fond est constituée d'événements réels, les spectaculaires Grands Feux qui, dans les années 1920, ont rasé des villages, des vies et des acres dans le Nord de l'Ontario, perpétue la mémoire des victimes du drame et témoigne de l'histoire tragique de la région[1]. Le roman est le récit d'une quête mais aussi d'une enquête sur ces événements visant à reconstituer les faits après informations, recoupements, interprétations. Le lecteur découvre et comprend l'histoire de Ted Boychuck, l'homme qui avait erré pendant des jours dans les décombres, au même rythme que le fait la photographe, de façon linéaire et progressive.

L'illusion référentielle est cependant mise à distance par les choix formels : la structure crée tout d'abord des ruptures de rythme dans la narration, puisque s'alternent des chapitres sans titre et en italique (que nous appellerons Narration 1, Narration 2, etc.) et d'autres, portant un titre. Les Narrations constituent tout d'abord des métalepses[2] où s'exprime un narrateur qui, dès les premiers mots, manipule et anticipe le récit : « où il sera question des grands disparus, d'un pacte de mort qui donne son sel à la vie [...][3] ».

La transgression des codes s'installe d'emblée par le jeu de mise en scène du contrat de véridiction[4] qui, en même temps

---

1. « L'image la plus forte qui me reste, c'est qu'après ces incendies qui dévastaient tout sur des centaines de kilomètres, le lendemain, ce qu'on entendait, c'était le bruit des marteaux. Les gens reconstruisaient tout de suite. » Entrevue de Jocelyne Saucier par Catherine Lalonde, 10 janvier 2012, *Libraires*, en ligne : http://revue.leslibraires.ca/entrevues/litterature-quebecoise/jocelyne-saucier-promenons-nous-dans-les-bois (page consultée le 25 septembre 2015).
2. D'abord figure de rhétorique, puis procédé narratif défini par Gérard Genette, la métalepse peut se comprendre, dans son acception première (celle qui nous intéresse ici), comme l'intrusion dans un texte d'un discours métatextuel ou métadiégétique.
3. Jocelyne Saucier, *Il pleuvait des oiseaux*, Paris, Denoël, p.10. Désormais, les références à cet ouvrage seront indiquées par le sigle *PO*, suivi de la page, et placées entre parenthèses dans le texte.
4. « [L]a véridiction, c'est-à-dire (les) jeux du langage avec la vérité qu'installe en son sein le discours. Le croire vrai de l'énonciateur, quelle que soit la modalisation de sa certitude, ne suffit pas : il doit être partagé par le même croire vrai de l'énonciataire. Cet équilibre fragile, plus ou moins stable, provenant d'une entente implicite entre les partenaires de la communication est appelé

qu'il instaure une connivence avec le lecteur (chacun feindra de croire en la véracité), l'amène à prendre de la distance vis-à-vis des événements : « L'histoire est peu probable, mais puisqu'il y a eu des témoins, il ne faut pas refuser d'y croire. On se priverait de ces ailleurs improbables qui donnent asile à des êtres uniques » (*PO*, 10).

Or le narrateur n'hésite pas dans certaines Narrations à briser l'effet de suspense qui sera mis en place dans le chapitre qui suit. Dans d'autres, il entretient la fiction du conteur qui annonce ce qu'il révèlera bientôt. Les trois premières Narrations présentent ou commentent ce qui sera développé dans le chapitre suivant. À partir de la Narration 4, des éléments du récit y sont insérés, rompant le rythme et déconstruisant ce que le lecteur aurait pu percevoir comme un code de lecture. Dans certaines Narrations enfin, le narrateur se borne à n'être qu'un simple passeur d'histoire, de sorte qu'on pourrait être dans un chapitre[5]. On retrouve cette même désorganisation et apparente liberté dans les chapitres : là encore les trois premiers ont comme narrateur un personnage, tandis que les autres ont le même narrateur que les Narrations.

La façon dont les personnages sont présentés, avec une insistance sur leur fonction et même sur leur rôle dans l'économie du récit, renforce cet effet de conte :

> La visiteuse est photographe et n'a pas encore de nom […] (*PO,* 10).
>
> L'histoire a un autre témoin […] c'est aussi un être de liberté mais ce n'est pas le gardien des clefs […] (*PO,* 36).
>
> On arrive maintenant au troisième témoin, Steve […] c'est lui qui accueille les égarés de la route […] (*PO,* 55*).*

Fiction du récit conté à laquelle fait écho la substitution des noms[6] : la photographe n'est par exemple désignée que par sa fonction

---

"contrat de véridiction" ». Denis Bertrand, *Précis de sémiotique littéraire*, Paris, Nathan, 2000, en ligne : http://denisbertrand.unblog.fr/glossaire-de-semiotique/q-z/ (page consultée le 25 septembre 2015).

5. La Narration 12, suivie directement par la Narration 13, aurait pu être un chapitre.
6. Le seul dont on finit par connaître le véritable nom est Ted. Les autres en ont changé pour mieux se cacher.

ou le nom d'un autre personnage, Ange-Aimée. Jusqu'au bout, le narrateur s'évertue à brouiller les pistes et finit, à la fin du roman, par réintégrer ses fonctions de conteur qui ne fait que relayer une histoire[7].

Entre effets de réel et effets de conte, intrusion d'un discours «sur» le récit «dans» le récit, passages d'un niveau de fiction à un autre, les brouillages formels et structurels constituent un procédé transgressif et désacralisant. La langue elle-même, «assez classique», pour reprendre les termes de l'auteure[8], l'éloigne du monde littéraire québécois, distance rendue possible par le fait que l'action ne se déroule pas au Québec.

LE MONDE DES HOMMES : LA TRANSGRESSION SOCIALE

Les personnages masculins de la situation initiale rejettent la norme sociale. Ils n'ont pas pour rôle de porter une dénonciation ou une critique sociale et morale, mais bien d'offrir la description du franchissement d'une limite dans un cadre restreint (l'ermitage et ses alentours) et éphémère (tout sera détruit à la fin).

Ted est à un premier niveau d'analyse l'élément déterminant du récit : une photographe, à sa recherche, arrive sur son lieu de vie, un campement retranché dans la forêt, peu après sa mort. Il est le premier à s'être installé là, au su de tous : connu pour avoir été l'un des survivants du Grand Feu de Matheson de 1922, son histoire est néanmoins entourée de mystère. Désigné comme «le garçon qui marchait dans les décombres fumants» (*PO*, 79), il fut vu en différents lieux, errant, aveugle, pendant des jours. Il avait ensuite accueilli dans son campement deux autres vieillards, tous trois voulant se retirer du monde, ayant «laissé derrière eux une vie sur laquelle ils avaient tiré la porte» (*PO*, 44). Pendant plusieurs années, les trois hommes, que réunissait un même besoin de retranchement, avaient vécu dans trois campements distincts, chacun étant seul mais non loin des autres.

---

7. «L'histoire ne dit pas où est situé le village non plus que son nom [...] Il y a plusieurs choses en suspens dans cette histoire [...]. On ne sait pas si la lettre s'est rendue à sa destinataire. L'argent de la vente [...] attend un revirement de l'histoire» (*PO*, 203).
8. Entrevue de Jocelyne Saucier à TV5 Monde, en ligne : https://www.youtube.com/watch?v=miEhwuBWXsY, (page consultée le 25 septembre 2015).

Tom, après une vie de débauche et d'excès, avait fui les services sociaux qui le voulaient en maison de retraite. Charlie, condamné par les médecins, avait attendu dans son camp de trappe une fin qui n'était pas venue, et en avait profité pour se faire passer pour mort et vivre au milieu de la nature. L'un comme l'autre, vivant dans la forêt, font l'expérience de la liberté : « Ils s'amusaient d'être devenus si vieux, oubliés de tous, libres d'eux-mêmes. Ils avaient le sentiment d'avoir brouillé les pistes derrière eux » (*PO*, 49).

La liberté de ne pas vivre ses dernières années à l'endroit et de la façon dont l'entend la société, c'est là la première pierre de la transgression chez ces deux personnages. La seconde est leur changement de nom, s'étant, pour mieux disparaître, fait faire de faux papiers. Mais les fondations de l'édifice sont constituées par la problématique du suicide. Ces vieillards brouillent les codes, bousculent les conventions en donnant à la mort un statut particulier, comme le remarque d'emblée la photographe, notant l'absence totale de recueillement devant la tombe de Ted. De fait, ils ne redoutent pas la mort et ne la désirent pas non plus : « personne ici n'a envie de mourir [...] mais personne n'a envie d'une vie qui ne soit pas la sienne » (*PO*, 114). Il s'agit donc de s'appartenir à soi-même, et de savoir qu'on pourra choisir la rupture finale afin d'échapper à l'emprise. Tous possèdent un puissant poison : « Et ça, dit-il en désignant la boîte en fer blanc, c'est ce qui donne son prix à un coucher de soleil quand on a mal à ses os, c'est ce qui donne le goût de vivre parce qu'on sait qu'on a le choix. La liberté de vivre ou de mourir, y a pas mieux pour choisir sa vie » (*PO*, 114).

L'entente passée entre les trois vieillards doit permettre non seulement de respecter le choix de chacun de partir quand il le souhaite, mais aussi de l'aider à le faire : « Ils ne laisseraient pas l'autre se dissoudre dans la souffrance et l'indignité en regardant le ciel » (*PO*, 40). Le suicide tel qu'il est envisagé ici, c'est-à-dire non pas comme un devenir autre, mais comme le moyen de rester soi-même et de s'appartenir à soi-même, nous place davantage dans la sphère de la transmission que dans celle de la transgression. C'est en revanche la représentation de cet acte, et plus encore, du suicide assisté, dans une narration de trois pages (Charlie et Marie-Desneige accompagnent et soutiennent Tom, *PO*, 186-189) qui nous apparaît comme transgressive.

Disparition, changement d'identité, programmation du suicide assisté, vie semi-communautaire : les interdits sont franchis non pas pour « s'opposer à », mais pour offrir au choix effectué un surcroît de sens et de valeur. À ce titre, et pour reprendre les termes de Georges Bataille, « l'interdit donne sa valeur à ce qu'il frappe [...] il donne [...] un sens qu'en elle-même, l'action interdite n'avait pas[9] ». Cette transgression transmet du sens. C'est peut-être pour cette raison que les vieillards sont aidés, dans leur projet de vie et de mort dans les bois, par deux hommes plus jeunes, tous deux en marge de la société.

Bruno est celui qui ravitaille, veille au matériel. Cherchant un endroit reculé où planter sa marijuana, il avait convaincu Ted de le laisser exploiter une partie de sa forêt. Leur accord avait donc revêtu l'une des facettes les plus explicites de la transgression : l'illégalité. Or Bruno n'est pas un délinquant intéressé ; franchir la limite répond à son énergie vitale : « Il arrive alors avec sa grosse motoneige [...] debout sur son pur-sang, il surfe sur les dunes de neige [...] il vole de l'une à l'autre, explorant le vide, la sensation d'échapper à tout, d'être au-delà de lui-même [...]. C'est aussi un être de liberté » (*PO*, 36-37).

Steve quant à lui protège les lieux : « le désenchantement absolu, un homme qui lui aussi a refusé le monde. Il a trouvé sa liberté dans la gérance d'un hôtel qui n'a plus sa raison d'être » (*PO*, 54). Il se débarrasse des intrus en étanchant leur curiosité et les écarte des lieux, et participe au projet de Bruno par goût du franchissement de la limite : « Leur amitié est basée sur ce besoin qu'ils ont de se sentir de l'autre côté des choses, sur un versant un peu abrupt, un peu glissant, connu d'eux seuls, ce qui leur donne le sentiment d'une liberté extraordinaire » (*PO*, 55).

Loin de tout discours critique social, du fait même du paradoxe qu'entraîne toute représentation de la transgression, les personnages masculins ne placent-ils pas le roman, en dernier ressort, sous le signe de la transmission, agissant comme « révélateur, analyseur des règles du jeu social à travers lesquelles

---

9. Georges Bataille, *Les larmes d'Éros*, Paris, Jean-Jacques Pauvert, coll. « 10/18 », 1971, p. 91.

une société se donne à voir à elle-même, dans la réitération de ses liens de loyauté[10] » ?

LE MONDE DES FEMMES : DE LA TRANSGRESSION À LA TRANSMISSION

Les personnages féminins ont dans ce roman un statut particulier : si, à travers le parcours de vie qu'ils illustrent, ils s'inscrivent dans le hors cadre, leur rôle dans l'économie du roman les place du côté de la transmission.

Les sœurs Polson ont aimé un homme, Ted, qui, les aimant en retour, n'a jamais pu choisir. Elles ont passé leur vie à le chercher, à l'attendre, et à le manquer. Jeunes, elles étaient hors norme du fait de leur beauté, et, dans le cas d'Angie, du fait de son originalité : « Élégante, racée, stylée […] à plus de quarante ans, elle était sans mari et sans enfants et toujours aussi belle. Une originale […] personne à Matheson ne s'habillait comme ça, n'avait cet allant, cette liberté » (*PO*, 144). Que transmet-elle ? Angie Polson, la femme de 90 ans que la photographe avait rencontrée sur un banc, est le véritable objet de la quête de celle-ci, à cause d'une lueur rose dans son regard qu'elle n'avait pas eu la présence d'esprit de photographier. Espérant une dernière fois la trouver sur le banc du parc, elle y trouve un homme qu'il lui serait possible d'aimer. À ce titre Angie active, nous le verrons plus loin, la question de l'identité de femme qui s'incarne dans la transmission de la capacité à aimer.

Miss Sullivan, gardienne du musée, est une figure de « vierge solitaire » vivant à travers les amours impossibles qu'elle collectionne. Plus que tout, elle est fascinée par la question de la limite dans les histoires qu'elle épie : « […] dès qu'apparaissait à nouveau la possibilité de franchir la ligne interdite, c'était l'exaltation, l'observatrice ne se tenait plus » (*PO*, 147). Or c'est Angie, l'une des sœurs jumelles, avec son histoire d'amour impossible, qui avait été à la naissance de ce choix de vie par

---

10. Michel Hastings, Loïc Nicolas et Cédric Passard « Introduction. L'épreuve de la transgression », *Paradoxes de la transgression*, Paris, CNRS Éditions, 2012, p. 10.

procuration[11]. Miss Sullivan la reconnaît donc dans le tableau que lui présente la photographe, et lui permet non seulement de découvrir les raisons de l'errance de Ted pendant le Grand Feu, mais aussi de comprendre que la vieille dame du parc, par qui tout a commencé, et Angie ne sont qu'une seule et même personne. Miss Sullivan transmet les clés de ce qui est le plus transgressif pour elle : un grand amour secret, inassouvi.

Marie-Desneige, abusivement internée par son père à l'âge de 16 ans, puis diagnostiquée schizophrène, semble plus que toutes avoir franchi la limite du réel. D'emblée elle est perçue par son neveu comme un être à part : « cette femme était seule de son espèce, seule sur sa planète, et Bruno aime les êtres uniques » (*PO*, 66). C'est pour cette raison qu'il la sort de l'hôpital psychiatrique où elle a passé plus de soixante années, et l'emmène à l'ermitage. Jeune femme, tant qu'elle avait pu vivre dans l'autofiction, elle avait échappé à l'horreur de l'asile et à la maladie : « c'est comme ça, en berçant chacune notre tour un bébé qui n'existait pas, que nous avons appris à ne pas être là où nous étions » (*PO*, 122). Plusieurs définitions de la folie sont alors données, qui en font un dépassement des limites du réel que l'on ne peut supporter : « Des cigarettes qu'on fume pour échapper à la réalité, pour voyager dans sa tête [...] elle ne comprenait pas que des personnes saines veuillent s'adonner à la folie » (*PO*, 126), dit-elle de la marijuana.

Ce destin tragique sert l'économie du roman car Marie-Desneige a développé à l'asile une sensibilité qui lui permettra de déchiffrer les tableaux de Ted : « J'ai passé plus de soixante ans à décoder tout ce qui se disait et ne se disait pas autour de moi [...]. La survie en asile demande d'être continuellement aux aguets. Ça aiguise les sens » (*PO*, 127-128). Ainsi devient-elle celle qui fait émerger le sens et le transmet à la photographe pour que l'histoire de Ted soit enfin reconstituée.

Marie-Desneige est également la femme qui transmet la pulsion vitale et le personnage par lequel l'auteure transgresse un tabou : représenter l'acte sexuel entre deux personnes de plus de 90 ans, car « dans le domaine sexuel, c'est la représentation qui est

---

11. « [...] cette femme rebelle chargée d'amours ardentes et tumultueuses, probablement interdites, qu'elle avait vue passer devant la mercerie, devint la figure emblématique de la vie qu'elle n'aurait jamais » (*PO*, 141).

perçue comme une transgression plutôt que l'action[12] ». Fragile, elle est incapable de résister seule aux assauts de la maladie mentale et s'en remet à Charlie qui lui offre un ancrage. La Narration 9 décrit longuement la scène d'amour qui, du fait de leur âge, ne pourra aboutir au coït. Dans ce roman l'érotisme, comme pour Georges Bataille, implique une transgression, est le point de conjonction entre désir et au-delà du désir (la jouissance, ici, non atteinte). Dans l'entrevue qu'elle donne à Paula Jacques, Jacqueline Saucier, consciente du caractère inédit d'une telle description, la justifie par le choix qu'elle a fait dans le roman de ne jamais dire l'amour, mais qu'il apparaisse à travers les gestes des personnages[13]. L'auteure y évoque le plaisir sexuel de la femme, son goût pour le sexe. Cette scène permet également aux personnages de sceller un pacte de vie qui enfreint le pacte de mort passé entre les trois hommes âgés: les amants s'empêcheront l'un l'autre de mettre fin à leurs jours. Devant fuir le campement, ils finiront par s'installer dans un pavillon pour y vivre pleinement leur amour.

Le personnage principal de la photographe interpelle tout d'abord par les caractéristiques physiques qui lui sont attachées car, sans être dans une transgression de genre, elle n'en est pas moins décrite comme une espèce d'hommasse[14]. Autre trait qui la distingue: son rapport particulier aux animaux. Elle a un don avec les chiens, qui l'acceptent d'emblée, ce qui n'est pas sans préoccuper les membres de la communauté: « L'illégalité se débrouillait très bien des embrouilles des autres. Il n'y a que les cœurs purs qui soient dangereux. Et la photographe, à n'en pas douter, était de cette race. Qu'adviendrait-il de nous, si Darling n'aboyait plus au passage des cœurs purs? » (*PO*, 70).

Deux ans plus tôt, sur un banc, elle avait rencontré Angie qui lui avait parlé des survivants des Grands Feux, et elle avait parcouru la région afin de les interviewer (comme l'a fait l'auteure

---

12. Christelle Reggiani, « Un texte littéraire peut-il être transgressif? », *Paradoxes de la transgression, op. cit.*, p. 248.
13. Entrevue chez France-Inter avec Paula Jacques pour l'émission *Cosmopolitaine*: « Les mots ne sont pas usés parce que c'est très rare qu'on voie des personnes âgées se caresser […] entreprendre cette union-là », en ligne: https://www.youtube.com/watch?v=UEQJp_In56I (page consultée le 25 septembre 2015).
14. « Je ne suis pas le type de femme qu'on baratine spontanément. J'ai une carrure qui impose le respect et un regard qui transforme n'importe quel importun en statue de sel » (*PO*, 25).

elle-même) et de les photographier. Son projet lui a fait mener une vie de vagabonde. Vie en dehors du monde et du présent, mais également en dehors de soi, car elle finit par ne plus être que la vie des autres. C'est si vrai qu'à aucun moment on ne connaîtra son vrai prénom et que Charlie s'étonnera à plusieurs reprises de sa présence à l'ermitage en ces termes : « [...] sitôt ses affaires réglées, elle revenait à l'ermitage. À croire qu'elle ne savait pas vivre autrement. En photo, en peinture ou vivants, il lui fallait des vieux. –Tu t'occupes pas beaucoup de ta vie, lui avait fait remarquer Charlie un jour » (*PO,* 142).

Elle semble se mettre en rupture avec sa propre identité, comme si ce vide cherchait à travers sa quête à être comblé. Elle aura un nom de substitution grâce à Marie-Desneige : elle s'appellera Ange-Aimée : « Elle s'était coulée dans le rôle d'Ange-Aimée par compassion, par amitié et puis, finalement, elle trouvait que ça lui allait bien, cette peau qui n'était pas la sienne et qui réconfortait, consolait, supportait » (*PO,* 143). De plus, devenant la protectrice de Marie-Desneige, elle l'aide à prendre possession de sa nouvelle vie de femme libre. Renonçant à son identité, elle devient une maïeuticienne de l'identité des autres : « Ange-Aimée la photographe, profondément émue d'assister à l'éclosion d'une nouvelle vie, se glissa dans une autre peau » (*PO,* 112). Tel est le rôle de ce personnage, à travers sa quête et, nous le verrons, à travers l'exposition qu'elle organisera. De sorte que la fin du roman sonne comme une renaissance, comme si c'était d'un nouveau elle-même qu'elle accouchait[15] : riche des destins de femmes qu'elle a croisés, qu'elle a tenté de recomposer ou d'accompagner, elle peut enfin aimer. La boucle se referme ainsi, d'une rencontre à l'autre sur le banc du parc, d'Angie à l'homme qui voudrait disparaître, par le retour à l'identité propre : « Et quand, à son tour, il lui demanda son nom, elle le lui déclina en entier, pensant à ses amis des bois qu'elle avait connus sous de faux noms et qu'elle ne reverrait plus » (*PO,* 199).

---

15. Est-ce parce qu'elles accouchent d'elles-mêmes que la plupart des femmes, dans ce roman, n'ont pas transmis la vie (seules, Marie-Desneige et son amie, à l'hôpital psychiatrique, ont eu un enfant, qui leur a été enlevé à la naissance) ?

QUÊTE ET ART : DE LA TRANSGRESSION À LA TRANSMISSION

Il pleuvait des oiseaux narre la rencontre de deux quêtes, de deux artistes. Partant d'Angie Polson, la quête de la photographe aurait dû se conclure avec Ted, le dernier survivant des Grands Feux qu'elle devait rencontrer. Mais Ted est mort, et elle ne connaît rien de son histoire avec Angie. Elle parcourt le Nord pendant deux ans à la recherche des vieilles personnes qui la ramèneront, espère-t-elle, à la vieille femme. Puis elle passe une année supplémentaire à s'occuper des vieillards de l'ermitage. La photographe va tirer les différents fils épars de deux histoires, les relier et révéler leur sens.

C'est tout d'abord l'histoire des survivants que lui avait racontée Angie : différents personnages que la photographe est allée rencontrer, a photographiés, et que Ted a peints. Car pendant l'incendie, Ted n'avait cessé de marcher et d'errer, et, loin d'être aveugle comme on l'avait cru, il avait enregistré toute l'horreur du drame. Brisé, incapable de vivre sa propre vie, il avait ensuite couché ce drame sur la toile, non pour exposer, pour témoigner, mais bien pour aller au-delà de celui-ci, le dépasser :

> Ses toiles, semblait-il, contenaient plus que tout ce qu'il aurait pu leur dire, plus qu'il n'en savait lui-même sur ce qui l'animait, l'obsédait, le tourmentait. Trop de morts […]. Personne ne peut vivre avec ça au fond des yeux. Ted a essayé de s'en libérer, de jeter toute cette horreur sur la toile (*PO,* 160).

L'idée de la transmission était tellement étrangère à sa démarche que ces toiles, obscures, sont illisibles (sauf pour Marie-Desneige) et réalisées comme pour lui seul. À ce titre, l'art de Ted transgresse les frontières mêmes de l'art, telles que le sens commun les conçoit.

La seconde quête concerne enfin l'histoire gardée secrète de l'amour entre Ted et les jumelles Polson, que la photographe reconstitue grâce à ses visites à la gardienne du musée et par le déchiffrage des toiles. Une toile en particulier est la clé de l'errance de Ted : elle représente un événement connu de lui seul, le naufrage de celles qu'il aimait. Il avait vu leur radeau se renverser et, parcourant la région en flammes, il les avait cherchées pendant des jours. En reconstituant l'histoire et en cherchant Angie, la photographe tente de retisser un lien entre elle et Ted, par-delà la mort et le temps. Après des années de rendez-vous manqués, elle espère les réunir grâce à l'exposition; ce sera symboliquement le cas puisque le portrait que Ted avait fait d'Angie remplacera sur les cimaises la photo que la photographe n'avait, elle, pas pu prendre.

Établissant le lien entre le récit d'Angie et les toiles de Ted qu'elle intègre à ses propres photos, la photographe organise donc une exposition. Par son choix de titre éponyme, elle rapporte les termes exacts employés par Angie dans son récit, espérant également par là que la vieille femme reconnaîtra ses propos et se manifestera.

La galerie incarne la matérialisation de cette transmission et il est intéressant de noter qu'il s'agit d'un lieu alternatif, lui-même géré par des créatifs sortant du commun[16]. C'est d'ailleurs ce qu'ils perçoivent d'original dans le projet de la photographe qui les séduit:

> Le concept de l'exposition leur plaisait. [...] cette histoire tout à fait inédite, le Grand Feu de Matheson, un garçon à moitié aveugle errant [...]. Amour, errance, douleur, forêt profonde et rédemption dans l'art, des thèmes chers au cœur de jeunes artistes qui aiment que la vie racle les bas-fonds avant d'atteindre la lumière (*PO*, 195).

Par le personnage de la photographe qui relaye non pas tant la parole que les images (photos, toiles) des survivants, la transmission des histoires se réalise. Cette femme est comme un réceptacle vide qui se serait rempli des vies des autres, et dont elle aurait accouché par le biais de l'exposition. Exposition qu'elle ne se contente pas d'organiser, mais dans laquelle elle se donne pleinement à voir, offrant les portraits qu'elle avait réalisés des survivants. C'est alors la possibilité même de la transmission qui fait œuvre, incarnée dans un projet singulier saisissant des enjeux collectifs. Partant, c'est ainsi l'exposition entière qui devient œuvre transgressive: un déplacement a été opéré

> de la valeur artistique qui ne réside pas tant dans l'objet proposé que dans l'ensemble des médiations qu'il autorise entre l'artiste et le spectateur: récits de la fabrication [...] écheveau des

---

16. «Un lieu qui n'était pas une galerie ni même un centre d'artistes [...] il avait servi de tonnellerie à ce qui avait été la plus grande distillerie de l'empire britannique [...]. Clara faisait partie d'un groupe d'activistes culturels» (*PO*, 191).

interprétations, murs des musées sollicités [...] contribuent tout autant, sinon plus, à faire l'œuvre, que la matérialité même de l'objet[17].

Lieu de la transmission s'il en est, l'exposition apparaît comme l'aboutissement d'un double mouvement transgressif: celui de Ted et celui de la photographe qui pourra alors non pas reprendre le cours de sa vie, mais commencer une nouvelle vie. Plus que jamais pour ce personnage la transgression «est une forme de découverte qui implique de la part du sujet une action initiale qui l'entraîne ensuite vers un ailleurs, le transforme, le fait devenir autre[18]». Cet autre, nous l'avons vu, est une femme ouverte à l'amour. Par-delà la transgression, la transmission mène à la transformation.

Plus loin encore, c'est le roman tout entier qui joue ce rôle puisqu'il a été le support d'un spectacle de danse en juin 2014[19], qu'il sera porté à l'écran[20] et surtout qu'il a inspiré le travail de la peintre Christine Viens[21] qui en a fait une exposition[22].

De la transgression à la transmission, le mouvement qui englobe les personnages du roman mène au déplacement. Le clan des hommes n'existe plus: Charlie s'est enfui avec Marie-

---

17. Nathalie Heinich, «De la transgression en art contemporain», *Paradoxes de la transgression, op. cit*, p. 116.
18. Christian Boix, «La sémantique d'un rapport complexe: la transgression et la règle», *Transmission/transgression. Culture hispanique contemporaine*, EUD, Université de Bourgogne, 2011, p. 17.
19. Spectacle de danse du spectacle *Ciel et cendres* de la chorégraphe Lucie Grégoire à l'Agora de la danse à Montréal, 13-14 mai 2014.
20. Le roman sera adapté pour le grand écran par les scénaristes Catherine Léger et Louise Archambault puis réalisé par Louise Archambault, voir en ligne: http://outsidersfilms.com/a-propos-de-nous/ (page consultée le 26 octobre 2015).
21. Exposition de l'artiste-peintre, présentée du 30 mai au 31 août 2014, au Palais des arts Harricana d'Amos.
22. Les toiles sont visibles sur son site et le communiqué qu'on y trouve illustre bien le prolongement dont il s'agit ici: «Cette communication entre l'œuvre littéraire et l'œuvre picturale prend la forme d'une série de toiles à la fois sombres et lumineuses traduisant l'intensité dramatique du roman. Empruntant au style de Boychuck, tel que décrit par la romancière, certaines toiles présentent des empâtements vigoureux à l'acrylique qui donnent à l'œuvre une qualité presque abstraite. D'autres segments plus figuratifs, mettent l'accent sur un mixte média exploitant le dessin au fusain et au pastel amalgamé à la peinture», en ligne: http://www.christine-viens.ca/article84.html (page consultée le 17 décembre 2015).

Desneige, Tom a choisi de mourir, le campement est détruit, Bruno a disparu. Seul Steve est privé de liberté. Quant aux deux personnages féminins qui avaient fait incursion à l'ermitage, ils suivent le chemin de l'amour et d'une nouvelle liberté à être. Le déplacement, pour Marie-Desneige, est physique. Elle aura enfin la vie de bonheur conjugal ordinaire qui la comble. Échappant jusqu'au bout à la photographe, seule Angie Polson résiste à ce mouvement et demeure du côté de la transgression, niant toute possibilité de recréer le lien. Mais l'important est ailleurs : elle a permis le déplacement identitaire de la photographe. D'hommasse vivant la vie des autres, grâce aux histoires d'amour des autres femmes et à Angie Polson qui l'a lancée dans la quête, elle porte à terme, à travers l'exposition finale, le processus qui lui permet de se libérer et d'intégrer sa nouvelle peau de femme ouverte à l'amour.

C'est donc l'Art qui, en dernier ressort, transfigure la transgression, lui donne un sens et la sublime. C'est vrai de l'exposition dans le roman, c'est vrai de la représentation que Jocelyne Saucier donne à lire de l'érotisme chez les personnes âgées et du suicide assisté. C'est vrai enfin du roman lui-même qui, jouant à brouiller les pistes narratives, se fait témoignage onirique d'un pan de l'histoire de l'Amérique du Nord. Tout porte à croire que c'est cet ultime déplacement qui offre l'espace d'un continuum créatif (cinématographique, pictural). Osant tirer le fil de la pensée de Lacan, pour qui « seul un franchissement, une effraction, un saut, permet le passage », nul doute qu'ici la transgression est alors transmission[23].

---

23. Comme le montre Silvia Lippi, au sujet du *Séminaire*, Livre VII, in *Transgressions, Bataille, Lacan*, Éditions Érès, Ramonville Saint-Agne, 2008, p. 13.

NOTES BIOBIBLIOGRAPHIQUES

Après un doctorat sur les personnages féminins et l'engagement dans la littérature sur la résistance italienne, **Sandra Bindel** a publié des articles sur la littérature et des traductions de poésie italienne contemporaine. Elle est aujourd'hui membre du Centre de recherche Langues et cultures européennes (LCE) de l'Université de Lyon 2, participant aux travaux sur le Genre. Sandra Bindel est agrégée d'italien, maître de conférences en italien au Département LEA de l'Université de Lyon 2 où elle enseigne la culture, la civilisation et la traduction italiennes. Détentrice d'un master de Français langues étrangères, elle enseigne également la civilisation française pour étudiants étrangers et s'intéresse tout particulièrement à la pédagogie de la littérature et de la civilisation en FLE.

Loic Bourdeau est professeur adjoint d'études françaises et francophones à l'Université de la Louisiane à Lafayette. Il s'intéresse principalement à la littérature québécoise à travers des approches postcoloniales, féministes et *queer*. Entre autres, il a publié sur le cinéma de Jean-Marc Vallée, «F.O.L.L.E. société…» avec *Nouvelles études francophones* (2012) et «Troubles dans la sexualité» avec les *Cahiers Anne Hébert* (2015). Ses récentes recherches se sont portées sur les liens entre les récits de Michel Tremblay et les films de Xavier Dolan. Il prépare également un volume sur les «mauvaises mères» dans les productions francophones nord-américaines.

En 2011, **Isabelle Dakin** a complété la rédaction d'un mémoire de maîtrise ayant pour sujet la subversion comme voie de salut identitaire dans le récit de voyage *Pérégrinations d'une paria* de Flora Tristan. Son intérêt pour l'étude de l'articulation de l'identité féminine à l'intérieur du texte littéraire l'a amenée à poursuivre des études de 3e cycle à l'UQAC. Actuellement, elle complète la rédaction d'une thèse de doctorat centrée sur la transmission intergénérationnelle de la toute-impuissance féminine dans l'œuvre de l'auteur franco-ontarien Jean Marc Dalpé sous la direction de François Ouellet. Les rapports familiaux défaillants et la façon dont se définit la figure féminine à l'intérieur de ceux-ci constituent ses principaux champs d'intérêts. Parallèlement à ses travaux de recherche, elle s'est également intéressée à la façon dont sont dépeints les rapports père-fils dans l'œuvre de l'auteur Claude Guilmain.

Après une licence Langues, littératures et civilisations étrangères en anglais et un master en enseignement de l'anglais, **Julien Defraeye** s'est redirigé vers les études francophones avec une thèse de maîtrise intitulée «Le roman métahistorique contemporain québécois et sa double structure temporelle», sous la direction de François Paré, où il emprunte les concepts d'Ansgar Nünning et de Linda Hutcheon sur la métahistoire pour les appliquer à un corpus de l'extrême contemporain québécois: Kim Thúy, Jocelyne Saucier, André Lamontagne et Élise Turcotte. Il est présentement doctorant à l'Université de Waterloo en Ontario, et se consacre à l'écocritique chez Robert Lalonde, Louis Hamelin et Monique Proulx.

Détenteur de la bourse d'études supérieures du Canada Joseph-Armand-Bombardier, **Julien Desrochers** étudie à l'Université de Moncton et travaille à une thèse doctorale portant sur l'œuvre romanesque de Louis Hamelin. Ses travaux ont été publiés, entre autres, dans la revue *Voix et images* et dans un ouvrage collectif intitulé *Carrefour de lectures littéraires*, publié par le CRILCQ dans la collection «Interlignes». Durant ses études de maîtrise à l'Université Laval, il a fait partie de l'équipe du *Dictionnaire des œuvres littéraires du Québec* (tome VIII), projet de recherche pour lequel il a agi en tant que secrétaire et assistant pour la section «romans, contes et nouvelles».

Professeure titulaire et ancienne directrice du Département de langues romanes à l'Université Saint-Thomas, **Cécilia W. Francis** poursuit des recherches dans les domaines de la francophonie nord-américaine et maghrébine, des théories interculturelles de l'énonciation et de l'écriture des femmes. Ses nombreuses études ont paru sous forme d'articles dans diverses revues savantes et en tant que chapitres dans des ouvrages collectifs. Son article sur l'autofiction de France Daigle (*Voix et images*) lui a mérité le *Prix du meilleur article de l'APFUCC*. Les livres qu'elle a signés ou cosignés s'intitulent *Gabrielle Roy, autobiographe. Subjectivité, passions et discours* (finaliste Prix Gabrielle Roy 2007), *Trajectoires et dérives de la littérature-monde. Poétiques de la relation et du divers dans les espaces francophones* (Rodopi, 2013) et *Littérature acadienne du 21ᵉ siècle* (Perce-Neige, 2016). Elle est récipiendaire de nombreuses subventions pour la recherche (*CRSH, Agence universitaire de la Francophonie, Conseil des arts du Nouveau-Brunswick*) ainsi que membre du comité éditorial du *Journal of New Brunswick Studies/ Revue d'études sur le Nouveau-Brunswick*, du comité de lecture de *Linguistics and Literature Studies* et du comité d'administration du Conseil International d'Études Francophones (*CIEF*).

Leah Graves est doctorante au Département d'études françaises à l'Université Western. Ses recherches portent sur les écritures migrantes et plus particulièrement sur la question de l'intégration des immigrants au Québec. Dans le cadre de sa thèse de maîtrise, elle a effectué une étude comparative de deux romans – l'un de langue française (*Le Livre d'Emma* de Marie-Célie Agnant) et l'autre de langue anglaise (*Corregidora* de Gayl Jones) – dans laquelle elle a analysé la question de la transmission de la mémoire entre les femmes.

Marie-Hélène Grivel est maître de conférences en histoire et membre associée du Centre d'histoire culturelle des sociétés contemporaines de l'Université Versailles Saint-Quentin-en-Yvelines. Ses recherches sont axées sur le champ éditorial québécois des années 1920-1930. Animées par les méthodes transversales et globalisantes de l'histoire culturelle, ses investigations se portent sur la littérature jeunesse, les intellectuels canadiens-français en France ou le monde des bibliothèques. Son objectif est de réhabiliter les années d'entre-deux-guerres comptant parmi les prémices, contrecarrées par la Seconde Guerre mondiale, à la Révolution tranquille.

David Laporte est présentement doctorant en lettres à l'Université du Québec à Trois-Rivières où il poursuit des recherches sur la poétique du roman de la route québécois. Boursier du Fonds québécois de recherche en société et culture (FQRSC), il a notamment fait paraître des articles dans les revues *Temps zéro* (Bernard Assiniwi), *Religiologiques* (Bernard Assiniwi, à paraître), *Tangence* (Daniel Poliquin), *Les Cahiers du Grathel* (François Blais) et *Transverse* (Marie-Christine Lemieux-Couture). Il signe occasionnellement des textes pour la revue *Spirale* et collabore sur une base régulière à *Nuit blanche, magazine littéraire*.

Valeria Liljesthröm est doctorante en études littéraires à l'Université Laval. Ses recherches portent sur les littératures francophones d'Afrique, des Caraïbes et du Québec, notamment sur l'œuvre de Tierno Monénembo, Dany Laferrière et Patrick Chamoiseau. Elle s'intéresse particulièrement aux poétiques de l'Histoire et de l'« indicible ». Elle est boursière du FRQSC et auxiliaire d'enseignement à l'Université Laval. Elle a participé à plusieurs colloques au Canada, en France et en Argentine et elle a publié des articles sur les littératures francophone et française. Elle coordonne présentement la publication de deux ouvrages sur les littératures francophones.

Dominic Marion détient depuis décembre 2014 un doctorat en études françaises de l'Université Western Ontario (London). Intitulée *Sade au bûcher. Lire, dire et penser la transgression littéraire à la lumière des supplices*, sa thèse analyse les enjeux esthétiques, sociologiques et sociopolitiques de la réception de la figure de Sade dans l'espace culturel français. Cette thèse constitue la base d'un ouvrage qui paraîtra prochainement chez Hermann dans Les collections de la République des Lettres. Actuellement chercheur postdoctoral financé par le CRSH et affilié au CRILCQ, il oriente ses recherches sur la mise en rapport des œuvres d'Hubert Aquin et de Georges Bataille à partir de l'usage des transgressions sexuelles et politiques que leurs écritures manifestent.

Julia E. Morris-von Luczenbacher a obtenu son doctorat de l'Université d'Ottawa en lettres françaises. Elle est chargée de cours au Département de français à l'Université d'Ottawa et, depuis 2014, elle est professeure associée temporaire en littérature québécoise à Saint Lawrence University (New York) dans le Département des langues et littératures modernes. Ses champs de recherche comprennent la littérature québécoise, les représentations littéraires du travail, les théories du genre littéraire et les identités sexuées. Elle a notamment publié un article sur la représentation de l'identité masculine dans les nouvelles de Daniel Poliquin dans le collectif intitulé *Masculinities in Twentieth and Twenty-First Century French and Francophone Literature.*

Thuy Aurélie Nguyen est doctorante en création littéraire à l'Université du Québec à Rimouski. Elle est titulaire d'une maîtrise en lettres modernes de l'Université Lumière Lyon 2. Elle a publié de nombreuses critiques littéraires dans le journal *Le Mouton Noir*, des textes de création dans la revue *Virages*, la revue *Caractère* de l'UQAR et la revue *Lieu commun* de l'Université McGill. Elle participe activement à la vie littéraire et artistique du Bas-Saint-Laurent par des performances de lecture ainsi que par l'animation d'ateliers d'écriture et de tables rondes, au Salon du livre de Rimouski notamment. Son projet de recherche-création croise deux champs de la littérature contemporaine : les écritures migrantes et les récits de filiation. Elle a publié dans les *Nouveaux cahiers d'Ethos* un article sur *Riz noir* d'Anna Moï (colloque « Éthique et empathie », UQAR, novembre 2014) et dans l'ouvrage collectif *Frontières* un article sur *L'énigme du retour* de Dany Laferrière (colloque québéco-norvégien, UQAM, 2017).

Chantal Richard est professeur agrégée à l'Université du Nouveau-Brunswick et l'auteure de nombreux articles et conférences portant sur les Acadiens et les Loyalistes, les langues et cultures en contact, la littérature et l'histoire acadiennes, ainsi que l'analyse de données textuelles par des méthodes informatisées. Elle est actuellement chercheuse principale d'un projet interdisciplinaire et interuniversitaire subventionné par le CRSH, qui a pour but de construire une base de données de textes journalistiques acadiens et loyalistes et d'en faire l'analyse. Elle a été co-chercheuse dans le cadre d'autres projets de recherche subventionnés par le CRSH tels que « Literary Ferment » mené par Tony Tremblay (Université St-Thomas) et « Éditions critiques des œuvres fondamentales de la littérature acadienne » mené par Denis Bourque (Université de Moncton). Elle est co-auteure d'une édition critique des *Conventions nationales acadiennes* en trois volumes et auteure d'une édition critique des *Poèmes acadiens de Napoléon-P. Landry*, ainsi que co-rédactrice en chef du *Journal of New Brunswick Studies/Revue d'études sur le Nouveau-Brunswick*.

Mathieu Simard est doctorant au Département de français de l'Université d'Ottawa et directeur au contenu de la revue numérique de recherche-création *Le crachoir de Flaubert*. Il a complété un baccalauréat en études littéraires à l'Université Laval et a obtenu une maîtrise en langue et littérature françaises de l'Université McGill. Ses activités de recherche portent principalement sur le plurilinguisme, les théories de la lecture et l'hybridation des genres littéraires à l'époque contemporaine. On peut lire ses articles et comptes rendus dans *@nalyses*, *Astheure*, *Fabula*, *Continents manuscrits*, *La Revue Frontenac*, *Liaison* et *Temps zéro*.

Pamela V. Sing est professeure à la Faculté Saint-Jean de l'Université de l'Alberta où elle enseigne les littératures québécoise, française et franco-canadienne. Ses publications récentes ou à paraître incluent : « Kim Thúy : A Gentle Power », Marie Carrière, Curtis Gillespie et Jason Purcell Gillespie (dir.), *Making Literature, Literature in the Making*, University of Alberta Press ; « L'écrivain imaginaire dans la nouvelle de l'Ouest : Marguerite-A. Primeau, Lise Gaboury-Diallo, Gisèle Villeneuve et Claudine Potvin », *Cahiers franco-canadiens de l'Ouest*, n° 28 ; « À l'ouest de l'Ouest : extrême minorisation et stratégies scripturaires », François Paré et Lucie Hotte (dir.), *Écritures minoritaires du Canada, Archives des lettres canadiennes*, tome XVI, Presses de l'Université d'Ottawa ; « Le véritable pays de l'écrivaine Ying Chen : littérature, nationalité et géographie », *Polyphonies littéraires franco-chinoises*, Paris, Éditions Riveneuve ; « Migrance, sensorium et translocalité chez Ying Chen et Kim Thúy », *International Journal of Francophone Studies*, 16.3.

Professeur à l'Université du Nouveau-Brunswick, **Robert Viau** est l'auteur de nombreux articles et de treize livres : *Les fous de papiers : l'image de la folie dans le roman québécois* (1989) ; *L'Ouest littéraire : visions d'ici et d'ailleurs* (1992) ; *Les Grands Dérangements : la déportation des Acadiens en littératures acadienne, québécoise et française* (1997 ; Prix France-Acadie 1998) ; *Les visages d'Évangéline : du poème au mythe* (1998 ; mention honorable Prix Champlain 2001) ; (dir.), *La création littéraire dans le contexte de l'exiguïté* (2000) ; *« Le mal d'Europe » : la littérature québécoise et la Seconde Guerre mondiale* (2002) ; *Grand-Pré : lieu de mémoire, lieu d'appartenance* (2005) ; *Antonine Maillet : 50 ans d'écriture* (2008) ; *Paris, capitale* *de la culture* (2010); *Poitiers et le Poitou acadien* (2013); avec Cécilia W. Francis (dir.), *Trajectoires et dérives de la littérature-monde. Poétiques de la relation et du divers dans les espaces francophones* (2013); *Acadie multipiste. Romans acadiens* (2015); avec Cécilia W. Francis (dir.) *Littérature acadienne du 21ᵉ siècle* (2016). Fondateur de l'Association des professeurs des littératures acadienne et québécoise de l'Atlantique (APLAQA), il est le lauréat du prix Marguerite-Maillet 2015 et Chevalier dans l'Ordre des Palmes académiques.

TABLE DES MATIÈRES

Présentation

Cécilia W. Francis et Robert Viau
Les littératures de l'Amérique francophone au prisme des transmissions et des transgressions 7

Études

Transmissions et transgressions littéraires : institutions, configurations et poétiques

Chantal Richard
L'Acadie : née sous le signe de la transgression ? 21

Cécilia W. Francis
Transgression et transmission dans *Pour sûr* de France Daigle. Entre éclatement formel et héritage linguistique 35

Marie-Hélène Grivel
Les éditions Édouard Garand ou quand le patriotisme revêt les codes de la modernité (1923-1933) 65

Valeria Liljesthron
Transgression et négociation dans l'écriture laferrienne ... 79

Mathieu Simard
Les paradoxes de la transgénéricité. Transmission et transgression des représentations génériques dans les romans de Vickie Gendreau 93

Transgressions et réécritures des archétypes sexuels

David Laporte
D'une mobilité l'autre : mouvance spatiale et transgression sociale dans *Le sentier de la louve* de Michelle Guérin 109

Loïc Bourdeau
Géographies de la transgression dans le triptyque autobiographique de Michel Tremblay 123

Julia E. Morris-Von Luczenbacher
La question de la masculinité ou la masculinité en question. Représentations identitaires dans *Jour de chance* 139

Ruptures de la transmission intergénérationnelle
Entre oubli et mémoire ressuscitée

Thuy Aurélie Nguyen
Reconnaître l'héritage du père dans *La ballade d'Ali Baba* de Catherine Mavrikakis 155

Julien Desrochers
Origines et reconfigurations identitaires dans *Nikolski* de Nicolas Dickner 169

Julien Defraeye
Transmettre ou transgresser la norme historiographique : *Dans la mémoire de Québec : les fossoyeurs* d'André Lamontagne 185

Leah Graves
D'une femme à l'autre : la transmission de la mémoire de l'esclavage dans *Le livre d'Emma* de Marie-Célie Agnant 199

Pamela Sing
Délectations et dégoûts chez Nancy Huston et chez Ying Chen 213

La transgression comme enjeu de la dissidence et de la violence

Dominic Marion
La postérité du blasphème dans *Trou de mémoire* d'Hubert Aquin.. 243

Isabelle Dakin
Transmission de la rupture et rupture de la transmission dans *Le chien* et *Un vent se lève qui éparpille* de Jean Marc Dalpé.. 259

Robert Viau
Transgressions acadiennes. *L'ennemi que je connais* de Martin Pître : roman et film 275

Sandra Bindel
Transgression et transmission dans *Il pleuvait des oiseaux* roman de Jocelyne Saucier.. 293

Notes biobibliographiques 307

COLLECTION ARCHIPEL/APLAQA

Sous la direction de Cécilia W. Francis et de Robert Viau

Jimmy Thibeault, Daniel Long, Désiré Nyela et Jean Wilson (dir.), *Au-delà de l'exiguïté. Échos et convergences dans les littératures minoritaires*, Moncton, Perce-Neige, coll. «Archipel-Aplaqa», 2016, 248 p.

Cécilia W. Francis et Robert Viau (dir.), *Littérature acadienne du 21ᵉ siècle*, Moncton, Éditions Perce-Neige, coll. «Archipel-Aplaqa», 2016, 301 p.

Robert Proulx (dir.), *Paroles et Images*, Moncton, Éditions Perce-Neige, coll. «Archipel-Aplaqa», 2013, 181 p.

AUTRES TITRES DE L'ASSOCIATION DES PROFESSEURS DES LITTÉRATURES ACADIENNE ET QUÉBÉCOISE DE L'ATLANTIQUE (APLAQA)

Benoit Doyon-Gosselin, David Bélanger et Cassie Bérard (dir.), *Les institutions littéraires en question dans la Franco-Amérique*, Québec, Presses de l'Université Laval, coll. «Culture française d'Amérique», 2014, 388 p.

Cécilia W. Francis et Robert Viau (dir.), *Trajectoires et dérives de la littérature-monde. Poétiques de la relation et du divers dans les espaces francophones*, Amsterdam/New York, Éditions Rodopi, 2013, 603 p.

Monika Boehringer, Kirsty Bell et Hans R. Runte (dir.), *Entre textes et images. Constructions identitaires en Acadie et au Québec*, Moncton, Institut d'études acadiennes, 2010, 392 p.

Lucie Hotte (dir.), *(Se) raconter des histoires. Histoire et histoires dans les littératures francophones du Canada*, Sudbury, Éditions Prise de parole, 2010, 688 p.

Samira Belyazid (dir.), *Littérature francophone contemporaine*, Lewiston, Edwin Mellen Press, 2008, 218 p.

Carlo Lavoie (dir.), *Lire du fragment: analyses et procédés littéraires*, Québec, Éditions Nota bene, 2008, 494 p.

Janine Gallant, Hélène Destrempes et Jean Morency (dir.), *L'œuvre littéraire et ses inachèvements*, Montréal, Groupéditions, 2007, 270 p.

Maurice Lamothe (dir.), *Fête et littérature: espace privé et espace public*, numéro spécial de *Port Acadie. Revue interdisciplinaire en études acadiennes*, nᵒˢ 8-9, automne 2005-printemps 2006, 259 p.

Larry Steele (dir.), avec la collaboration de Sophie Beaulé et Joëlle Cauville, *Appartenances dans la littérature francophone d'Amérique du Nord*, Ottawa, Le Nordir, 2005, 164 p.

Magessa O'Reilly, Neil Bishop et A. R. Chadwick (dir.), *Le lointain. Écrire au loin. Écrire le lointain*, Beauport (Qc), Publications MNH, coll. «Écrits de la Francité», 2002, 216 p.

Robert Viau (dir.), *La création littéraire dans le contexte de l'exiguïté*, Beauport (Qc), Publications MNH, coll. «Écrits de la Francité», 2000, 520 p.

Laurent Lavoie (dir.), *La poésie d'expression française en Amérique du Nord. Cheminement récent*, Beauport (Qc), Publications MNH, coll. «Écrits de la Francité», 2000, 182 p.

Louis Bélanger (dir.), *Métamorphoses et avatars littéraires dans la francophonie canadienne*, Vanier (Ont.), Éditions L'Interligne, 2000, 153 p.

Betty Bednarski et Irene Oore (dir.), *Nouveaux regards sur le théâtre québécois*, Montréal, XYZ éditeur/Dalhousie French Studies, 1997, 203 p.

Maurice Lamothe (dir.), *Littératures en milieu minoritaire et universalisme*, numéro spécial *Revue de l'Université Sainte-Anne*, 1996, 197 p.

www.ingramcontent.com/pod-product-compliance
Lightning Source LLC
Chambersburg PA
CBHW050853160426
43194CB00011B/2142